◇ 새미에서는 가슴 속에 담아둘 수 있는 책을 만듭니다.

새미작가론총서 · 3

김 남 천

이상갑 편

새 미

목 차

Ⅰ. 연구논문
1. 이상갑 : 자기 검토와 개조의 의미 • 5
2. 김윤식 : 자기 고발과 주체성 재건에 대하여 • 85
3. 채호석 : 김남천 창작방법론 연구 • 117
4. 문영진 : 자아와 현실세계의 대결의 소멸 • 195
5. 강진호 : 통속소설, 차선의 의미 • 209
6. 정호웅 : 새로운 세계에 대한 열망과 그 한계 • 227
7. 김외곤 : <대하>와 <동맥>에 나타난 개화사상과 개화 풍경 • 249

Ⅱ. 자료
1. 십연전-작가생활의 회고 • 273
2. 양도류의 도장-내 작품을 해부함 • 280
3. 자작 안내 • 285

Ⅲ. 연구서지 • 289
Ⅳ. 작가연보 • 299
Ⅴ. 작품목록 • 301
• 필자소개 • 317

자기 검토와 개조의 의미

이 상 갑

I. 김남천 문학의 출발점-조직우위론의 문예이론

　문학에 대한 논의가 궁극적으로 귀결되는 것이 문학사라 한다면, 한국 문학사의 체계적인 이해를 위해서 반드시 거쳐야 할 대목이 KAPF문학이다. 더욱이 아직도 분단이라는 첨예한 이데올로기의 대립 상황에 직면해 있는 우리로서, KAPF문학에 대한 올바른 해명은 민족 모순의 근원적인 해결 과정에 도움을 줄 수 있을 것이다. 특히 지금은 80년대 중반 이후 변혁 운동의 관점에서 이루어져 온 편향된 연구 경향을 반성하면서 보다 객관적인 관점에서 일제 강점기 프로문학을 재검토할 필요가 있다. 이런 관점에서 임화와 함께 KAPF의 핵심 이론분자로 KAPF의 초창기부터 월북에 이르기까지 시종일관 문단의 중심에 위치한 김남천의 문학 행위를 살펴보는 것은 의미있는 일이다. 특히 김남천이 카프 해산 이후 주창한 고발문학론은 김남천 자신뿐만 아니라 해방 전 프로문학 운동의 의미를 이해하는 데 중요한 문제이다. 그러므로 이 글에서는 김남천의 해방 이전 문학 활동을 고발문학론을 중심으로 카프 해산 이전과 해산 이후로 나누어 살펴보고, 다음으로 해방 이후의 문학 활동을 살펴보고자 한다.

김남천은 그의 문학의 출발에서부터 조직과 작가의 실천의 중요성을 강조한다. 그는 자신이 문화부대의 일개 병졸로서 참가한다고 자부하였으며, 문예 사업도 조직을 확고하고 탄력성 있게 발동시킴으로써만 그 사명을 다할 수 있다고 강조한다. 특히 김남천은 평양고보 동창생 한재덕과 함께 카프 동경 지부인 무산자사에서 공산당원 고경흠의 지도 아래 상당한 정도로 볼셰비키적 조직 이론과 공산주의 이론을 학습하였다. 이는 그가 일시 귀국하여 1930년 8월 평양 고무공장 직공 대파업을 한재덕과 함께 배후에서 조종하고 선동한 데서 증명된다.「工場新聞」과「工友會」는 이 때의 체험을 소설화한 것이다. 그의 첫 평론인「映畵 運動의 出發點 再吟味」(『中外日報』, 1930.6.)와,「反 <카프> 陰謀事件의 階級的 意義」(『時代公論』, 1931.9.),「經濟的 罷業에 關한 멘쉐비키-的 見解-『新興』 제五호. 李聖用氏 所論의 批判-」(『이러타』, 1931.10.)에서도 볼셰비키적 관점에서 조직의 역할이 강조되어 나타난다.

김남천은「文學時評-文化的 工作에 關한 若干의 時感」(『新階段』 제8호, 1933.5.)에서 카프가 범한 작품의 고정화, 인물의 유형화, 또는 추상화 현상을 인정하면서 그 원인을 작가들이 '산 인간' 대신에 '죽은 인간'을 묘사하고 있기 때문이라고 비판한다. 원래 '산 인간'이란 개념은 1920년대 소련에서 논의된 것으로 속류 사회학주의라고 심한 비판을 받은 적이 있다. 국내에서는 신유인이 유물변증법적 창작방법을 주장하면서 이 개념을 사용하였는데, 임화가 이를 당파성의 제거라는 측면에서 비판한 바 있다. 김남천은 추상적인 '산 인간'이란 개념 대신에 '구체적인 인간'을 그리는 데서 문제해결을 볼 수 있다고 보았다. 특히 이 글에서 주목되는 점은 자신의 작품 「工友會」(『朝鮮之光』, 1932.2.) 등의 내용이 고정화되고, 소설 구성이 유형 속에 굳어져 있으며, 작품 끝 부분이 모두 성공과 승리로 차 있다는 비판을 수긍하면서도, 그렇게 된 원인을 작가의 능력이 모자라기 때문이 아니라 카프라는 조직과 결부하여 작품을 논의하지 못한 것으로 비판하고 있다는 사실이다.[1] 말하자면 작가의 창작 가능성과 발전을 보장해 주는 카프라는 조직체의 역할이 아직 미숙하기 때문에 자신의 작품 또한 유형화되고 말았다는 것이다. 즉 작가들이 카프라는 조직체에 연결되어 있지 못한 것이 아니라, 연결되어 있더라도 카프 조직 자체가 지닌 허약성이 문제라는 지적이다. 김남천이 이 부분에서 카프 조직체의 허약성을 문제삼고 있는 점은 이후에 전개될 유명한 '물 논쟁'의 한 가지 쟁점이기도 하여 주목된다. 이는 김남천이 강력하고 지도성을 갖춘 조직과, 확고한 세계관에 대한 애착을 보여준다. 그가 강조하고 있는 조직은, 근로 대중의 당면 과제를 명확히 인식하고 실천하는 조직이다. 그는 이런 방향에서 조선 프롤레타리아트의 당면 과제를 인식한 작가의 실천의 중요성을 강조한다.

---

[1] 이 비판은 1931년 여름 저녁에 이기영, 윤기정, 권환, 임화 등이 김남천의 「工友會」, 권환의 「목화와 콩」을 중심으로 토의하는 가운데 행해졌다.
　 이 외에도 작가와 관련하여 조직의 중요성을 언급하고 있는 글로, 「雜誌問題를 爲한 覺書」(『新階段』 9호, 1933.6.)가 있다.

Ⅱ. 고발문학론에 이르는 길

김남천은 임화가 유물변증법적 창작방법론 당시의 슬로건인 "당의 과제를 그려라", 또는 "전위의 눈으로 보아라" 대신에 "진실을 그려라"라고 주장한 것을 정치주의로부터의 일탈이라고 강하게 비판한다. 이는 이기영의 「鼠火」와 김남천의 「물」을 두고 임화와 김남천 간에 일어난 '물논쟁'[2])에 연결된다. 이 논쟁은 두 비평가 사이의 분명한 입각점의 차이를 보여 준다. 임화는 김남천과 달리 이 시기에 이미 사회주의 리얼리즘에 대한 인식을 보이고 있다는 점을 염두에 둔다면, 왜 그가 「물」보다 「鼠火」를 고평하는지 알 수 있다. 이에 반해 김남천은 이런 임화를 두고 정치주의적 관점에서 비판한다. 김남천은 이전에 신유인이 주장한 '산 인간'을 비판하면서 '구체적인 인간'을 그릴 것을 강조한 바 있다. 그런데

---

2) '물논쟁'을 다룬 것으로는 다음 글을 참고할 수 있다.
  김윤식, 『林和硏究』, 文學思想社, 1989.
  김동환, 「1930年代 韓國轉向小說硏究」, 서울대 석사학위 논문, 1987.
  채호석, 「김남천 창작방법론 연구」, 서울대 석사학위 논문, 1987.
  김외곤, 「'물'논쟁의 미학적 연구」, 『외국문학』, 1990, 가을.
  김동환은 '물'논쟁이 카프 조직의 지도상의 문제를 제기하면서, 이를 계기로 작가들의 조직 이탈과 전향의 계기를 마련해 주었다고 보는데, 대부분의 논의가 이에서 크게 벗어나지 않는다. 특히 김외곤은 김남천 문학을 카프문학에 대한 전반적인 반성이라는 시각, 즉 '주체해체'와 '주체정립'이라는 관점에서 '물'논쟁을 위시하여 이후의 김남천 문학 전반을 다루고 있다. 그러나 '물논쟁' 또한 진정한 '주체재건'의 한 계기일 수 있다는 점에서 충분한 논의를 요하는 대목이라 할 수 있다.

자기 검토와 개조의 의미 9

김남천은 '물논쟁'을 통하여 이제는 자신이 이런 동일한 비판을 임화에게서 받는다.

김남천의 「물」은 『大衆』(1933. 6월호)에 그가 출옥한 후 세번째로 발표한 작품이다.

> 이 作品은 그의 요전번의 發表된 「男便. 그의 同志」라는 單篇과 함께 우리들을 滿足식히는 대신에 가늘다양 失望을 준 作品의 系列에 屬하고 잇다.
> 그는 炎熱 下에 찌는 듯한 伏中生活의 苦痛을 大端히 레알한 붓으로 그리어 읽은 사람으로 하야 "事實 그럴 것이다. 그것은 現實이다. 이 作者가 말하는 것과 갓치 괴롭을 것이다."라고 그의 作品을 잇슬 일, 잇슴직한 일을 表現한 것을 肯定케 한다. 그리하여 作者는 이 盛夏에 감옥사리하는 사람들의 괴롭움을 더울 때 누구나 渴望하는 (눈)물의 대한 高調된 慾望과 結付식히여 「구체적」으로 圓念히 그리고 잇다. 그리하야 그는 훌륭한 唯物論者 레아리스트인 것이다.
> 그러나 小說 「물」은 그것뿐이다. 그것 以外에는 別다른 무엇을 發見하기가 困難하다.(중략) 勿論 이 事實도 現實的이고 眞實일지도 모른다. 그런데 主要한 것은 作者는 現實의 全部를 그린 것이 아니고 現實의 一部分 다른 한 쪽을 남겨노혼 一 側面을 그리고 있다는 것을 이저서는 아니 된다.[3]

임화는 김남천이 계급적 인간, 그리고 정치적, 혁명적 행동 대신에 옥내 정치범들의 물에 대한 인간의 본능적인 욕망만을 보임으로써 현실을 협애화시켰다고 비판한다. 임화가 요구하는 것은, 단순히 '물'에 대한 인간의 생리적인 욕구만이 아니라, 광범한 의미에서 현실의 모순에 대항하는 참 '현실'에 대한 욕망이다. 김남천은 이런 임화의 비판에 대해, 자신이 주장한 '실천' 개념이 현

---

3) 임 화, 「六月 中의 創作」, 『朝鮮日報』, 1933.7.18.-(五)金南天作 「물」

실과 유리된 협착한 것이며, 그리고 「물」 속의 인물이 일면적이며 생물학적이라는 사실을 인정한다. 이 말에서 주목할 점은, 김남천이 말하는 '실천' 개념은 정확히 말해 '작가의 개인적 실천'인데, 이를 김남천이 유독 강조하고 있다는 사실이다.[4] 왜냐하면 김남천의 이같은 주장은 그의 '고발문학론'의 전 단계에 해당하는 중요한 발언이며, 나아가 카프 해산 후 조직체가 와해된 상황에서 개별적으로 전개될 작가의 문학상황과 마주침으로써 더욱 그 의미를 드러내기 때문이다. 특히 다음 대목은 김남천 자신이 스스로의 한계를 명확히 언급하고 있다는 점에서 '고발문학론'의 전초적 단계임을 분명히 보여 준다.

> 그럼으로 金南天의 右翼的 傾向에 對한 原因의 解明은 金南天이 長久한 時日間의 獄中生活에 依하야 實際的인 實踐과 創作生活로부터 유리되여 잇다는 事實과 밋 金南天의 過去의 短時日間의 組織的 訓練 때문에 그의 世界觀이 不確固하다는 事實과 또한 出獄 後에도 努力大衆과 何等의 關聯업는 生活을 營爲하고 잇다는 等等의 實際上의 一切를 問題하지 안코는 不完全한 成果에 도달할 것이다.[5]

이 언급에 비추어 보면 김남천이 「물」의 한계를 초래한 원인이 검열을 의식한 때문이라고 말하면서 『大衆』에 꼭 발표되도록 썼다고 말하는 것은 별 의미가 없다. 이 부분처럼 자신의 한계를 명확히 드러내 주는 부분은 없기 때문이다. 이를 달리 해석하면 카프 작가 중 김남천만이 프로문학 운동을 주도한 지식인의 실체와 한

---

4) 김남천, 「林和的 創作評과 自己批判」, 『朝鮮日報』, 1933.7.29~8.4.(5회)
5) 김남천, 「林和에게 주는 나의 抗議」, 『朝鮮日報』, 1933.8.1.

계를 드러내 주었다고 말할 수 있다. 이것이 고발문학론을 촉발시킨 내적 계기일 것이다. 더군다나 그는 임화와 함께 카프의 핵심 분자였다. 그러므로 이 고백을 미루어 보건데, 김남천은 자신이 생득적으로 지닌 소시민의 한계를 넘어서기 위해서도 강한 조직이 필요했다.

이 논쟁의 또 다른 측면은 임화가 김남천과의 논의에 힘입어 이후 세계관과 창작방법과의 관계를 더욱 심화시킨다는 점이다. 임화는 자신이 이론과 실천을 분리해서 평가했다는 김남천의 지적을 부정하면서, 오히려 김남천이 말하는 실천은, 앞에서도 언급한 바와 같이 계급적 실천이 아닌 인간적 실천 일반 가운데 해소해 버린 경험주의적 실천이라고 비판하였다.6) 물론 이 점은 김남천도 인정하지만, 임화와 김남천의 미묘한 감정의 차이까지 드러내고 있다는 점에서 주목된다. 임화는 김남천이 카프 제1차 검거사건 때 유일하게 기소되어 감옥에 갔다 온 데 대한 김남천 자신의 실천 강조, 즉 실천의 우위성이 곧바로 정치의 우위성으로 환원되는 것을 거부한다. 이 말은 역설적으로 김남천의 감옥살이에 대한 임화의 열등의식을 보여 준다. 그러나 김남천의 실천 강조와 강한 정치주의 성향은 소시민 지식인으로서의 자신의 한계와 세계관의 불확고성을 반어적으로 보여 주는 측면이 오히려 강하다. 이것이 그가 유달리 조직의 우위성을 강조하는 근거이기도 하다. 임화와 김남천은 조직에 대한 문제와 관련하여 사회주의 리얼리즘에 대한 인식에 있어서도 차이를 보인다. 임화는 이기영의 「鼠火」에서 농민의 사회성의 이중성, 농민의 프롤레타리아로의 개조의 모순과

---

6) 임 화, 「批評에 잇어 作家와 그 實踐의 問題—N에게 주는 片紙를 代身하야—」, 『東亞日報』, 1933.12.19~12.21.

복잡성, 그리고 농민의 소소유자적 특성을 언급하면서 사회주의 리얼리즘에 대한 인식을 보인다. 이에 반해 김남천은 유물변증법적 창작방법의 오류를 인정하면서 임화보다 뒤늦게 사회주의 리얼리즘에 대한 인식을 보이지만, 그것의 수용에는 부정적이다.[7] 김남천은 오히려 사회주의 리얼리즘이 소련에서 RAPF의 조직상 개조와 관련되어 일어난 것으로 파악하여, 사회주의 리얼리즘 논의를 카프의 조직적 활동과 조선의 프롤레타리아트의 당면한 실천과제와 결부시켜 이해한다. 즉 김남천은 라프의 개조에서 동반자 작가들의 자연주의적 견해까지 포괄한 점을 간과한 추백[8]을 비판하면서, 그같은 동반자 작가들을 강력한 실천으로 이끄는 조직적 힘을 강조하고 있다.

특히 이 글에서 주목할 점은 김남천이 일련의 '물논쟁'을 통해 지식인의 프롤레타리아적 개조의 모순성까지 내다보면서 그의 문학의 근본이라고 볼 수 있는 '개인화'의 경향을 은연중에 드러내고 있다는 사실이다. 김남천은 자신이 이전에 굳게 믿었던 세계관이 진정으로 혈육화되지 못한 것을 뼈저리게 느낀 결과, 이후 전개되는 모든 논의에서 '개인화'의 입장에 서서 세계관의 혈육화를 추구한다. 이렇게 된 근본적인 근거는, 무더운 여름 좁은 공간에서 지낸 감옥 생활의 생체험이다. 그러므로 이러한 개인적인 체험과 함께 카프의 해산은 김남천으로 하여금 고발문학론을 주창하게 한 결정적인 계기로 작용한다. 김남천은 카프가 해산되지 않았다면

---

7) 김남천,「文學的 稚氣를 웃노라-朴勝極의 雜文을 反駁함」,『朝鮮日報』, 1933.10.10~10.13.
―――,「創作方法에 잇서서의 轉換의 問題-萩白의 提議를 中心으로-」,『형상』제2호, 1934.3.
8) 萩 白,「創作方法問題의 再討議를 위하야」,『東亞日報』, 1933.11.29~12.7.

자신을 포함한 소시민 지식인의 한계와 의미를 깊이 있게 성찰하지 않았을지도 모른다. 이는 그가 '물논쟁'을 치르고 나서도 여전히 볼셰비키적 관점에서 조직과 세계관 우위의 평론을 발표하고 있는 데서도 잘 나타난다. 그러므로 김남천의 해방공간의 문학 활동도 이 시기 고발문학론의 논의에서부터 재음미해야 그 의미가 온전히 드러날 수 있다.

Ⅲ. 자기 검토, 개조와 개인화 경향

1. 자기검토와 자기개조의 논리

1) 자기검토의 논리

김남천은 '李箕永『故鄕』의 一面的 批評'이란 부제가 달린「知識階級 典型의 創造와『故鄕』主人公에 對한 感想」(『朝鮮中央日報』, 1935.6.28~7.4.)에서 자신의 1930년대 후반기 소설 논의의 단초를 마련한다. 그는 다른 이론가들이 자주 인용하는 킬포틴, 유진의 언급 중에서도 "맑스에서 출발하지 말고 조선의 20년 신문학의 역사와 조선의 현실 생활에서 시작하라"는 말을 아주 자각적으로 받아들인다.

김남천은 지식계급 출신 작가가 자신과 가장 밀접한 연관을 지닌 성격을 창조하려고 할 때 그 주인공을 형상화하는 데 두 가지 방향이 있음을 지적한다. 그 두 가지 방향이란 지식계급의 전형을 적극적인 또는 원심적인 방향에서 형상화하는 것과, 소극적인 또는 구심적인 방향에서 형상화하는 것을 말한다. 그는 또한 전자가 건전한 세계관과 관련된 반면, 작중 인물에 대한 편애와 관념적인 이상화에 빠질 위험이 있으며, 후자는 세스토프적인 내성 사상과 연결되어 자기 생활에 대한 심리와 형이상학적 추구에 그칠 우려가 있다는 것, 그리고 이 두 가지 중 제재와 주제 선택의 측면에서 일률적으로 작품을 평가하는 것은 잘못이라고 주장한다. 김남천의 이 글은 이전 프로문학의 관념적 이상화와 추상적 인간 창조의 위험을 경계하고 있다. 그러므로 그 위험에서 벗어나기 위해 김남천이 선택한 유일한 방법이 지식계급 자신에 대한 용감하고 준열한 가면박탈, 자기폭로, 자기격파의 길이다. 적어도 김남천에게 있어서 가면박탈의 길이 리얼리즘의 승리 및 리얼리스트 정신의 우월성이라 말해지는 데는 필연성이 존재한다.9) 그러나 김남천이 지식인의 가면박탈을 리얼리즘의 승리로 보는 것은 일면적임을 면치 못한다. 작가가 현실을 깊이 관찰하고 천착한 결과 자신의 왜곡된 사상까지도 교정할 수 있다는 사실은 단순히 지식인 작가의 무자비한 자기격파로써 가능한 것은 아니다. 그럼에도 불구하고 김남천이 말하는 가면박탈의 길은 지식인인 작가에 초점을 맞추고 있다. 그가 『故鄕』에서 주인공 김희준에 주목하는 것도 이런 맥락에서 이해할 수 있다.10) 물론 가면박탈의 정신은 적극적인 지

---

9) 김남천은 '가면박탈'의 관점에서 이북명의 「한개의 전형」을 고평한다. 그 이유는 주인공에 대한 무자비한 태도가 엿보인다는 점 때문이다.
10) 김남천은 가면박탈의 정신이 자전적 소설, 그리고 심리소설에서 작가를 구출할 유력한 한 가지 방도가 된다고 본다.(김남천, 「四月 創作評-女流作家의 難關과 <凶家> 檢討의 重點」, 『朝鮮日報』, 1937.

식계급 타입을 창조적으로 형상화하기 위해서 필요한 것이다. 김남천이 지식계급의 원심적인 것과 구심적인 것의 모순에 대해 용서없는 가면박탈의 정신을 강조하는 것은 바로 이 때문이다. 이 가면박탈의 정신은 「告發의 精神과 作家—新創作理論의 具體化를 爲하야—」(『朝鮮日報』, 1937.6.1~6.5.)에서 프로문학의 역사성과 사회주의 사실주의 논의11)에 대한 평가와 함께 구체적으로 전개된

4.8. 참조.)
그러나 김남천은 『故鄕』을 분석할 때 객관 현실의 반영이라는 측면보다는 오직 주인공 김희준과 같은 소시민 지식인 계급의 삶에 대한 비판 내지 고발이라는 주체의 문제에만 관심의 초점을 두고 있다는 점이 지적되어야 한다.(연세대학교 대학원 국문과, 중문과, 독문과 공동연구, 「1930년대 통일전선과 리얼리즘의 제문제」, 제1회 공동 학술 심포지움, 1990.9, p.19. 참조.)

11) 김남천의 사회주의 사실주의에 대한 논의는 크게 두 가지로 요약할 수 있다.
첫째, 사회주의 사실주의 논의가 논쟁의 토대를 조선의 작가, 작품과 조선의 문학적 현실에 두지 않았다는 점. 특히, 김남천은 기존 논의가 소련의 현실(사회주의적 현실)과 조선의 현실(자본주의적 현실)만을 일반적으로 이야기하는 데 그치고 조선의 문학적 현실에서 토론의 자료와 물질적 기초를 구하지 못하였다고 지적한다. 아울러 김남천은 프로문학 10년의 역사 내지는 신문학 이후 20년의 문학적 성과에 대한 논의가 미흡하였음을 지적한다.
둘째, 리얼리즘 위에 붙은 '소시알리스틱'이란 말이 조선에서는 구체적으로 무엇을 가리키는지가 불문에 부쳐 있었다는 점. 이 둘째번의 지적은 첫째번의 지적과 일맥상통하는 것인데, 기존 논의가 사회주의 사실주의로 이야기되는 신창작이론이 조선에서 구체적으로 어떻게 발전되어야 할 것인가를 문학적 정세의 면밀한 분석에서 규정하지 못한 결과, 유물변증법적 창작방법 당시에 식상한 것과 동일한 것으로 오해하여 결국 사실주의 일반에의 평판화로 기울어졌다는 것이다. 이 두 가지 점을 고려할 때 김남천은 사회주의 사실주의를 당대 조선의 특수성을 고려한 사실주의의 구체화 과정으로 이해하고 있음을 분명히 알 수 있다.

다.

> 다시 말하면 自己의 運命을 集團의 巨大한 運命에 從屬시키고 自己의 表現을 이 속에서만 發見해 오든 時代에 잇서서는 集團과 個人과의 새에 넘을 수 없는 文化思想上의 不一致는 表面化될 餘裕가 업섯고 各 個人은 些少한 不一致를 實踐過程 속에서 解決하야 그곳에는 一定한 客觀的 方向과 影響 미테서 一致하야 自己를 이끌고 나가는 統一된 方針이라는 것이 잇슬 수 잇섯다.12)

여기에서 개인의 운명을 집단의 거대한 운명에 종속시키는 시대에 있어서는 집단과 개인과의 모순 및 불일치는 표면화될 여유가 없었다는 언급은, 김남천의 세계관적 기반을 은연중에 드러내는 중요한 항목이다. 왜냐하면 이 말 속에는 과거 집단에 종속되었던 작가와 비평가들이 각기 자신의 출신계급으로 돌아갈 수밖에 없다는 것이 암시되어 있다. 그러나 김남천은 소시민적인 자기 합리화에 만족하지 않고 자신이 처한 전형기의 상황을 역사적으로 정당히 평가하고자 한다. 즉 김남천은 자신을 포함한 지식인이 집단에 종속된 것은 자신의 자멸을 인식하고 그로부터 구출되는 길을 집단 속에서 발견한 때문이며, 그 결과 근로계급이 상대적으로 빈약한 문화적 조건에서 노동자계급 대신 지식인의 역할은 중요한 역사적 의미를 지닌다고 정당하게 평가한다. 그러나 소시민 지식인의 한계는 아주 명백한데, 그것은 지식인들이 파지하였던 문화사상이 아주 미약한 것이며, 또한 그런 문학이론이라는 것조차도 빌려온 물건에 불과하다는 인식이다. 여기에는 김남천이 외래사상

---

12) 김남천, 「告發의 精神과 作家-新創作理論의 具體化를 爲하야-」, 『朝鮮日報』, 1937.5.30.

으로서의 사회주의 리얼리즘을 조선의 특수성에 근거하여 독자적인 이론을 펼쳐보겠다는 암시가 들어 있기도 하지만, 보다 근본적으로는 『故鄕』 이후 이기영 작품에 나타나는 '사상성의 저하, 평속한 윤리관의 지배, 평탄한 자연주의적 수법에의 일탈'을 지적하는 데 있다.

김남천이 주장하는 '자기격파'의 길은 그의 말대로 자기 변호, 자조, 자기 경멸의 문학에서 리얼리즘을 변호하고 그것을 시대적 감각의 구체성에서 발전시킬 수 있으리라는 기대에서 출발한 것이다. 그러나 '자기격파'의 길은 그의 말대로 "작자 자신과 육체적 관련성을 가진 작중 인물"을 택할 때에만 유용하다. 김남천은 '가면박탈'의 길은 필연적으로 사소설의 방향을 취하게 된다고 인정한다. 이는 가면박탈의 대상이 주로 지식인의 고민, 회의, 불안, 유약성과 양심이라는 데서 기인한다. 다시 말해 '자기격파'의 길은 결과적으로 현실의 폭넓은 문맥을 스스로 제한한다. 왜냐하면 '자기격파'의 세계는 "작자 자신과 육체적 관련성을 가진 작중인물"이란 말에서 드러나듯 결국 소시민의 문제로 귀착되기 때문이다. 그럼에도 불구하고 김남천이 소시민의 한계를 극복하기 위해 고발문학론을 내세운 것은 논리적으로 보아 필연의 과정이다.13) 김남

---

13) 김재용은 김남천이 임화와 달리 이미 고발문학론에서부터 프로문학이 지녔던 도식주의를 비판하는 데 그치지 않고 노동자계급 당파성을 부정하거나 해소하는 데까지 이르렀다고 본다.<김재용, 「중일 전쟁과 카프 해소. 비해소파-임화. 김남천에 대한 안함광의 비판을 중심으로」(한국문학연구회 편, 현대문학의 연구 3, 『1950년대 남북한 문학』, 평민사, 1991, p.251. 참조.)>
  그러나 김남천은 오히려 노동자계급 당파성을 작가의 입장에서 진실로 주체화하기 위한 한 과정으로 고발문학론을 내세운 것을 염두에 둔다면 김재용의 견해는 일면적임을 면치 못한다. 이는 김남천이

천은 고발문학이 일체를 무자비하게 고발하는 정신이며, 모든 것을 끝까지 추급하고 그곳에서 영위되는 모든 생활을 뿌리째 파서 펼쳐 보이려는 정열임을 강조한다. 이런 정신과 정열이 있을 때 정체되고 퇴영한 프로문학이 시민문학의 뒤를 잇는 역사적 임무를 다할 수 있다는 것은, 김남천이 주장한 고발문학론의 지향점이 어디에 놓여 있는지 잘 말해 준다.

그러나 김남천의 고발문학론이 지니고 있는 근본적인 한계는 고발의 대상이 너무나 전면적이어서 이런 상황을 극복해 나갈 통로가 차단되어 있다는 점이다. 이는 고발문학론이 안고 있는 개인주의의 성향과도 무관하지 않다.14) 추도 미도 빈도 부도 용서 없이 고발되어야 하며, 지식계급, 사회주의자, 민족주의자, 시민, 관리, 지주, 소작인, 그리고 그들 주위의 모든 생활과 갈등과 도덕과 세계관 등이 준엄하게 고발되어야 한다는 것이다.15) 적어도 역사

해방 이후 노동자계급에 대한 인식과 함께 재빨리 조직의 재정비에 착수한 사실에서 여실히 증명된다.
14) 윤규섭은 「文壇時語」(『批判』, 제41호, 1937.9.)에서 '고발'이라는 용어가 축적된 '비판정신'이란 말과 의미상 아무런 차이가 없기 때문에 모호하게 '고발'이란 용어를 쓸 필요가 없다고 주장한다. 이와 마찬가지로 한효 또한 이 문제를 제기하면서 고발문학론의 개인주의적 성향을 날카롭게 지적한다. 즉 한효는 창작방법론을 단순히 문학자 자신의 특수한 실천 방법으로서만 해석할 것이 아니라 항상 계급 총체의 이익을 대표하는 양양의 한 계기로 파악하고 해석하는 것이 중요하다고 지적한다.(한효, 「創作方法論의 新方向——面的 見解의 克服을 爲하야」, 『東亞日報』, 1937.9.22. 참조.)
15) 김남천은 주체추급(가면박탈)과 그로 인한 주체재건의 문제를 심각하게 제기하고 있다. 그는 자신의 작품 「祭退膳」과 「瑤池鏡」에 대한 엄홍섭의 평가가 너무 인상적이라고 비판한 후 다음과 같이 언급하고 있다.
"阿片中毒이라는 特殊한 惡한 條件下에 作中人物을 設置해 본 것

의 방향성을 추상적인 수준이 아니라 당대의 구체적 현실에서 그 의미를 천착해야 할 진정한 작가라면 무자비한 비판만으로 감당할 수 없는 현실 내재적 지향에 대한 시각이 겸비되어야 할 것이다.

「創作方法의 新局面-告發의 文學에 對한 再論」(『朝鮮日報』, 1937.7.10~7.15.)은 리얼리즘 대 아이디얼리즘의 대립구도16)를 내세우며 이전 프로작가의 작품에서 보이는 사상성의 저하, 비속한 리얼리즘에로의 일탈, 신판 공식주의의 과오, 시대적 반영의 결여 등을 지적하면서 당대의 세태에 대한 고발로써 새로운 문학정신을 획득하고자 한 글이다. 김남천은 리얼리스트 작가가 아이디얼리즘의 침범을 받아 온 것은 철학적, 사상적 진리에 대한 지극히 공식적인 파악에 근거하였기 때문이라고 지적한다. 리얼리즘이 객관

도 結局 主體를 불 속에 너어보겠다는 意圖 以外에서 나온 것은 아니었다. 나는 내 自身의 問題를 放棄해 버리고 安心하야 客觀世界를 이리저리 건드려 볼 수 업는 作家일는지도 모른다."(김남천,「批評焦點의 是正-嚴興爕君에게 抗議함-」,『朝鮮日報』, 1938.2.23.)

16) 하정일은 김남천이 '리얼리즘 대 아이디얼리즘'의 대립구도에서 리얼리즘을 "주관을 철저히 객관에 종속시키는 것"이라 말한 것을 프리체의 리얼리즘관인 사회학주의(자연주의 경향)의 영향으로, 그리고 이를 극복한 논자로 임화를 들고 있다. 임화는 '아이디얼리즘(주관주의)-리얼리즘-트리비얼리즘(객관주의, 자연주의, 관조주의)'의 구도로 양 편향을 극복하였기 때문이다.<하정일,「프리체의 리얼리즘관과 30년대 후반의 리얼리즘론」(한국문학연구회 편, 현대문학의 연구 4,『1930년대 문학연구』, 평민사, 1993, pp.237~278.) 참조.>

그러나 루카치가 19C 리얼리즘 대 자연주의의 대립구도의 확장에서 사회주의 리얼리즘과 비판적 리얼리즘의 구도라는 자신의 이론을 출발시키고 있다는 slaughter의 지적은, 물론 초기 김남천 이론의 한계지만 그를 이해하는 데 시사하는 바가 많다.(Cliff Slaughter, 『Marxism, Ideology and Literature』, THE MACMILLAN PRESS LTD, 1980. P.138. 참조.)

현실의 본질을 전형적으로 묘사하는 것이라면, 아이디얼리즘은 추상적 주관으로부터 출발하거나 현실적 소재를 이상화하고, 인위적으로 타입을 강조하거나, 현실의 일상 쇄사만을 과장하여 그리는 것을 말한다. 그러므로 김남천의 고발문학은 아이디얼리즘의 침범으로부터 끝까지 리얼리즘을 옹호하는 데에 놓여 있다. 이로 보면 고발문학은 과거 프로문학이 보인 공식성 또는 도식성에 대한 비판이며, 동시에 세계관을 현실적 문맥에서 주체화하지 못한 결과 세계관이 생경한 채로 작품 속에 떠다니게 된 데 대한 근본적인 비판을 담고 있다. 그러므로 이 비판은 세계관의 폐기를 의미하는 것은 결코 아니다. 즉 김남천은 그의 일련의 고발문학론에서 '사상의 혈육화'에 대한 집요한 추구의 단초를 보이는데, 이후 김남천의 모든 논의는 '사상의 혈육화'란 문맥에서 전개된다.[17] 특히 '사상의 혈육화'의 문제는 모랄론의 핵심에 이어져 있다.

김남천은 진리라고 믿던 철학적 세계관의 추상화된 공식이나 신념만이 아니라 사상의 일체를 완전히 소화하고 체득하지 못했음을 고백한다. 그러나 김남천은 '사상의 혈육화' 문제를 오직 주체

---

17) 이 점은 전향이 발생한 한 가지 이유로 볼 수 있다. 전향 문제는 물론 악화된 외적 상황의 압도적인 힘도 고려되어야 하지만, 작가 주체 내면의 문제도 심각하게 고려되어야 하기 때문이다. 이런 관점에서 다음의 언급은 시사하는 바가 많다.
"전향이 발생한 원인은 간단히 말해, 지도자들이 신봉했던 이론이 그들에게 혈육화되지 않았다는 것에 있으며, 그 배후에는 그들의 이론이 충분히 국민 대중의 생활 실태를 파악하지 못하고, 또한 국민 대중을 납득시키지도 못한 관념적 이론이었다는 사실에 있다. 이 두 가지 것은 극히 밀접하게 연관되어 있다."<혼다 슈우고<本多秋五>, 「전향문학론」(한국문학연구회 편, 현대문학의 연구 4, 『1930년대 문학연구』, 이경훈 역, 평민사, 1993. p.216.)>

내면의 문제로만 치부해 버리므로써 결과적으로 폭넓은 현실적 문맥에서 작가의 행동과 실천을 통해 세계관이 보다 구체적으로 형성될 수 있음을 스스로 방기하고 있다. 이것은 고발문학론이 근본적으로 작가 개인의 심리주의적 경향과 결부될 소지를 다분히 지니고 있음을 의미한다. 이 심리주의적 경향은 앞서 지적한 바 이기영의 『故鄕』을 분석할 때 주인공 김희준과 같은 소시민 지식인에 대한 비판에 초점을 두는 데서 이미 나타난다. 김남천은 '조선적 특수성'으로 대변되는 '시대적 운무'는 여러 가지 특별한 생활을 영위시키며 각종 인간의 전형을 만들어 내고 있기 때문에 이런 곳에서는 리얼리스트의 철저한 모사 반영은 고발이 되지 않을 수 없다고 강조한다. 그러나 김남천이 주장하는 고발문학론의 가장 큰 맹점은 그가 현실 개념을 협애화시키고 있다는 점이다. 즉 고발문학론에서 말하는 현실은 객관 현실의 의미보다는 '자기폭로, 가면박탈의 현실'이라는 의미로 대체되어 쓰이고 있다. 그 결과 지식인의 내부 심리 문제가 현실로 대치될 가능성이 엿보인다. 이는 그가 힘주어 강조하는 바, 객관 현실에 주관을 종속시키는 것으로서의 리얼리즘과는 배치된다.[18] 고발문학론의 일환으로 생산된 작품들이 지식인의 내면 심리 문제를 짙게 드러내고 있다는 사실이 이를 잘 반증해 준다. 그러므로 '사상의 혈육화'란 문제와

---

18) 김남천은 자신의 고발문학론이 과거의 모든 리얼리즘 문학의 제 성과뿐 아니라, 지금까지 인류가 도달한 일체의 문학사적 성과의 최고 수준으로 신창작이론이 제창된 것임을 강조한다. 즉 고발문학의 입장은 객관적 진리의 반영이라는 것이다. 특히 그는 주인공이 진보적인 인간인지의 여부가 주제의 적극성을 결정하는 것이 아니라 형상화된 전형이 이것을 결정한다고 주장한다. 특히 이같은 전형에 대한 인식은 임화와 대비되는 성격론이다.(김남천, 「評論의 雜談化 傾向－最近 評壇에서 늣긴 바 몟가지」, 『朝鮮日報』, 1937.9.11~9.15. 참조.)

2) 자기개조의 논리

김남천의 고발문학론이 한층 심화되어 나타난 것이 '小市民 出身 作家의 最初 모랄'이란 부제가 붙은 「<유다>的인 것과 文學」(『朝鮮日報』, 1937.12.14~12.18.)이다. 특히 이 글은 김남천이 고발문학론에서 주장한 바와 같이 단순히 고발, 비판하는 데 그치지 않고 자신을 개조하는 데까지 나아간다는 데 그 특징이 있다. 그러므로 이 글은 부제에 나타난 바와 같이 모랄론의 선두에 놓여 있다. 김남천에 의하면 유다는 성서에서 가장 날카롭게, 준엄하게, 무자비하게 고발당하고 있는 인물이다. 김남천이 유다에게서 어떤 문학정신을 파악해 내고자 하는 이유는, 유다의 속에 현대 소시민과 가장 육체적으로 근사한 것이 있기 때문에 그에게서 소시민 출신 작가가 제출하여야 할 최초의 모랄을 발견할 수 있기 때문이다.

> 實로 모든 것을 告發하려는 높흔 文學精神의 最初의 課題로써 作家 自身의 속에 잇는 「유다」的인 것을 剝奪하려고 그곳에 분사에 가까운 妥協 없는 聖戰을 展開하는 마당에서 文學的 實踐의 最初의 問題를 解決할려는 作家의 모랄은(중략)[19]

---

19) 김남천, 「<유다>的인 것과 文學-小市民 出身 作家의 最初 모랄」, 『朝鮮日報』, 1937.12.15.
 기타, 김남천이 '모랄' 문제를 다루고 있는 대표적인 글은 다음과 같다.
 김남천, 「道德의 文學的 把握-科學 文學과 『모랄』 槪念」, 『朝鮮日

즉 사실주의 작가가 대상에 대하여 문제를 제출하기 전에 우선 자기 마음 속에 있는 유다적인 것을 발견하려는 태도가 바로 작가의 최초의 모랄이 된다는 것이다.

김남천은 주체의 재건이 임화의 주장처럼 문학자가 세계관을 이론적으로 해득하는 것으로 해결되는 것이 결코 아니며, 또한 작가가 파악하고 있는 세계관이 그대로 개념으로 표명되는 것이 아니라 작가의 주체를 통과한 것으로써 표시되기 때문에 주체의 재건이나 완성의 문제가 제기된다고 본다. 그러므로 김남천은 임화가 주체재건에 있어서 반드시 한번은 통과하여야 할 작가 주체 자신의 문제를 이미 해명되어 버린 문제처럼 생각한 결과, 개별 작가의 문제를 작가 일반의 문제로 추상화하였다고 비판한다.[20] 즉 김남천은 세계관을 이론이나 개념으로 완전히 파악하고 체득하는 것이, 소시민 지식인인 자신의 경험에 비추어 볼 때 심히 어렵고 모순되는 일이며, 그것은 오직 진정한 의미에서의 실천을 통하여서만 가능하다고 본다. 그러나 김남천이 말하는 실천의 의미는 폭

報』, 1938.3.8~3.12.

──, 「一身上 眞理와 『모랄』-『自己』의 省察과 『槪念』의 主體化」, 『朝鮮日報』, 1938.4.17~4.24.

김남천이 말하는 '모랄'은 심정이나 심리의 문제, 도덕(수신과목, 혹은 도덕률)이 아니다. 도덕 혹은 모랄은 "완전히 주체화되어 일신상의 근육으로 감각화된 사상이나 세계관의 형상"이다.

[20] 김남천의 이같은 주장은 임화를 오해하고 있는 데서 비롯한다. 임화는 작가의 주체 재건이 세계관을 이론적으로 해득하는 것으로 해결된다고 보지 않으며, 세계관이 이미 작가에게 주체화되어 있다고도 보지 않는다. 임화 또한 이전 프로문학의 도식성에 대한 비판으로 자신의 논의를 시작하면서 현실과의 관련에서 사상의 문제를 다룬다.

넓은 현실의 문맥에서 형성되는 것이 아니라 앞서 지적한 바와 같이 주체 내부의 문제로 제한되고 있다.

그런데 김남천이 말하는 유다적인 것의 참 의미는, 소시민 지식인이 자신이 신봉하던 어떤 사상이나 주의에서 이탈하거나 배반한다는 상식적인 것이 아니라 자기 자신의 매각, 즉 자기 자신의 개조라는 고도의 성찰과 결부되어 있다. 그러므로 김남천은 작가가 자신의 속에서 유다적인 것을 발견하고 이것과 타협 없는 고투에 가치가 있기 때문에 유다적인 것에 비참하게 실패를 보아서는 안 된다고 말한다. 말하자면 김남천은 자신의 내부에 있는 소시민적인 비굴성을 철처히 비판하여 종국에는 그것을 넘어서고자 한다. 그러므로 모랄의 문제는 유다적인 것을 극복하고 창조적 실천의 방향을 마련하고자 하는 데서 제기된 것이다. 즉 자기 자신의 인간적 개조가 가능하다는 방향에서 주체의 모랄 문제가 제기된다. 작가는 세계관의 단순한 전성기가 아니라 주체 재건을 위한 노력의 과정과 작가 내부의 폐부를 통과한 연후에야 비로소 진정한 세계관의 확립이 가능하다는 점에서 보면, 모랄의 확립이란 작가가 자신의 세계관을 주체적으로 혈육화하는 것과 동일한 맥락이다.

모랄론의 관점에서 '사상의 혈육화' 문제를 최초로 다루고 있는 글이 「自己 分裂의 超克-文學에 잇어서의 主體와 客體-」[21]

---

21) '조선적 특수성'에 근거한 주체재건론을 강조하고 있는 이 글은 정치주의에 대해 강한 거부감을 보인다. 김남천은 예술(문학자, 문학, 문학적-예술적 실천)과 사회(사회적 인간, 정치-과학-이론-철학-생활, 생활적 실천)와의 모순과 상극을 극복하는 길은 오직 문학적, 예술적 실천이라고 본다. 정치주의(이론)를 강조하면 영원히 이원론만 남게 되며, 예술가는 자신의 예술적 실천을 통해서만 객관과 통일될 수 있다고 주장한다. 이 점은 이미 자기고발에서 그 단초가 보이지만 결과적으로 소시민 지식인의 자기분열의 극복방향이 작가

(『朝鮮日報』, 1938.1.26~2.2)이다. 김남천에 의하면 자기 분열의 초극은 보들레르와 이상에 대비되는 희랍 예술의 가치에 닿아 있다. 자기 분열이란 소시민 작가가 민중에 대하여 느끼는 세계의 이원성의 결과이다. 문학의 주체인 소시민은 객관 세계의 모순이나 분열보다도 주체 자신의 타고난 운명에 의한 동요와 자기 분열이 오히려 더 문제라는 것, 이 때문에 지난 날의 모든 문학적 실천의 과오와 일탈이 빚어졌다는 것, 그리고 객관 세계의 모순을 극복한다고 하면서 자기 자신을 돌보지 않았던 주체가 도리어 현실의 장벽에 부딪친 것에서 모순과 분열이 생긴다는 것, 그러므로 다시 한번 객관 세계와 호흡하기 위해서 주체의 정립과 재건이 필수적

주체의 순수한 예술적 창조행위에 대한 경사로 기울어진다. 이런 방향은 현실의 폭넓은 문맥을 거세할 우려가 있으며, 한편으로는 전형기에 처한 지식인의 소박한 현실 대응논리라고 볼 수도 있다.

"文學者는 文學的 實踐을 가지고 文學的 生活을 가지고 이 가운데로 간다는 것만이 唯一의 眞理이고 또한 藝術과 生活, 文學과 政治와를 統一하는 唯一의 一元論이다.
이것이 또한 主體의 自己分裂을 超克하는 唯一의 方向이며 客觀과 交涉하여 統一되는 단 하나의 告發精神의 가는 길이다."

특히 이 글은 이전까지의 모든 논의가 세계관을 혈육화하는 방향으로 전개된 데·반해, 오히려 세계관의 역할보다 서서히 객관 현실, 그것도 작가의 주관이 개입된 협애화된 현실 속으로 침잠해 들어가는 단초를 보인다. 김남천이 뒤에 일련의 발자크 연구를 시도한 것은 세계관을 혈육화하는 방향에서 절망한 소시민 지식인이 택한 마지막 세계관 획득과정으로 볼 수 있다. 작가의 주관(세계관) 여하에도 불구하고 나타날 수 있는 리얼리즘의 방향만이 그 앞에 놓여 있었던 것이다. 그러므로 김남천에게 있어서는 이 발자크적 리얼리즘조차 그가 이론, 창작 양면에서 끊임없이 추구한 세계관 획득과정의 변이형으로 볼 수 있다.

이라는 것이 이 글의 핵심이다.

한편 모랄론22)은 과학과 문학의 인식 목적을 명백히 하기 위해 제기되었다. 문학적 표상이 진리를 반영하기 위해서는 과학적 개념이 갖는 합리성을 지녀야 하는데, 여기에서 과학에서의 공식의 기능(공식적 분석)과 문학에서의 성격의 기능(성격 묘사) 문제가 제기된다. 문학적 표상은 공식적 분석을 경과하여서만 정당한 성격 묘사에 도달하지만, 과학적 개념은 공식에 의한 법칙 이상에까지 그의 인식 목적을 연장할 때 그것은 벌써 과학의 성능은 아니라는 것, 이리하여 과학이 이 한계를 넘는 곳으로부터 인식 목적은 문학의 권내로 연장된다는 것, 바로 이 과정이 주체화의 과정이라고 김남천은 주장한다. 즉 주체화의 과정이란 과학적 개념이 문학적 표상에까지 구체화되는 것을 말한다. 또한 이 주체화는 세

---

22) 김남천은 1939년에 발표한 「모던 文藝 辭典」에서 '모랄'을 다음과 같이 정의하고 있다.

"후자(김남천 자신:필자 주)에 있어서는 思想의 主體化라는 角度로써 文學의 道德的 把握을 企圖함에 이른 것이다. 文學이란 科學的 槪念이 表象化되고 感覺的으로 形象化된 것을 가르침에 不外한 것인데, 科學的 槪念과 論理的 範疇에 依하야 具體的으로 分析된 眞理를, 一身上의「아스펙트」를 거쳐서 再提하는 過程을 主體化의 過程이라 보게 되는 것이다. 이러한 過程을 通過하야 終局的으로 表象化될 때, 다시 말하면 槪念이 一身上의 角度를 지낼 때에 提起되는 것이「모랄」이다. 그러므로「모랄」을 或種의 道德律이나 常識道德의 德目으로 生覺하든가, 佛蘭西의 모라리스트流로 생각하야도 아니된다. 前者는 勸善懲惡의 善惡判斷이고 後者는 心情上「모랄」에 不過하다.「모랄」의 背後에는 언제나 社會나 歷史에 對한 合理的인 科學的 認識이 있어야 하고, 文學의「모랄」이란 作家와 一般大衆의 生活과의 關係에서 생겨나는 것을 忘却하야서는 아니될 것이다. 自己를 省察하면서도 끝까지 私事에 떠러지지 않는 곳에「모랄」이 있다."

계관의 혈육화이며, 모랄의 확립이기도 하다. 즉 이 모랄의 확립은 세계관과 창작방법의 관계에서 살펴보면 전자가 후자를 거쳐 문학적 표상에까지 구상화될 때 설정 가능한 개념이다. 다시 말해 작가 주체의 세계관에 대한 혈육화의 과정 즉, 모랄의 확립을 요구하게 될 때, 세계관이 반드시 거쳐야 하는 문학적 표상에까지 심화되는 과정 자체가 주체화의 과정이다.

그러나 김남천이 세계관의 공식화, 도식화를 지나치게 우려하면서 역설적이게도 세계관이 구체적인 현실 문맥에서 획득되지 못할 때의 또 다른 세계관의 도식화에 대한 인식은 미흡하다. 그 결과 김남천은 작가가 창작에 앞서 먼저 세계관을 주체적으로 파지해야 한다는 속류유물론적인 사고를 보이고 있다. 이런 사고 방식이 김남천이 본래부터 지니고 있던 의식일 것이다. 이 맥락에서 보면 세계관의 혈육화 과정에서 자신과 자신이 속한 계급의 근원적인 한계를 깊이 인식하고 이를 극복하는 방향에서 김남천이 "도덕은 풍속, 습관에 이르러서 구체화된다."는 풍속론을 제기한 것 또한 필연의 과정이다.

「一身上 眞理와 『모랄』-『自己』의 省察과 『概念』의 主體化」(『朝鮮日報』, 1938.4.17~4.24.)는 풍속론의 단초를 보이는 글일 뿐만 아니라, '세계관의 혈육화' 문제의 연장선에서 과학적 개념(세계관)의 일신상의 진리화 문제를 다룬 중요한 글이다. 여기서 말하는 '일신상의 진리'는 과학적 개념이 주체화된 것을 말한다. 그러므로 과학은 진리를 대상으로 하지만 문학은 '일신상의 진리'를 대상으로 한다. 그가 주장하는 도덕이란 개념은 통속적, 상식적 관념이나 윤리학에서 말하는 그것이 아니라[23], 사회의 물질적 근

---

23) 김남천은 최정희의 「地脈」이 어머니의 자식에 대한 사랑이라는 문

저에 토대를 두고 발생한 하나의 역사적 소산이다. 그리고 과학과 문학이 다르듯이 사회적 관념으로서의 도덕은 문학적 관념으로서의 도덕과는 다르다. 그러나 문학적 모랄 개념은 순전히 자기성찰이나 자아탐구의 의미가 아니다. 문학적 모랄 개념은 일신상의 진리로 화한 모랄, 즉 혈육화한 세계관을 말한다. 즉 이 문학적 모랄 개념은 과학적 개념이 문학적 표상에 이르는 과정에서 반드시 거쳐야 할 중간 단계로 설정된 것이다. 이런 점에서 보면 앞서 지적한 바와 같이 김남천은 작가가 창작하기에 앞서 세계관이 선험적으로 주체화되어 있어야 할 것을 전제하고 있다. 이는 유물변증법적 창작방법 당시의 전도된 방법임을 의미한다.[24] 작가 개인을 내세우면서도 개인의 심리나 사사(私事)에 떨어지지 않는 곳에 모랄이 있다는 말은 사상성, 사회성이 작가에게 일신화되는 것이 중요하다는 말과 같다. 김남천은 보들레르나 그가 말하는 한국의 보들레르인 이상과 달리 자신은 과학적 핵심을 가지고 있다는 것을 강조한다. 즉 작가는 자신을 소시민 출신이라고 인정하는 것이 결코 자기분열의 향락은 아니며, 오히려 자신의 성찰 배후에 과학적인 합리적 핵심을 갖고 있는지의 여부가 중요하다는 것이다. 그러므로 반영론의 시각에서 '일신상의 진리' 문제를 생각할 때 작가는

제를 '常識道德'의 측면에서만 다루었다고 비판한다. 그러므로 김남천이 이 작품에서 긍정적으로 보는 것은 여주인공에게 고백하는 어떤 부인의 말이다. 왜냐하면 후자는 여주인공과는 달리 낳지 않는 자식에겐 애정을 줄 수 없다는 결론을 내리고 있기 때문이다. 즉 이런 결론은 하나의 상식임에 틀림없으나, 기성 부덕에 대한 항의와 반성이 있다는 것이다.(김남천, 「同時代人의 距離感-九月創作評」, 『文章』 9, 1939.10. 참조.)

24) 홀거 지이겔, 『1917~1940 소비에트 문학이론』, 정재경 역, 연구사, 1988, pp.61~122. (제3장 「20년대 사회학주의의 제방법」 참조.)

우선적으로 세계관(과학적 개념, 진리)을 '일신상의 진리'로 구체화한 뒤에라야 비로소 객체와 교섭할 수 있다는 논리가 되어 작가 주체에게 미치는 현실, 대상과의 역동적인 관계는 무마되어 버린다. 그의 이런 인식은 진리가 과학에서와는 달리 문학에서는 작가 자신의 과제, 즉 일신상의 문제로 비약되어야 하며, 문학이 도덕, 모랄을 주체적으로 파악함이 없이는 리얼리즘의 전진은 공허한 구호에 불과하다고 말하는 데서 잘 드러난다. 그러나 풍속론이 작가 주체의 입장에서 세계관을 논하는 시각에서 벗어나 현실 속에 녹아 든 세계관, 즉 현실의 본질을 문제 삼고 있다는 점에서, 풍속론과 결부된 로만개조론 외에도 발자크 연구로 대변되는 관찰문학론의 맹아가 이미 함축되어 있다.[25] 김남천이 풍속론을 주장하게 된 이유는 그가 그토록 원했던 '세계관의 주체화, 일신상의 진리화'가 근원적으로 불가능했기 때문이다. 김남천이 풍속론을 주장한 것은 주체에서 객체로의 중심이동이라 부를 수 있다.

김남천에 의하면 풍속이란 사회적 습관과 밀접한 관계가 있으며, 제도 내지는 제도의 습득감을 의미한다.

---

[25] 김남천이 「모던 文藝 辭典」에서 모랄과 풍속의 관련양상에 대해 언급하고 있는 부분을 들면 다음과 같다.

"「모랄」은 語源的으로 慣習, 品格, 性格 等의 뜻을 가지고 있어 모든 事物에 對한 認識을 慣習化, 性格化, 習慣化함에 依하야 一身上의 몸에 붙는 眞理에까지 飛躍식히려는 데 그의 內的 本能이 있다.
그런데 社會的 習慣이란 風俗과 密接한 關係를 가지고 있고, 道德이란 風俗에 이르러 完全히 具現된다고 보아 當然하다. 「모랄」이 文學的으로 自己를 表象化하는 길을 風俗論에서 發見코자 한 것은 全혀 이때문이었다."

> 風俗 習俗은 生産關係의 樣式에까지 顯現되는 一種의 制度(例 컨데 家族制度)를 말하는 同時에 다시 그 制度 內에서 培養된 人間의 意識인 制度 習得感(例컨데 家族的 感情, 家族的 倫理意識)까지를 指稱한다.
> 이렇게 省察된 風俗이란 確實히 經濟現象도 政治現象도 文化現象도 아니고 이러한 社會의 物質的 構造上의 제 階段을 一括한 하나의 共通的인 「社會現象」이라고 보지 안흘 수 업슬 것이다. 社會機構의 本質이 風俗에 이르러서 비로소 完全히 肉體化된 것을 알 수 잇다.26)

김남천이 말하는 도덕, 모랄은 "완전히 주체화되어 일신상의 근육으로 감각화된 사상이나 세계관의 형상"이다. 그러므로 인정, 인륜, 도덕, 사상이 가장 감각적으로, 물적으로 표현된 것이 풍속이기 때문에 모랄은 풍속 세태 속에서 나타나고, 그것은 복장과 취미에까지 나타난다. 물론 문학적 모랄은 실험, 실증, 실천을 거쳐서 비로소 얻을 수 있는 과학적 개념의 합리적 핵심 즉 이론적 모랄을 가지고 있어야 한다.27) 다시 말하면 작가가 이론적으로 파악

---

26) 김남천, 「一身上 眞理와 『모랄』-『自己』의 省察과 『概念』의 主體化」, 『朝鮮日報』, 1938.4.22.
27) 김남천은 박태원의 『川邊風景』과 채만식의 『濁流』를 평하면서 두 작품 모두 최근 조선문학이 가진 최고의 풍속 세태의 묘사이지만 이 훌륭한 풍속 묘사의 밑에 과학적 개념이 가진 바 합리적 핵심이 없다고 비판한다.(김남천, 「文藝時評-世態 風俗 描寫 其他=蔡萬植「濁流」와 安懷南의 短篇」, 『批判』 제62호, 1938.6. 참조.)
  김남천은 또한 「모던 文藝 辭典」에서 고현학에서 말하는 풍속과, 자신의 풍속 개념을 중풍속과 경풍속으로 나누면서 엄격히 구별한다. 즉 세태소설은 고현학적인 풍속 관찰에 머물기 때문에 합리적 핵심을 사상시킨다고 지적한다. 그러나 김남천이 주장하는 바, 세계관의 계기를 내포한 것으로써 합리적 핵심을 가지고 있는 풍속 개

하고 인식한 결과로써 얻은 사상이 작품 속에 생경한 그대로 드러나서는 안 되고, 사상이 심리와 윤리, 성격을 통하여 충분히 감성화되어 풍속에까지 침윤된 것으로 뚜렷하게 표상되어야 한다. 이것이 김남천이 풍속론에서 말하는 주체화의 과정이며, 또한 로만개조론의 방향이기도 하다. 왜냐하면 모랄론과 맞물려 있는 로만개조론의 방향은 고발문학의 내성적, 자기성찰적인 작품 경향을 주체화된 세계관으로 발전시키고 이것을 가지고 세태 풍속으로 들어가는 것이기 때문이다. 그러나 김남천이 풍속을 이야기하면서 '이데로 된 인물'이 아니라 '인물로 된 이데'를 주장하고 있는 것에 주목할 필요가 있다. '인물로 된 이데'는 세계관이 혈육화된 구체적인 형상에 해당한다. 김남천은 끊임없이 세계관을 주체화하려고 했지만 자신이 생득적으로 지닌 소시민성과 함께 실천상의 제약으로 말미암아 그 한계를 분명히 인식하였다. 김남천이 주체에서 객체로의 중심 이동이라는 특징을 지닌 풍속론에서 로만개조론의 단초를 마련하는 데는 이론적 모랄, 즉 주체화된 세계관을 드러낼 수 있는 가족사 연대기 형식이라는 내적 계기가 놓여 있다. 그 결과 그는 구체적 현실 내에 존재하는 생생한 인간들, 즉 세계관을 주체적으로 체득하고 있는 인물을 형상화하려고 시도한다. 김남천은 이를 '인물로 된 이데'라 부르고 있다.

로만개조론은 「長篇小說에 對한 나의 理想」(『靑色紙』 2, 1938.8.)에서 본격적으로 전개된다.[28] 로만개조론에 대한 언급은 「現代 朝

념도 두 가지로 나누어진다. 그 중 경풍속은 경풍속만의 피상적 관찰을 가지고 오히려 사회 경제 현상의 어떤 본질적인 것을 파악했다고 잘못 확신하는 것을 의미한다. 이에 반해 중풍속은 경풍속의 가운데에서도 항상 그 토대인 생산 제 관계를 생각하며, 그것의 구체화로 보는 태도를 말한다.

鮮小說의 理念-『로만』 改造에 對한 ― 作家의 覺書」(『朝鮮日報』, 1938.9.10~9.18.)와 「世態와 風俗-長篇小說 改造論에 기함」(『東亞日報』, 1938.10.14~10.25.)에까지 연결된다. 김남천은 장편소설을 개조하는 방향에서 프로문학 당시의 집단묘사를 우선적으로 재검토할 것을 요구한다.29) 로만개조론의 중심 내용은 강렬한 이론적 모랄을 세태 풍속 속으로 가져가되, 그것을 실행하는 한 방법으로 가족사 연대기의 형식을 취한다는 것이다.

김남천은 「現代 朝鮮小說의 理念-『로만』 改造에 對한 ― 作家의 覺書」에서 채만식의 『太平天下』, 이기영의 『故鄕』과 「鼠火」를 분석하고 있다. 김남천은 '이데로 된 인물', 즉 사상을 배운 자나 세계관을 지껄이는 자보다 '인물로 된 이데'가 중요함을 강조한 바 있다. 그러나 김남천은 채만식이 『太平天下』에서 사상가나 사회운동자에게만 사상과 이데를 넣을 수 있다고 생각한 결과, 긍정적인 인물, 역사를 추진시키는 적극적인 성격의 전형을 하나도 설정하지 않았다고 지적한다. 이에 반해 작품 『濁流』는 작품 전반부

---

28) 장편소설에 대한 논의로 이 글과 함께 참고할 자료는 다음과 같다.
　이원조, 「新聞小說分化論」, 『朝光』 2, 1938.2.
　한설야, 「長篇小說의 方向과 作家-『이야기』로부터 『로만』에」,
　　　　『朝鮮日報』, 1938.4.2~4.6.
　백　철, 「綜合文學의 建設과 長篇小說의 現在와 將來」, 『朝光』 34, 1938.8.
　임　화, 「最近 朝鮮小說界 展望」, 『朝鮮日報』, 1938.4.29~5.8.
29) 김남천은 이기영의 작품 『新開地』가 실패한 원인을 분석하면서 로만개조론 문제를 다루고 있다. 즉 『新開地』는 경향문학 당시의 유물인 집단묘사가 소설 구성을 해체하고 있는데, 그 이유가 작품 속에 사상이 없다는 점, 그리고 집단이 개인과 사회와의 빈틈없는 성찰에서 그려지지 않았기 때문이라고 본다.<(김남천, 「昨今의 新聞小說-通俗小說論을 爲한 感想」(『批判』 68, 1938.12. 참조.)>

에서 승재, 계봉이라는 두 긍정적인 인물을 성격적 전형으로 파악해 보려는 노력을 했으나, 후반부에서는 그렇지 못해 이야기조인 설화체로 되었다고 비판된다. 이 견해는 이기영의 『故鄕』과 「鼠火」 평에서도 잘 드러난다. 김남천은 고발문학론을 주장할 때와는 달리 『故鄕』의 김희준보다 「鼠火」의 돌쇠를 더 고평한다. 이는 계속되는 논의 가운데서 변모한 김남천의 입지점을 알 수 있는 중요한 대목이다. 김희준이 사상을 말하고 고민하고 사회적인 역할을 감당하는 것과 같은 지식인으로서의 의미는 인정하지만, 이 인물 속에 구현된 작가의 사상이 '이데로 된 인물'에 불과한 반면, 돌쇠는 사상도 말하지 않고 도박을 하며, 술만 마시고 다니지만 오히려 생채가 있고 살아있다는 것이다. 그 이유는 돌쇠가 당대의 시대정신을 몸과 행동에 구체적으로 체현하고 있기 때문이다. 그 결과 김남천은 적극적인 인물의 창조를 단순히 양심적 인간이 아닌 다른 방면에서 개척하고자 한다. 이런 인식은 고발문학론을 거친 후 심화되어 온 김남천의 입지점을 알 수 있을 뿐 아니라 당대 현실의 구체적 인식에 접근해 가려는 의미로 해석할 수 있다.

 崔載瑞氏가 내의 作品 傾向의 한 面에 對하여 시니시즘 乃至는 自嘲를 가지고 말하얏고 林和氏가 李箱의 文學과를 함께 合쳐서 나를 內性 心理의 文學이라 指稱한 데 對하야 人物創造라는 以上 論述의 觀點에서 이를 再三 吟味해 본다면 兩氏의 이가튼 指摘의 裏面에는 知識人 小市民의 人物創造에 잇어서 내가 事實上으로 失敗햇다는 것을 말하고 있는 것이라고 생각할 수가 잇다. 事實 나는 良心的 人間 타입이라는 것을 作者와 精神的으로나 肉體的으로나 가장 近接한 知識人 思想靑年이라는 部類 가운데서 無監査나 無審査를 부쳐서 차저내이는 것을 輕蔑 乃至 忌避하얏고 이것은 그대로 峻嚴한 自己告發의 實踐이라는 一 系列의

作品을 나로 하야금 가지게 하얏는데 이러케 하야서 自己分裂이 超克된 하나의 潑刺한 性格을 잡을려던 努力이 드듸어 시니칼한 內性 心理에 始終하고 말엇다고 보아야 할 것이다. 이리하야 知識人과 小市民의 가운데서 이를 잡어보기에 失敗한 나에게는 다른 또 한 系列의 作品을 보게 되엿다. 少年을 取扱한 作品「少年行」,「남매」,「누나의 事件」,「무자리」 등이 이것이다. 現代社會에서 아직도 統一性을 喪失하지 안코 自己分裂을 經過하지 안흔 人物이 잇다면, 그것은 어린아이나 少年이리라고 생각해 본 것이다. 내가 取扱하는 少年이 早熟하다는 것은 李源朝氏가 屢次 해 온 말이다. 그러나 실상 내게 必要한 것은 少年이나 童話의 世界가 아니였고 오직 分裂을 經過치 안흔 生氣 潑刺한 타입만이 所用되엿다는 創作心理를 吐露하면 이러한 點이 또렷해질 것이라고 생각한다. 그러나 以上의 내의 作品이 무엇을 結果하얏는가는 諸氏의 이미 周知하는 바이다.[30]

우선 이 글은 고발문학의 성과에 대한 반성으로 로만개조론의 방향을 마련하고자 하는 데 의의가 있다. 김남천은 작가의 사상이나 주관을 작중 인물 위에 덧붙여서 그의 행동이나 자유를 구속하지 않고 사상-현실에의 지적 관심과 분석을 문학적 표현에까지 이르게 하기 위하여 생기 발랄한 작중 인물의 행동에서 명확한 형상성을 확보하는 것이 필요하다고 주장한다. 김남천은 바로 이런 방향에서 풍속 개념의 재인식과 가족사와 연대기의 길을 제시한다. 김남천은 자신이 말하는 풍속을 고현학에서 주장하는 풍속 개념과 분명히 구별한다. 그는 고현학에서 말하는 풍속이 통속적인 성격을 지니며, 눈에 보이는 이것 저것을 세밀히 살피고 그 중에서 일반적이며 공통된 징후나 현상을 파악하여 이것을 마치 사회

---

30) 김남천,「現代 朝鮮小說의 理念-『로만』 改造에 對한 一 作家의 覺書」,『朝鮮日報』, 1938.9.17.

의 어떤 본질적인 제요소처럼 생각한다고 비판한다. 이에 반해 김남천의 풍속 개념은 사회기구에 있어서 물질적 구조상의 질서를 제일의적인 분석의 기준으로 삼는다. 특히 풍속 개념을 문학적 관념으로 정착시키고 그것을 들고 가족사로 들어가되 그 가운데 연대기를 현현시키려는 방향은 세계관을 주체화시키는 방향과 일치한다. 즉 과학적 개념이나 세계관이 주체화되려면 도덕, 사상 또는 모랄을 일신상 진리로 파악하여 그것을 풍속 속으로 들고 들어가야만 비로소 개념은 문학적 표상을 얻을 수 있다는 것, 이런 풍속을 가족사로 들고 들어가면 전형적 정황의 묘사가 가능하며, 또 그것을 다시 연대기로 파악하면 정황의 묘사를 전형화하고 그 묘사의 핵심에 엄밀한 합리성과 과학적 정신을 보장할 수 있다는 것, 그 결과 발랄하고 생기있는 '인물로 된 이데'를 프로문학 운동을 담당했던 지식인의 형성과 성장과정에서 잡아볼 수 있고, 전형기에 처한 지식인 그 자체에 대한 새로운 발견이 가능하다는 것이 그의 로만개조론의 핵심이다. 이 말은 『大河』 이전에 발표된, 소년을 주인공으로 한 일련의 소설들이 단순히 고발문학론의 관점으로 해석될 수 없는 본질적인 문제를 담고 있다는 것을 의미한다. 소년을 주인공으로 다룬 소설들에서 고발문학의 성격을 전혀 배제할 수는 없지만, 고발문학이 자기고발을 통한 자기검토에 초점을 두고 있다면, 소년을 주인공으로 다룬 일련의 소설들은 그것을 내포한 자기개조의 정신을 짙게 드러내고 있기 때문이다. 특히 이 자기개조의 작업은 나중에 소설론으로까지 심화된다.[31] 이상을 종합해 보면 지적 관심의 앙양과 모랄의 확립, 정황의 전형적 묘

---

31) 김남천, 「小說의 運命」, 『人文評論』 13, 1940.11.
　　――, 「小說의 將來와 人間性 問題」, 『春秋』 2, 1941.3.

사, 생기 발랄한 인물의 창조 등이 로만개조의 기본적 내용이 된다.

특히 김남천의 글 「世態와 風俗-長篇小說 改造論에 寄함」은 로만개조론의 일환으로써, 세태묘사를 본격소설로부터의 일탈로 생각하는 임화의 소설론을 의식하고 쓴 글이다. 임화가 말하는 세태묘사는 사실을 사실 그대로 기술하는 것을 의미한다. 그러나 김남천은 사실을 사실 이상으로, 세태를 세태 이상으로 묘출하여 세태묘사를 단순한 수법, 기법, 기술의 차원이 아닌 문학정신, 또는 관념의 수준인 풍속의 차원임을 강조한다. 김남천은 자연주의의 위험성을 경계하면서 리얼리즘의 전형화를 위해 디테일의 진실성과 전형적 정세의 묘출을 강조한다.[32] 특히 김남천은 이 글에서도 이기영의 『新開地』가 경향문학 당시의 집단묘사 때문에 소설 구성을 해체하고 있다는 사실을 지적한다. 물론 집단묘사 그 자체가 나쁜 것이 아니라 집단묘사가 얼마나 소설 구성상 긴밀한 관계를 맺고 있느냐 하는 점이 중요한데, 『故鄕』에서는 집단묘사가 소설 전체를 관류하는 사상적인 색채 때문에 소설 구성을 상실하고 있지 않는 데 비해, 『新開地』는 이런 사상도 없고 집단이 개인과 사회와의 빈틈 없는 성찰에서 그려지지 않았기 때문에 구성이 몹시 흐려졌다는 것이다.

임화는 자신의 세태소설론에서 세태만 그리는 장편소설의 현황을 분석하고 이를 넘어서는 방향에서 성격과 환경이 통일된 19세

---

32) 김남천은 통속소설의 특징을 성격 창조면에서 볼 때 성격과 성격의 갈등에서 빚어지는 사건이나 행동의 묘사에서가 아니라, 성격을 일방적으로 설명하려 한다고 말한다.(김남천, 「十一月 創作評, 通俗小說에의 誘惑-咸大勳과 李善熙-」, 『朝鮮日報』, 1938.11.10. 참조.)

기 장편소설로 돌아갈 것을 주장하는데, 이에 대해 김남천은 서구의 심리주의 경향의 작가들은 모두 19세기의 장편소설 형식에 반동하여 새로운 소설 형식을 수립하였고, 조선에도 그러한 경향이 이미 있었다고 언급한다. 그러나 김남천 주장의 핵심은 성격과 환경이 통일되는 길을 로만개조론의 방향에서 취한다는 데 있다. 즉 그는 19세기 소설과 조이스 등의 심리소설로 대표되는 20세기의 현대소설 중에서 어느 것을 선택할 것인가의 문제를 해결하려면 리얼리즘을 떠날 수 없고, 이런 관점에서 성격과 환경의 통일을 꾀하자면 작품을 연대기나 가족사로 이끌 수밖에 없다고 주장한다. 특히 김남천은 임화가 심리소설과 세태소설의 조화를 암시적으로 드러내면서 주장한 본격소설론과 비슷한 맥락에서 외향과 내향과의 통일을 추구한다. 김남천은 자신의 고발문학이 내성세계에 빠져 있었다고 분명히 인식한다. 그러나 김남천은 임화가 『濁流』를 세태소설, 즉 외향소설로 배격하는 태도에 대해 세태소설(외향소설)은 결코 그릇된 조류가 아니라고 주장한다. 그 이유는 김남천 자신이 볼 때 자기의 고발문학이 내성적이고 체험적인 성격이 강한 것이기 때문에 그것을 질식시키지 않을 길은 자기고발 문학과 외향과의 통일에 있다고 생각하기 때문이다. 그러므로 최초의 장편소설을 쓰기 전후하여 표방한 로만개조론은 세태를 풍속에까지 높여서 외향과 내향과의 통일을 추구함으로써 사실의 가운데서 모랄을 살리자는 데 중심이 있다.[33]

---

33) 이상의 내용은 임화가 주도한 「文學建設座談會-長篇小說論의 核心」(『朝鮮日報』, 1939.1.3.)을 참조할 수 있다.
김남천, 「連載小說의 새 境地-蔡萬植 著 濁流의 魅力」, 『朝鮮日報』, 1940.1.15.

그러나 김남천은 이 로만개조론을 기점으로 작가의 세계관의 능동적 역할보다는 객관 현실의 내재적인 힘을 더 의식하게 된다. 물론 로만개조론은 세계관의 혈육화의 방향에서 작가의 세계관, 달리 말하면 현실 속에 있는 다양한 제 현상 가운데서 본질적인 것과 피상적인 것을 구분할 수 있는 선택의 원리를 방기하지는 않는다. 이 점은 다음의 예문에서 명확히 드러난다.

> 그들은 自身의 問題를 完全히 선반 우에 올려 놋코 그대로 客觀世界에 沒入할 것만을 主張하엿다. 이러케 하면 客觀世界는 認識될 수 있고 훌륭한 리얼리즘은 具顯된다고 가르키고 잇엇다. 그들은 즐겨서 바르작크는 王統派的인 思想에도 不拘하고 그의 훌륭한 客觀 描寫의 方法은 當該 社會의 本質을 묘파해 버렷다는 口頭禪을 每日처럼 되푸리하고 잇엇다. 그러나 이러한 氏 等의 主張의 眞僞를 證明하는데도 歷史는 그다지 만흔 時間을 必要로 하지는 안헛다.(중략)
> 이러한 때에 主體를 放棄해 버리는 것이 如何히 虛妄된 것인가를 頑强히 主張하여 모랄의 獲得 없이는 客觀世界의 認識이 不可能하다는 것을 말하야 告發精神의 만흔 課題 中의 하나로 自己告發을 實踐하라고 외친 것은 果然 그릇된 수작이엇던가.
> 나는 決코 一年이란 짧은 時日에 모든 課題를 解決하엿다고 생각지는 아니한다. 自己分裂이 超克되엇다든가 主體가 確立되엿다든가 모랄이 獲得되엿다든가, 나는 그 成果를 말할려고 하지는 안는다. 그러나 나는 지금 自己를 어느 程度까지 리얼리즘의 새 階段 우에 나서게 할 수 잇을 만한 心理的인 準備는 칠엇다고 말할 수 잇다. 왜냐하면 告發의 精神은 리얼리즘으로 하여금 風俗을 考慮케 할 만한 精神的 餘裕를 가짐에 이르럿으니까.34)

그럼에도 불구하고 소시민 작가가 지닌 내면의 한계와 외적 상

---

34) 김남천, 「時代와 文學의 精神―『바르작크的인 것』에의 情熱 (完)」, 『東亞日報』, 1939.5.7.

황의 실천상 제약 때문에, 김남천은 자신이 끊임없이 추구해 오던 세계관의 혈육화 문제를 오직 현실 속에 내재한 전형적인 요소에서 재확립하고자 시도한다. 말하자면 세계관의 혈육화 문제에 절망한 김남천은 대체의식으로 '현실 속에 내재한 세계관', 즉 풍속을 도입한 것이다.35) 김남천은 이런 관점에서 더 나아가 고발문학의 체험적 성격을 반성하여 이와 대립된 관점에서 묘사를 강조하는 관찰문학론을 제기하게 된다. 김남천은 유진오 작품이 보이는 시정에의 편력 현상을 "시사성의 소주관의 문학"이라고 비판하면서 이런 세태와 고현학의 세계를 벗어나서 산문성을 획득하기 위해 묘사정신을 강조한다.

> 于先 描寫 精神의 正當한 把握이다. 이것을 제 것으로 하지 안코는 文學은 헛되이 風俗의 表面을 흘러다닐 뿐 아름답고 偉大한 表象의 文學은 産出되지 안흘 것이다. 描寫라면 常識的으로 生覺하야 곳잘 敍景 가튼 걸 聯想하는 폐단이 남어 잇다. 이가튼 描寫論은 「알랑」의 「散文論」을 克服할 수 업슬 뿐 아니라 고작 文章論 附近에서 徘徊함에 끄칠 것이다. 그러나 描寫란 愚見에 依하건대 文學을 科學과 區別하는 窮極의 것이다. 文學과 理論, 科學의 差異는 認識手段의 差異엿고 科學의 槪念과 相對되는 것이 文學에 잇서서는 形象 乃至 表象이엿다. 이 形象化, 形象化의 過程을 넘어서는 途程이 다름아닌 描寫의 過程이라는 것이 筆者의 持論의 骨子이다. 그러므로 描寫는 恒常 環境과 性格의 典型的 創造를 機軸으로 하여 퍼져 나간다. 이러한 文學의 描寫精神은 科學에 잇서서는 分析의 精神에 該當한다 할 것이다.36)

---

35) 작품 『大河』는 이런 이론 작업과는 달리 세계관과 현실의 상호관계를 염두에 두고 있다. 이는 가족사연대기의 특성상 전사(前史)를 시대배경으로 했기 때문에 가능하게 된 것이다.
36) 김남천, 「小說의 當面課題－散文性 獲得의 新階段」, 『朝鮮日報』, 1939.6.24.

김남천은 한설야가 "主觀的인 色調에 몸을 맡겨 自己檢討, 自己 精神의 改造, 自己 運命의 救濟라는 막다른 골목으로 小說 精神을 이끌고 간다."37)고 지적한 바 있다. 김남천은 이런 세계를 고발문학론에서 이미 경험한 바 있기 때문에, 한설야가 이 길에서 빨리 벗어나기를 바란다. 이에 대해 임화는 김남천과 달리 한설야가 계속 이 길에서 정신의 개조를 꾀하여야 한다고 주장한다. 즉 김남천은 임화의 주장과는 달리 산문문학의 모랄이나 사상은 주인공으로 나타나거나 덕목이나 도덕률, 설교, 교훈, 연설로 나타나는 것이 아니라고 강조한다. 그러므로 김남천은 자기성찰이나 내성적, 주관적, 관념적, 체험적인 것과 외부 세계의 묘사에 치중하는 세태소설을 둘 다 지양하여 생활의 진실에 접근할 때에 문학의 모랄이 생길 수 있다고 본다.38) 이 생활의 강조는 관찰문학론을 주장하게

---

37) 김남천, 「世態 事實 生活-『토픽』中心으로 본 己卯年의 散文文學(中)」, 『東亞日報』, 1939.12.22.
   김남천의 경우 자기검토의 세계는 자신의 고발문학론에서 경험한 바 있다. 그러나 김남천이 지적한 자기개조의 세계는 김남천과 한설야가 1930년대 후반기에 특이하게 추구한 세계라 할 수 있다. 김남천의 경우 「남매」, 「少年行」, 「누나의 事件」, 「생일전날」, 「五月」, 「巷民」, 「어머니」, 「端午」를 거쳐 『大河』에 이르는 자기개조의 세계를 경험한다. 한편 한설야는 김남천과 대극적인 관점에서 자기개조의 세계를 또한 경험한다. 한설야의 자기개조의 세계는 『黃昏』, 『靑春記』, 『마음의 鄕村』, 『塔』 등에서 드러나는데, 특히 이 자기개조의 세계는 『黃昏』의 주인공 여순의 '존재전이' 과정에서 뚜렷하게 제시된다.
38) 김남천은 내성소설에 대해 서구의 헨리 제임스, 제임스 조이스, 푸르스트, 학스레이 등의 작품경향과는 달리 현실적 계기가 내포되어 있다는 한국의 특수성에 대한 인식을 보여 주목된다. 이런 맥락에서 그는 작가들이 오직 현실에 주목할 것을 요구한다.(김남천, 「발작크

되는 내적 계기를 마련한다. 이것이 「발작크 硏究 노―트(4)―體驗的인 것과 觀察的인 것, 續·觀察文學小論」에 오면 체험적인 것과 관찰적인 것을 구분하여 논의하게 된다. 즉 김남천은 관찰문학론의 입장에서 임화가 주장하는 '주인공―성격―사상' 대신에 '세태―사실―생활'을 내세우게 되는데, 전자가 사상가를 주인공으로 하여야만 사상이 있는 문학이라고 보는 원시적 사상주의라 비판하고[39]), 문학에서의 사상성의 진수를 객관적, 사실적 방법에 둔다.

硏究―노트(3), 觀察文學 小論」, 『人文評論』 7, 1940.4. 참조.)
39) 김남천은 임화의 「文藝時評―最近小說의 主人公」(『文章』 8, 1939. 9.)과 최재서의 「性格에의 意慾―現代作家의 執念」(『人文評論』 1, 1939.10.)은 영웅, 천재, 사상가 등 시대정신을 대표하는 자만이 주인공이 될 수 있는 전형이라 봄으로써, 이런 것이 없는 현금의 문학은 결과적으로 가공할 절망론에 빠져버렸다고 비판한다. 그 이유는 적극적 주인공은 시민사회의 문학 형식인 소설의 미학적 본질로써 전혀 부당한 것이기 때문이다. 김남천은 이런 맥락에서 성격의 피라밋드의 기저에 깔린 자들, 즉 악당이나 편집광도 주인공이 될 수 있다고 주장한다. 이는 자본주의 현실에 대한 인식으로 소설본질론에 훨씬 가까이 접근한 것이다.(김남천, 「『性格의 피라밋드』說―典型 創造의 理論과 實際, 小說家의 立場에서」, 『朝鮮日報』, 1940.6.11. 참조.)

"氏 等이 말하는 것과 같이 어떤 一 作中人物의 입을 通하여 思想을 代辯시키거나 一 主人公의 思想을 통하여 精神을 放送하는 것과 같은 類의 精神의 表現을 忌避하는 것은 小說文學의 아니 長篇小說을 通하여 리알리즘을 貫徹하려는 文學的 態度에 있어 하나의 本質的인 要素이었다. 왜냐하면 市民社會의 본질의 提示는 如何한 市民的인 人物을 積極的 主人公으로 理想化하는 文學態度에 依하여서도 不可能할 것이기 때문이다. 요는 한사람의 人物을 通하여 精神을 放送시키느냐 各 階層의 代表者가 各個의 生存權을 널리고 伸張시키기 爲하여 猛烈한 生存競爭을 거듭하는 風俗圖를 通하여 時代의 精神을 表現하느냐의 差異에 있다."(김남천, 「朝鮮文學의 再吟味, 小說文學의 現狀―絶望論에 對한 若干의 檢討―」, 『朝光』, 1940.9.)

김남천은 자신의 이런 변화를 주관적인 자기성찰의 문학에서 리얼리즘 본래의 길로 들어선 것으로 생각한다. 현실 속에서가 아니라 추상적으로 배운 이데나 사상의 눈이 현실을 도식화한다면, 이제는 자신의 눈을 통하여 오직 생활 현실 속에서 사상을 배우고자 한다. 이런 주장의 배경에는 사상, 관념, 이데올로기의 불신과 붕괴가 자리잡고 있다.[40] 관념과 생활을 분리하는 이런 태도는 김남천으로 하여금 이무영의 귀농현상에 주목하게 한다. 그러나 이무영이 거둔 농민문학의 성과를 염두에 둔다면 김남천이 제시한 관찰문학론의 한계도 짐작되는 바 있다.[41] 그러나 김남천이 관찰문학론의 입장에서 임화나 최재서의 절망론을 극복하기 위해 취한 소설의 방향은 시민사회의 모순을 전체성에서 제시하는 데 있다. 그는 당해 시기는 산업자본주의의 앙양기나, 시민사회가 진보

---

40) 김남천, 「主人公 性格 思想-『토픽』 中心으로 본 己卯年의 散文文學(中)」, 『東亞日報』, 1939.12.21.
41) 김남천도 자신의 관찰문학론이 지닌 한계와 개인적 측면을 스스로 지적하고 있다.

"小說家에서는 自己의 創作心理를 들고 나와서 새 精神 探究에 資할려는 마음을 가진 이도 없었던 것 같다. <u>筆者의 「觀察文學論」 같은 것도 나 自身의 問題에 屬한 것일뿐 처음부터 現狀打開에 資할려는 自信은 가지고 있지도 못하였다.</u>"(김남천, 「原理와 時務의 말 -評論界 上半期 素描-」, 『朝光』, 1940.8.)

이런 한계는 로만개조론을 언급하면서 <u>"筆者 같은 사람이 나 自身의 打開策이 무엇보다도 急해서 이러한 方向</u>(가족사연대기 소설의 길:필자 주)으로 길을 잡어보았는데"라는 말에서도 동일하게 지적될 수 있다. 이는 『大河』가 거둔 성과와 한계에 동시에 관련되는 중요한 문제이다.(김남천, 「文化 一年의 總決算, 創作界-動態와 業績」, 『朝光』, 1940.12. 참조.)

성을 가지고 있던 시기가 아니기 때문에 장편소설은 적극적 주인공의 창조에서가 아니라, 성격의 발전이나 사회의 계층성을 오히려 각층의 전형을 통하여서 다양하게 제출할 수 있어야 한다고 강조한다.

이로 보면 김남천은 자기검토, 자기개조의 길과 동일한 노선에서 소설 장르에 대한 검토와 소설 개조의 문제를 제시하고 있다.42) 이것은 소설 검토와 소설 개조의 이론 작업 또한 일신상의 문제와 직결되어 있다는 것을 의미한다. 이것은 앞서 지적한 바와 같이 로만개조론 뿐만 아니라 관찰문학론조차 작가 자신의 문제 해결을 위해 제시되었다는 김남천의 고백을 염두에 둘 때 의미심장하다. 그러나 김남천이 고발문학론에서부터 자기검토 과정을 거쳐 주체 회복을 갈망한 자기 개조의 노력이 「小說의 運命」에 오면 말 그대로 '운명'의 모습을 지니고 나타난다.43) 그런데 김남천이 소설의 장래를 이야기하면서 '운명'이란 말을 쓴 내면적인 근거는 두 가지로 분석할 수 있다. 그는 1930년대 후반기에 근대 자본주의 사회의 주도적 장르인 장편소설에 대한 날카로운 인식을 보인다. 그 하나는, 소설이란 장르는 작가 주체의 의도를 넘어서서 엄

---

42) 김남천, 「小說의 將來와 人間性 問題」, 『春秋』, 1941.3.
43) 김남천, 「小說의 運命」, 『人文評論』 13, 1940.11.

"(註) 小說의 將來를 말할려고 하면서 내가 이곳에 運命이란 말을 使用한 것은, 小說의 當面한 問題가 主體를 超越하여 外部的으로 「賦與」된 問題이면서, 同時에 內在的 欲求에 依하여 主體에 「賦課」된 問題인 것을 眞心으로 自覺하고저 生覺한 때문이었다. 小說의 將來를 自己 自身의 問題로서, 運命으로써 超克할려는데 依하여서만 文學은 그의 精神을 維持, 伸張할 수 있으리라고 生覺한 때문이었다."

밀한 현실 논리가 적용되는 것이라는 명확한 인식이다. 물론 여기서의 현실이란 식민지 상황과 자본주의의 한 모순 형태인 제국주의의 강점 하에 놓여 있는 현실이다. 그러나 또 한 가지는 그렇기 때문에 작가 주체의 측면에서는 이를 결코 용납할 수 없다는 자각적인 자세이다. 말하자면 엄밀한 현실논리에 대한 명확한 인식과 작가의 자각적인 의식 간의 긴장감이 그의 문학을 규정한다. 그러므로 김남천은 문학 논의를 시종일관 '일신상의 문제'로, 그리고 "運命으로써 超克할려는" 자기개조의 문제로써 전개한다.

2. 자기검토와 자기개조의 세계

1) 자기검토의 세계

김남천에게서 자각적인 의미로 드러난 '자기검토'와 '자기개조'의 세계는, 그의 고발문학론에서 시작된 '자기검토'와, 이후 일관된 이론의 천착과정에서 볼 때 '자기개조'를 향한 강한 몸부림이라는 사실이 주목된다. 김남천은 이미 획득했다고 생각했던 사상이 진정한 의미에서 주체화되지 못했다고 생각하고, '세계관의 혈육화'란 방향에서 '주체 재건'이란 용어를 사용한다. 이런 의미에서 김남천이 고발문학론에서 제기한 '자기검토'의 세계와, 이의 발전적 방향인 '자기개조'의 세계가 구체적 창작과정과 밀접하게 연관되어 있다는 사실이 주목된다. 그러나 김남천은 자신이 이론과 창작 양면에서 보여 준 일관된 논리전개에도 불구하고 작가의 이념이 작품을 규정함으로써 현실의 구체적 형상화에는 실패한다.

1930년대 후반 카프 해산 후 작가들의 일련의 자기검토 작업은 새로운 환경에 적응하기 위한 재출발의 의미를 담고 있다. 지금까지 전향문학 연구에서 포괄적으로 가정과 생활문제로의 회귀로 말해지는 작품들이 바로 자기검토의 작품군을 형성한다. 작가들은 사상운동이 용인되지 않는 상황에서 이전에 소홀히 했던 세계에 대한 새로운 관심과, 그 속에서 현실의 힘을 재인식한다. 그런데 한국의 전향 문제는 국가상실의 한국적 특수성 때문에 일종의 소재주의에 불과하다. 왜냐하면 한국의 전향문학이 내포한 의미는 그 의식의 지향면에서 볼 때 오히려 전향심리를 넘어서고자 하는 강한 자의식의 일종이기 때문이다. 김남천은 고발문학론을 제창하며 실제 창작에 임한 작가로서 전향문학의 핵심에 자리잡고 있기 때문에 그가 창작한 자기검토의 작품을 분석하면 한국 전향문학의 실체가 드러난다. 그러나 김남천 또한 자기검토 과정[44]을 거쳐 궁극적으로 지향하는 세계는 자기개조의 세계이다. 이것이 한국의 특수성에 대한 인식과 함께 전개된 한국 전향문제가 내포한 진정한 의미이다.

자기검토 과정을 보이는 작품은 작품 배경이 대개 가정으로 제한되어 있다. 작가들은 당대의 지적처럼 사회에서 가정으로, 사회

---

44) 김남천의 고발문학론이 작가 자신에게 핵심사항임을 다음에서 잘 알 수 있다.

"형도 아시다 싶이 내가 본격적으로 작가생활을 해본다고 결심하든 당초에 나는 작가 자긔의 주체적 검토라는 과제를 들고 나섰습니다. 그때에도 지금보다 못지 않게 나의 내면생활은 커다란 시련 속에 영위되어 하나의 위기를 지나가고 있었는데, 이러한 때 나는 무엇보다도 자긔 자신을 추구하고 자긔자신을 검토하는 사업이야말로 필요하다고 생각했던 것입니다. 자기고발의 문학이란 나의 내적 심리와 내부적 체험에 관련을 가진 주장이었습니다."(작품「등불」에서.)

인에서 생활인으로 귀환한다.

　김남천의 「妻를 때리고」는 한 가정을 공간적 배경으로 전향한 지식인 남수의 인간성이 철저히 추궁된다. 남수는 자기 친구 준호와 산보한 아내와의 말다툼 끝에 아내로부터 지식인의 허위의식이 낱낱이 고발된다. 아내는 남편이 감옥에 있는 동안 갖은 고생을 하며 뒷바라지를 했다. 특히 아내 정숙이 남편 출옥 후 돈을 마련하기 위해 남편이 함께 일하고 있는 변호사 허창훈 집에 갔을 때 희롱하는 그의 뺨을 갈기며 나왔지만, 용서를 빌며 그가 던져주는 돈으로 지금 먹고 있는 밥을 장만한 것이라고 했을 때 남수가 느끼는 자괴감은 심각한 바 있다. 그러나 남수와 허창훈이 같이 일하는 이유는 서로를 이용하자는 데 있다. 아내 정숙이 남편 남수를 두고 하는 말이다.

　　　아니 너는 세상에서 뭐라구 하는 지나 알구 있니. 허변호사는
　　　영리한 놈이라 차남수가 옛날엔 OO게 거두니까 돈이나 주어 병정
　　　으로 쓰구 제 사회적 지위나 높일려구한다는 소문이나 너는 알구
　　　있니. 또 차남수는 자기가 이용되는 줄 알면서 그것을 꺾우로 이
　　　용하야 생활비를 짜낸다는 소문을 너는 알구나 있니. 그래 그게
　　　청념한 사람이 소위 청이불문이냐.[45]

　남수는 준호와 허창훈이 아내 정숙을 희롱하였다는 사실을 안 후 아내를 때리고, 또 그 때리는 행위가 결국 자신을 때리는 것으로 느끼지만 절대 사업을 포기하지 않는다. 그는 준호의 기술과 허창훈의 돈을 이용해 출판사를 주식회사로 만들 계획을 갖고 있다. 그런데 이 작품의 가치는 이런 생각이 여지 없이 무너져 내린

---

45) 「妻를 때리고」 (작품집 『少年行』, p.159.)

다는 데 있다. 그 이유는 친구 준호가 남수보다 더 교묘하다는 데 있다. 즉 준호는 남수와 같이 사업을 추진하는 중 남 몰래 신문사 기자 취직운동을 하여 사업에 손을 떼겠다는 것, 그리고 종이값이 올라 출판업이 순탄치 않을 것이라고 남수에게 알리는데, 이를 계기로 남수의 허위의식이 철저히 추궁되면서 이 작품은 파국으로 치닫는다.

「綠星堂」 또한 약방을 경영하며 생활전선에 뛰어든 전향 지식인의 내적 고민을 그린 작품이다. 주인공인 작가 성운은 이전에 같이 활동한 친구들이 오히려 아무런 생활이 없이 자기보다 더 무기력하면서도 자기를 빈정거릴 때, 가능하다면 이전 행동을 잊어버리고 싶어 한다. 그런데 청년 손님 한 사람이 그에게 대중의 문화적 욕망에 대답해주는 것이 예술가의 임무라고 말하자 그는 심각한 고민에 빠진다. 성운은 이론과 실제 사이의 엄청난 괴리로 인해 긴장감을 맞보게 된다. 그런데 이 작품이 드러내고자 하는 핵심은 이런 성운을 오히려 이용하려드는 이전의 친구 철민에 대한 비판에 놓여 있다. 여기에서 지식인의 타락성이 심각하게 폭로된다. 성운은 '장사'라는 말에 너무 자각적이고 또 현실에서 도피했다는 자괴심도 지니고 있지만, 놀면서 남의 물건을 값도 치르지 않고 가로채는 철민의 행위는 일종의 착취라고 생각한다.

그러므로 김남천은 전향 후 생활전선에 뛰어든 지식인보다는 오히려 그런 지식인까지를 능욕하는 타락하고 파렴치한 전향 지식인에 비판의 초점을 두고 있다. 이는 김남천이 이전 프로문학 운동 당시 지식인이 소유하고 있던 사상에 대한 불신과 검토에 맥이 닿아 있다.

이와는 달리 지식인의 나약성을 다루고 있는 작품에 「춤추는

男便」,「瑤池鏡」이 있다.「춤추는 男便」은 시골 본처 소생인 아들과 첩 소생인 딸의 입학 문제를 놓고 현재 아내인 첩의 요구와 양심상의 문제로 고민하는 전향 지식인의 삶을 잘 그려내고 있다. 딸과 아들 중 어느 하나를 입학시키기 위해서 본처와 첩 중 어느 누구와 이혼해야만 하는 막다른 상황에서 술로 소일하는 지식인의 나약성을 고발한 작품이다. 또한「瑤池鏡」은 아편중독자가 된 전향 지식인이 '마음의 성곽'이 무너짐을 느끼지만 그것을 붙잡을려는 노력조차 없어지는 쓰라리고 무기력한 상태를 점검하고 있는 작품이다.46)

그러나「經營」과「麥」은 김남천이『大河』를 쓰고 난 뒤에도 변함없는 세계와 자신의 모습을 보며 끊임없는 자기검토의 과정에서 나온 작품이다. 이 작품에서도 고발문학론에서부터 제창되어 온 가면박탈의 정신은 여지없이 발휘되지만 다른 작품과 달리 전향자와 전향자의 애인과의 심리적 긴장 가운데 새로운 전망을 열어 놓

---

46) 최재서는 김남천의 자기검토 과정에서 산출된 고발문학류의 작품이 지닌 한계를 다음과 같이 지적한다.

"나는 처음으로「妻를 때리고」와「춤추는 男便」을 읽을 때 이런 作品을 쓰지 않으면 아니 될 作家를 가장 不幸하다고 생각하였다. 이것은 巨大한 精神運動이 그 불길을 잃은 뒤에 그 재 속에 남아 있는 人間性의 가장 醜惡한 臟物들을 끄집어내는 가장 不愉快한 작업이었기 때문이다. 그러한 作業이 精神的으로 低劣하다는 것이 아니라(作者는 이 作業을 通하여 精神의 高貴를 主張하였다), 그 作業에 創造하는 기쁨이 따르지 않는다는 것이다. 조금만 緊張을 느추어도 自己分裂이 되려는 自我를 모든 文學論으로 結縛을 하여놓고, 險峻한 廢墟에서 醜惡하고 不愉快한 人間性을 차고 때리고 찌르고 하는 作業이란 創造와는 大端히 먼 일이다."(최재서,「文藝時評―現代小說과 主題」,『文章』, 1939.7.)

고 있다는 점에서 주목된다. 전향의 문제를 본질적으로 문제 삼으면서 그 속에서 점점 각성해 가는 한 여인을 통해 전향자의 실체가 여지없이 폭로된다. 바로 이 점이 다른 고발문학류의 작품과 다른 「經營」과 「麥」의 특이성이다. 대상을 단순히 비판하고 고발하는 데 그치지 않고 성장하는 삶의 각성 문제를 담고 있다는 점에서 이전 고발문학류의 작품과 본질적으로 구별된다. 만약 우리가 전향문학을 소재주의 차원이 아니라 사상적 문맥에서 천착한다면 이 두 작품이 해당될 것이다. 오시형의 전향하는 과정과 이유가 구체적으로 형상화되고, 또한 그것이 인물의 내면심리를 통해 미묘하게 전개된다. 이 점은 '「少年行」 계열'에서부터 전개된 작가 자신의 개조작업의 최종 성과인 『大河』 이후에 나올 수 있는 성숙미를 엿볼 수 있게 한다. 「麥」은 「經營」의 속편격으로 창작된 작품이다.

「經營」은 오시형의 애인 최무경이 아파트 경비와 갖은 수고를 다하며 그를 보살피지만 오시형은 출감 후 결국 고향에 내려가 다른 여자와 결혼한다는 일차적인 구조를 중심으로, 전향 문제가 전향자의 내적 동요와 심경 고백을 통해 중심에 부각된다. 최무경은 신체제 수용을 의미하는 다원사관을 매개로 출감한 오시형 외에도, 자신을 속이면서 지금까지의 독신 생활을 청산하고 새로운 살림을 계획하는 어머니로 인해 더욱 심각한 고민에 빠져든다. 작가는 이전 활동이 일종의 영웅심리에 토대를 두고 있다고 말하는 오시형의 입을 통해 그의 전향의 실체를 여지없이 폭로한다. 즉 오시형의 말 가운데 "인제 사상범이 드무니께 옛날 영웅심리를 향락하면서 징역을 살던 기분두 없어진 것 같다."는 말은 일본과 다른 한국 지식인의 허위성과 실체를 잘 암시해 준다. 오시형의 말은 프로문학 운동을 한 대부분의 지식인들이 대중과의 관계에 대한 자각적인 고민보다는 지식인들 사이의 관념적인 운동에 그친 흔적을 짙게 풍긴다. 최무경은 오시형이 찾아온 아버지께 자신도 소개하지 않고 아버지와 함께 평양으로 가버린 후 허탈감 속에서 이제는 오직 자기 자신을 위해 살아갈 것을 다짐한다. 그러나 최무경의 이런 자각이 새롭게 변화하는 현실과 환경에 대한 깊은 성찰에서 연유하지 않고 생득적인 천품으로 주어져 있다는 것이 이 작품의 깊이를 반감시킨 주요인이다. 그에게 필요한 것은 다만 오시형의 변함없는 애정일 뿐이며 오시형에 대해 깊이 천착하고 추궁할 마음의 여유가 준비되어 있지 않다.

> 무경이는 보재기를 뚫으고 올라온 송곳끝이 제의 심장을 쓰라리게 찌르고 있는 것을 느끼며 얼마를 보내었다. 가을이 왔다. 겨울이 왔다. 새해가 왔다. 봄이 닥쳐 왔다. 물론 오시형의 소식은 그대로 끊어진 채로. 그러나 이러한 가운데서 그가 가진 것은 「혼자서 산다」는 악지에 가까운 결심과 자기도 누구에게나 지지 않을 정신적인 발전을 가져보겠다는 양심이었다. 나도 나의 생활을 갖자! 나의 생각을 나의 입으로 표현할만한 자립성을 갖어보자! 오시형의 영향으로 경제학을 배우던 무경이는 또 그의 가는 방향을 따라 철학을 배우리라 방침을 정하는 것이었다. 「너를 따르고 너를 넘는다!」-이러한 표어 속에 질투와 울분과 실망과 슬픔과 쓸쓸함과 미움의 일체의 복잡한 감정을 묻어 버리려 애쓰는 것이었다.[47]

"희망을 잃지 않고 살아 나가겠다는 하나의 높은 생활력 같은 천품"은 상식률에 불과하다. 최무경이 극복할 대상이 오시형이라

---

47) 「經營」, p.314.

면 그녀의 한계 또한 명백하다. 왜냐하면 최무경의 태도는 오직 오시형을 염두에 둘 때 빛을 발하게 되며, 자각적인 관점에서 참 생활인이 되기에는 부족하기 때문이다. 그러므로 속편격인「麥」은 이같은 빈틈을 자각적인 측면에서 문제삼고 있다. 즉 최무경은 「麥」에 오면 경성제대 영문학 강사인 회의주의자 김관형의 출현으로 자각적인 존재로 변한다.「麥」은 보리의 상징성으로 드러나는 세 인물의 삶의 방식을 통해 전향과 직, 간접으로 연결된 다양한 삶의 진폭을 드러내 준다. 김관형은 인간의 역사를 보리에 비유하면서 꽃을 피우기 위해 흙 속에 묻히지 못하는 것이 어떤 의미가 있겠느냐는 문제를 제기한다. 그것은 흙 속에 묻혔더라도 결국 갈려서 빵으로 되기 때문이다. 즉 이 말은 전향자 오시형의 삶의 태도에 해당하는 말이다. 그러나 김관형은 오시형과는 달리 일단 흙 속에 묻히는 길을 택하지만 흙 속에 묻혀 많은 보리를 만들어도 그 보리 역시 빵이 될 수밖에 없다는 허무주의자의 삶의 태도를 보인다. 이에 반해 최무경은 결국 갈려서 빵가루가 되는 바엔 일찍이 갈리는 길보다 흙에 묻혀 꽃을 피워보자는 적극적인 삶의 태도를 보인다. 작가는 최무경의 삶의 태도를 통해 전향자 오시형뿐만 아니라 회의주의자 김관형을 다같이 비판한다. 오시형은 자기 검토 과정을 거쳐 딜타이의 인간주의로, 다시 허무주의자 하이데거로 옮아갔다는 것, 그리고 하이데거가 인간의 검토로부터 히틀러의 예찬에 이른 것에 깊은 감명을 받았다고 고백함으로써 동양학의 건설이라는 다원사관을 인정하게 되기까지의 전 과정을 보여준다. 즉 오시형은 파시즘하의 혹독한 시련을 기정 사실로 수용하게 된다. 그러나 우리는 이 대목에서 김남천이 인간의 검토로부터 취하게 될 길을 최무경의 삶의 양식을 통해 짐작할 수 있다. 최무경의 삶의 태도는 전향을 일단 기정 사실로 수용한 오시형의 삶의 태도와 본질적으로 구별되는데, 이 점은 한국 전향 지식인이 적어도 심정적 차원에서는 전향을 용인하지 않고 있다는 구체적인 증거이다. 그러므로 전향문학을 소재적인 차원에 국한하여 논의하는 것은 현상적이거나 피상적일 수 있다. 바로 여기에서 자기검토 과정을 거쳐 자기를 세워나가는, 자기개조의 과정에 대한 천착이 요구된다.

2) 자기개조의 세계

(1) 역사 단위의 초극의지와 이념의 의미 -'「소년행」 계열'[48]의 세계

김남천은 이론에서뿐만 아니라 창작을 통해서도 자기 세계를 끊임없이 재검토해 나간다. 그는 1930년대 후반기의 대표적 문학이론가로서, 그리고 작가로서 일관한 논리체계를 구성하고 있다. 김남천은 이후 자기검토의 연장선에서 자기 세계의 개조를 통해 일정 정도 문학적 성과에 도달한다. 앞서 한설야의 문학행위를 고찰하면서 말한 바와 같이 김남천은 한설야와 대극적인 입장에 놓여 있는 것 같지만 작가 정신의 지향면에서 보면 동일하다. 말하

---

[48] 이 글에서 사용한 '「少年行」 계열'은 단편집 『少年行』에 수록된 작품 전부를 지칭하지 않는다. 본고에서 사용한 '「少年行」 계열'에 해당하는 작품을 들면 다음과 같다.
「남매」(『朝鮮文學』 속간 9, 1937.3.), 「少年行」(『朝光』 21, 1937.7.), 「생일전날」(『三千里文學』 2, 1938.4.), 「누나의 事件」(『靑色紙』 1, 1938.6.), 「五月」(『鑛業朝鮮』, 1939.5.), 「巷民」(『朝鮮文學』 19, 1939.6.), 「어머니」(『農業朝鮮』 21, 1939.9.), 「端午」(『鑛業朝鮮』, 1939.10.)

자면 한설야와 김남천은 서로에게 빛을 던져 준다고 할 수 있다. 그러므로 앞서 살펴본 한설야 문학의 특이성과 함께 김남천 문학이 차지하는 미학상 특질을 엄밀히 고찰할 필요가 있다. 특히 '「少年行」 계열'은 카프 해산 후 혼돈의 상황에 처한 김남천 문학을 이해하는 원점일 뿐만 아니라 이후 『大河』의 성과에까지 직접 이어진다는 점에서 주목된다. 그러므로 '「少年行」 계열'은 고발문학과 고발문학론의 근원적 계기도 되지만 여타 고발문학류의 작품과는 질적으로 구분된다. 왜냐하면 '「少年行」 계열'은 김남천 문학의 가장 핵심적인 의미를 함축하고 있을 뿐 아니라, 자기개조의 세계를 본격적으로 열어 나가는 출발점에 놓여 있기 때문이다. 이는 단편집 『少年行』 서문에서 잘 드러난다.

> 昭和 六年(西曆 一九三一 年)에 처음으로 小說에 붓을 들어 그 시절에 發表된 것만 열 篇이 가까우나 이곳에는 勿論 하나토 收錄하지 않았다. 처음으로, 創作集을 꾸며 보면서 그때에 作品을 쓰던 생각이 간절하나, 그렇다고 冊으로 꾸며서 세상에 내놓고 싶은 마음은 터럭만콤도 없다.
> 오랫동안 中斷하였든 創作生活을 다시 繼續하야 두 해가 가까워 오는데, 이 冊은 그동안에 쓴 短篇小說 中에서 열 篇을 추어 몽은 것이다.
> 處處에서 文學上 主張과 製作上 告白을 되푸리하는 나로써 이 속에 收錄된 作品에 對하야 새삼스럽게 느러놓고 싶은 말은 아무것도 없다. 作品이 脫稿된 年月을 作品 끝에 붙이고, 意圖와 傾向이 비슷한 作品을 세 뭉치로 갈러서 配列을 考慮하야 읽는 이의 便宜를 도읍고자 하였을 뿐이다.[49]

---

49) 단편집 『少年行』, 學藝社, 1939.3.
  *.이하 작품 인용은 단편집 페이지 수만 밝힘.

이 부분에서 특히 주목할 점은 김남천 자신이 이 작품집 이전의 작품에 대해 전혀 관심을 보이지 않고 있다는 사실이다. 그 외 수록된 작품들은 모두 문학상 주장과 작품 제작상 고백한 논의들과 밀접히 관련되어 있다는 점, 그리고 의도와 경향에 따라 작품을 세 부류로 나누었다는 점이 밝혀져 있다. 이로 보면 '「少年行」계열'은 김남천 문학의 진정한 출발을 알리는 작품들임을 알 수 있다.50) 특히 '「少年行」계열'의 소설은, 최재서의 지적과 같이 김남천의 다른 고발문학류의 작품이 부정적인 대상을 고발, 비판하는 것을 주목적으로 삼은 것과 달리 그것을 작품 구성의 한 요소로서만 파악하고 거기에다 창조성을 개입시키고 있다. 김남천은

---

50) 이런 관점에서 김남천이 스스로 언급한 말과 김우철이 지적한 말을 참고할 필요가 있다.

"이 때가 바로 唯物辨證法的 創作方法과 쏘샬레야리즘이 交替되는 時期였다.

昭和 十年(一九三五) 五月 上京하자 곧 캎프 解散되고 나는 朝鮮中央日報에 記者로 들어갔으나 文學的으로 새 世界를 發見치 못하고, 他方 밝은 敎養을 가지고 評論이니 社說 짜박지니를 쓰노라고 小說에 붓을 대여볼 경황이 없었다. 同報 停刊 뒤 相當한 覺悟를 하고 小說을 써보았으나 잘 되지 않아 여러번 中斷했다가 昭和 十二年, 바로 昨年에 「남매」(『朝鮮文學』) 하나를 얻었다.

이 作品처럼 힘들게 쓴 소설은 前無後無일거다. 이럭저럭 겨우 내 世界를 發見하면서 他方 告發의 에스프리를 提唱하였다."(김남천, 「自作案內」, 『四海公論』 39, 1938.7.)

"『우리들』 四, 五月 合號에 揭載된 金南天氏의 「어린 두 딸에게」(小說)란 作品도 作者 自身의 生活記錄이요 「生의 苦悶」의 正直한 告白으로써 우리들의 感激을 자아낸다. 「工場新聞」의 作者는 「自己故鄕」으로 돌아왔다. 體驗 이외의 世界에서 體驗世界로!"(김우철, 「文藝時評(7)-作家의 體驗과 眞實」, 『朝鮮日報』, 1934.6.13.)

한설야를 염두에 두고 한 말에서 작가의 임무는 "嘲弄하는 精神이나 反撥하는 神經質"보다는 현실을 재구성하고 조롱당하는 자의 인간성을 창조하는 것이라고 말한다. 즉 한설야는 '조롱하는 자'의 위치에 서 있는 데 반해, 김남천은 '조롱당하는 자' 자체를 전형성에서 묘파하는 편에 선다. 물론 그의 고발문학류의 작품이 이런 성과를 이룬 것은 아니지만 그가 나중에 일련의 발자크 연구를 통해 도달한 결론은 리얼리즘의 관점에서 주목할만하다.51)

임화는 1930년대 후반에 작가들이 생산한 단편소설을 분석하면서 자기주장의 세계와 묘사라는 두 측면에서 언급한다. 자기주장의 세계에는 박태원의 「小說家 仇甫氏의 一日」, 유진오의 「金講師와 T敎授」, 김남천의 「남매」가, 그리고 묘사의 세계에는 박태원의 『川邊風景』, 김남천의 「鐵嶺까지」가 각각 해당된다52) 특히 김남천에게 있어서 「남매」를 포함한 '「小年行」 계열'은 자기개조의 시발적 단계에 놓여 있다. 이후 김남천은 '「少年行」 계열'에서 시도한 작가 자신의 개조의 문제를 장편소설 개조론과 결부지어 논의를 전개한다. 그는 산문문학이 개조되어 갱생되는 길과 낡은

---

51) 김남천, 「昭和 十四 年度 文壇의 動態와 成果-散文文學의 一年間」, 『人文評論』 3, 1939.12.

"이것은 俗物世界의 俗物性을 描破한다고, 俗物을 비웃고 輕蔑하는 神經質的인 孤高한 潔癖性만을 따라다니는 우리 文壇의 昨今의 小說家(한설야를 지칭:필자 주)와, 그것을 時代思想의 反映이라고 極口 讚揚하고 있는 批評(임화를 지칭:필자 주)의 流行에 對하여도 커다란 敎訓이 될 것이라고 생각한다. 그러나 「발자크」의 手法에 依하면 作家는 俗物性을 비웃는 人間이 아니라, 俗物 그 自體를 強烈性에서 具顯하고 있는 인물을 創造하는 것이 리알리즘의 正則이었다."

52) 임 화, 「通俗文學의 擡頭와 藝術文學의 悲劇-通俗小說論에 對하여」, 『東亞日報』, 1938.11.25.

근대 인간을 극복하고 새로운 인간을 창조하는 길을 동일한 문 맥에 놓고 있다. 이것은 그가 꿈꾸는 피안에 대한, 새로운 세계 에 대한 동경과 연결되어 있다.53)

김남천은 '「少年行」 계열'에서부터 '장악적' 모티프를 통해서 궁극적인 지향점에서는 일치하지만 한설야와 엄밀히 대응되는 미학상 입장을 취한다. 한설야의 작품이 두 축을 설정하고, 한 축이 또 다른 한 축을 향해 끊임없이 나아가며 자기개조를 감행하는 구조라면, 김남천의 '「少年行」 계열' 작품은 이와 대극적인 입장에 서서 한설야의 '장악적' 모티프를 변형시키고 있다. 이 방향에서 김남천이 소년의 세계를 선택한 것은 자신이 언급하고 있는 것처럼 필연적이며 의도적이다.54) 왜냐하면 김남천은 공식적이고 선험적으로 주어진 세계관을 전면적으로 재검토하는 과정에서 소년을 선택하고 있기 때문이다. 작가는 어린 소년에게 가해지는 여러 가지 현실적 모순과 부정적 현실의 추급을 통해 자기갱생의 의식을 강하게 드러낸다. 그러므로 자기개조의 입장에서 볼 때 현실의 제 모순에도 불구하고 아직 자기분열을 경과하지 않은 인물은 적어도 김남천에게 있어서는 어린 소년이 유일한 세계이다. 이로 인해 야

---

53) 김남천, 「小說의 將來와 人間性 問題」, 『春秋』, 1941.3.
54) 김남천은 자신의 작품 '「少年行」 계열'에서 소년이 주인공임을 보다 명시적으로 밝히고 있다.

"더구나 내가 쓴 短篇 小說의 擧皆는 作品의 테-마 때문에 女子가 主人公이 된 것이 적고 女子가 登場은 되어도 모두가 助演格인 데다가 또 妓流에 屬하는 분들뿐이다. 그래 실상인즉 꿈에 만날가 怯이 나는 그러한 계집들뿐이다. 女子를 그리되 크다란 魅力을 느끼고 創造하는 性格이던가 그런 것이 아니니......"(김남천, 「自作 女主人公 夢中 會談記-내가 鄭寶富다」, 『東亞日報』, 1939. 1.10.)

기되는 작품의 편협성과 작가 개인에 한정된 주관주의 경향은 이미 예견되는 바 있다. 따라서 이후 전개되는 김남천의 모든 문학 논의와 창작행위는 이 한계성을 극복하는 방향에 초점이 모아진다.

임화가 추천한 「남매」의 주인물은 11세인 봉근과 17세인 기생 누이 계향이다. 아버지는 의붓 아버지로 땜장이 노릇을 하고 있다. 이런 부정적인 현실이 봉근을 우울하게 한다. 그러나 정말 봉근으로 하여금 가슴속에 말할 수 없는 설움과 분함을 느끼게 하는 것은, 가장 인간적이며 소박한 행복감을 느껴야 할 순간에 그것마저 무참히 깨어져 버릴 때이다. 봉근은 누이 계향이 자전거를 왜 타느냐고 하는 말에 무엇을 짓부수고 싶은 충동을 느낀다. 그리고 애써 잡은 고기를 아버지가 모든 식구들의 기대와는 달리 모두 술을 사 마시려는 생각을 한다고 느낄 때, 봉근은 고기를 잡을 때와 가지고 올 때의 기쁨은 물론, 집에 돌아와서 가족들이 오붓이 둘러앉아 누릴 수 있는 행복감이 송두리째 사라져 버렸다고 생각한다. 봉근은 아무리 어려운 살림살이지만 평범한 가정에서는 어느 누구나 누릴 수 있는 가장 소박한 삶의 기쁨조차 빼앗겨 버리는 현실에 대해 불만을 토로한다. 작가는 열악한 현실의 힘이 어린 봉근에게까지 어떻게 영향을 미치는가를 심각하게 문제삼는다. 작가의 이같은 문제의식은 자기검토의 근원적 출발점이며, 또한 자기개조의 험난한 수련과정이기도 하다. 가능하다면 죽음의 수련과정도 필요할지 모른다. 이는 계향과 봉근이 자전거 문제로 결국 말다툼을 하는 장면에서 섬세하게 드러난다.

「그까짓 돈 없이두」

울음에 섞여서 중얼거리다가 말끝을 덜컥 목구멍으로 삼켜버린다.
「머이 어드래」
계향이는 말끝을 쫓아가며 다지려든다.
「호떡 않먹어두 산다」
봉근이의 말이 채 떨어지기 전에 무섭게 처다보든 계향이의 바른손은 봉근이의 눈물에 젖은 외인볼을 후려갈겼다.
「이 자식 죽어버려라」
계향이는 땅바닥에 넘어졌다가 다시 이러나 앉아서,
「왜 때려」
「왜 때려」
하며 대드는 봉근이를 남겨두고 자기 방으로 조급하게 올라왔다. 그리고 이부자리 갠 데다 푹 얼굴을 묻고는 소리 않나게 흑흑 느껴 울었다.[55)]

계향이의 봉근에 대한 불평은 사실은 개가한 어머니에 대한 불평이다. 어머니는 26세에 홀몸이 되어 굳은 각오를 하고 살아보려고 했지만 "세상 여편네가 먹는 결심이란 만일 굳건한 용단력이 있다면 주검밖에 다할 길이 없다"는 사실을 깨닫고 개가하였다. 그런데 의붓 아버지 학섭은 광산 인부로 일하다 폐광이 된 후 술과 타성에 젖은 게으름으로 삶을 방기하고 있다. 그래서 계향은 학업을 중단하고 기생 노릇으로 온 식구의 생계를 꾸려 나가게 된 것이다. 어머니는 처음에는 계향을 기생으로 넣기를 극구 반대했으나, 차츰 무감각해져서 심지어 남편이 딸 기생 수업 비용을 조달하는 데 애를 썼다고까지 생각하며, 딸도 그렇게 반대하지는 않았다고 자위한다. 계향의 부모는 계향이 돈 많은 식료품 가게의 젊은 주인과 살기를 요구하지만, 계향은 이런 부모의 뜻과는 달리

---

55) 「남매」, p.29.

가난한 세무서 직원 윤재수와 지내고자 한다. 특히 계향은 윤재수와 지내게 된 뒤부터는 결코 다른 사내와 잠자리를 같이 하지 않는다. 봉근은 이런 누이에게서 무슨 숭고하고 신성한 것을 발견하는 것같이 느낀다. 그러므로 봉근은 친구들이 "너희 매부가 한다 -쓰? 두다-쓰?"하고 놀릴 때도 전혀 부끄러워하지 않는다. 그런데 부모와 다툰 후 봉근과 함께 집을 나온 계향은 근본적인 태도 변화를 보인다. 봉근은 누이 자신이 그렇게 싫어하던 식료품 주인과 가까이 지내는 것을 보고 이제 이 세상에는 숭고하고 신성한 것은 도무지 찾을 수 없다고 생각한다. 봉근은 이런 혹독한 시련과정을 통해 성장이 약속되어진다. 봉근은 나이에 걸맞지 않게 자신에게 가해지는 모든 부정적인 세계를 혼자 부둥켜안고 감당해야 하는 힘겨운 임무를 맡고 있다. 그러므로 김남천은 이 작품에서 자기개조의 험난한 여정을 시작한다. 그러나 이 길은 필연적으로 현실의 폭넓은 문맥을 상실하게 되어 있다.

「少年行」은 "7년 동안 만나보지 못한 누이"라는 말에서 「남매」의 다음 작품임을 알 수 있다. 봉근은 이제 어느 정도 사리 판단을 할 수 있는 18세의 나이다. 봉근은 이 작품에서 11살 때 보통학교 3학년을 중도에 포기하고 혼자 집을 나온 것으로 되어 있다. 봉근이 누이에게 느끼는 감정은 분함, 미움, 쓰라림, 슬픔 등이다. 봉근은 약방 사환으로 일하고 있다. 「남매」에서 형상화된 봉근의 성장 가능성은 「少年行」에 오면 누이 계향의 입을 통해 명확히 제시된다.

> 그러나 봉근아 단 하나의 나의 봉근아! 네가 내의 단 하나의 피를 갈른 친동생이고 흙투성이가 되든 피투성이가 되든 몸과

정신을 적시는 개암탕 속에서 헛듯 정신을 차릴 때 내의 슬픈 눈앞에 단 하나의 빛 있는 희망으로 나타나는 것이 단 너하나뿐인 것에는 그날이나 지금이나 변함이 없다.[56]

봉근은 이제 나이 어린 동생의 모습이 아니라 누이가 자기를 품에 껴안고 땅을 치며 통곡할 순수한 인간미가 있다면 누이를 기꺼이 받아들여야 한다고 생각할 정도로 성숙한 모습을 지니고 있다. 그러나 「少年行」에 나오는 누이는 더 타락한 모습으로 나타난다. 누이는 이전에 사회주의 운동을 하다가 감옥살이를 하고 나와 지금은 금광 사업을 하고 있는 병걸을 사귀고 있다. 특히 봉근에게 누이는 병걸을 하늘 같이 섬기고 그에게서 술장사 밑천이나 뽑아내려고 하는 속물로 보인다. 봉근에게 가해지는 계속된 시련의 과정은 누이가 "돈이 제일"이라고 자신에게 설교하려는 데서 더욱 강화된다. 봉근이 보는 사회주의자 병걸은 "기생도 학대받는 계급이다."라고 외치며 고작 주먹으로 술상을 치며 기생과 놀아나는 그런 부류에 불과하다. 그러나 작품 「少年行」의 핵심은 단순히 사회주의자에 대한 고발, 비판, 가면박탈이 아니다. 그것은 오히려 혹독한 시련의 과정을 통한 자기개조의 몸부림이다. 이것은 작품 후반부에 봉근에게 가해지는 또 한번의 혹독한 시련 속에서 구체적으로 드러난다.

봉근은 누이와 같이 기거하는 어린 기생의 천진난만한 모습에서 일찍이 누이에게서도 찾아보지 못하였던 청신한 것을 발견한다. 그는 어린 기생이 풍기는 맑고 깨끗한 정서 속에 몸과 마음 모두를 맡기고 싶어한다. 이것은 봉근이 불행한 가정환경 속에서

---

[56] 「少年行」, p.51.

자라오면서 여지껏 그리워하고 호흡하고 싶었던 빛과 공기였다. 그런데 그는 오히려 이런 것조차 마음껏 향유할 수 없는 외적 상황의 혹독한 시련을 또 한번 경험한다. 봉근에게는 자신이 비난해야 할 대상인 누이와 병걸에게서 받는 굴욕감의 의미가 크게 부각된다. 봉근은 몇 번 누이집을 찾아갔지만 실은 어린 기생 연화를 보고 싶어 간 것이 아닌가 하는 생각을 한다. 그가 누이와 연화에게 줄 선물을 사 가지고 혼자 집에 있는 연화에게 가서 그것을 전해 주려고 할 때, 외출에서 돌아온 누이와 병걸, 그 중에서 특히 병걸의 말에서 봉근이 갖는 굴욕감의 의미가 심각하게 부각된다.

「이것은 누이님올리구 이건 내해라우」
하면서 지갑은 누이에게 주고 자기(연화:필자 주)는 쿠롬으로 맨든 콤팩트를 두손가락으로 집어들어 뵈었다. 그리고는 두사람과 함께 하하-하고 웃었다.
「거또 봉근이가 엉뚱한데. 연화씨에게 콤팩트를 보낸 걸 보니까 아마 연애를 하는가부. 하하하하 기생오빠는 하는 수 없어」
봉근이는 병걸이의 낯짝을 쳐다보았다. 금테안경이 뒤로 저자지면서 콧구멍과 수염과 그리고 담배진에 까마케 된 입안이 껄껄껄 소리를 내고 있다. 봉근이는 그것이 사람인 것 같지 않았다. 봉근이의 변하여진 낯색을 보고 벌서 연화와 누이는 웃음을 멈추었는데 병걸이만은 허리를 또한번 추면서,
「봉근이가 난봉이 난가부」
하고 혼자서 좋아한다. 봉근이는 신으려던 운동화를 벗어버리고 대청 우로 엮쳐올라와 연화가 쥐고 섰는 콤팩트를 배앗어 그대로 뜰안에 내어던젓다. 콤팩트는 돌에 부드처 깨어져서 유리알 자박이 꽃닙같이 마당에 흩어진다.
「여보 난봉난 놈을 볼려문 당신을 보우」
봉근이의 목소리는 열이 오르고 낮은 오히려 햇슥하다.
「사회주의하노라구 껏덕대다가 협잡군이 안돼서 내가 난봉이 났소」[57]

소년 봉근에게 가해지는 극도의 시련은 이 대목에서 마지막 보루라 할 자존심의 영역까지 침범한다. 가장 인간적이며 순수한 애정 표현조차 허용치 않는 외적 상황의 모순은 객체의 인식을 떠난 주체의 혹독한 내적 시련을 강화한다. 그러나 개인의 진정한 성장은 이런 혹독한 시련과정을 거쳐야만 가능하다는 사실은 염두에 둘 필요가 있다. 그러므로 『大河』가 한 소년의 의식 성장과정을 통해 변동기 사회의 시대상을 발전적으로 제시하고 있는 것은 우연한 일이 아니다. 이로 볼 때 김남천은 한 어린 소년의 의식 성장과정을 통해 전형기에 훼손되지 않은 인물을 형상화하였다고 볼 수 있다. 그러나 이 소년의 세계가 이 시대의 전형이 되기에는 너무 협소하며, 또한 현실의 폭넓은 문맥을 사상한 것이기 때문에 그 한계 또한 명백하다. 작가가 한 소년에게 과도한 성장의 의미를 부여한 것은 당 시대의 폭넓은 문제제기보다 김남천 자신이 지닌 문학적 이념의 매개물로 선택된 것에 불과하다.

그러나 「누나의 事件」, 「생일 전날」은 「남매」, 「少年行」과는 성격이 다르다. 특이한 것은 기생 누이 수향이 시련을 극복하고자 하는 순수한 인간성에 오히려 강조점이 놓여 있다는 사실이다. 그러므로 이 작품에 등장하는 소년 <나>는 단지 객관적인 관찰자의 역할을 맡고 있다. 이 작품에는 기생 누이 수향이 임재호와 사귀고 있다. 수향의 부모는 오히려 기생 딸을 이용하여 경제적 이득을 얻고자 하며, 「남매」와 마찬가지로 동생 학원이를 학교에서 빼내어 기생학교에 넣으려고 한다. 그런데 문제는 누이가 사귀는 임재호가 공금을 횡령한 죄로 경찰서로 잡혀가게 되었는데, 이 돈을

---

57) 「少年行」, pp.79~80.

재호가 수향이 집에 모두 써버렸다는 소문이 도는 것이다. 특히 이 작품의 중심 사건은 오직 생계의 수단을 위해 임신한 딸을 돈 많은 집의 첩으로 보내려는 부모의 비인간성에 놓여 있다. 이런 어머니의 권고에 단호히 거절하는 수향의 태도가 오히려 의미심장하게 느껴진다. 「생일 전날」도 누이의 행위에 초점이 맞추어져 있다. 남동생 인호는 동경가서 공부하다가 4년간 옥살이를 한 좌익 청년으로 나타난다. 그러나 이 작품은 시골 농가로 시집간 큰 누이 서분과, 결혼 당시는 순사였다가 지금은 경찰서 사법주임으로 있는 사람에게 시집간 작은 누이 인숙 사이의 미묘한 갈등의 추이를 잘 그려내고 있다.

「五月」, 「巷民」, 「어머니」, 「端午」는 연작소설 형식을 취한 것으로 「남매」, 「少年行」과 거의 동일한 맥락에서 전개된다. 이처럼 김남천이 동일한 세계를 계속 작품으로 천착하는 것은, 「남매」와 「小年行」의 세계가 그만큼 그의 문학세계의 원점임을 은연중에 드러낸다.

「五月」에서 주인공 학구는 역시 아버지 관술의 부도덕한 행동 때문에 갖은 시련을 당한다. 학구는 친구 관수가 자기의 딱한 사정을 알고 애써 절약하며 건네준 돈을 가지고 있기 때문에, 아버지가 술 마실 돈을 얻기 위해 온 집안을 소란스럽게 할 때 심각한 고민에 빠진다. 그 이유는 아편중독자인 아버지가 그 돈을 탕진하며 죽을지도 모른다는 사실 때문이다. 그러나 학구의 고민은 친구 광수에게 자기 아버지가 아편 중독자라는 사실을 말할 수 없다는 데 있다. 게다가 장차 매형이 될 임재호가 공금 횡령죄로 피신하여 다닌다는 사실이 그를 더욱 우울하게 한다. 특히 학구가 가장 싫어하는 말이 '기생오래비'라는 말이다. 학구는 학업면에서 가장 우수한 학생이지만 남들처럼 진학 준비도 하지 못한다. 그러나 그의 유일한 꿈은 가정이 항상 평안한 것이다. 또한 그는 가난해도 잘될 수 있다는 투철한 생각을 갖고 있다.

그러면 김남천은 왜 이런 어린 소년에게 가해지는 여러 가지 추급을 통해 혼란과 격정의 도가니에서 탄생하는 순수 생명에의 의지58)를 노래한 것일까가 문제시된다. 그 이유는 이것이 그의 문학의 원점이라는 사실에서 분명히 드러난다. 김남천은 자기 자신이 생득적으로 지니고 있는 소시민 지식인으로서의 나약성을 아주 자각적으로 받아들인다. 박영희가 유명한 전향선언문인 「最近 文藝理論의 新展開와 그 傾向-社會史的 及 文學史的 考察」(『東亞日報』, 1934.1.2~11)을 발표하였지만, 사실은 소시민 지식인으로서의 자신의 한계까지는 깊이 문제삼지 않았다.59) 이에 비해 김남천은

---

58) '「少年行」 계열'에 나오는 소년의 꿈은 작품 「구름이 말하기를」(『朝光』 80~85, 1942.6~11.)의 주인공 웅호의 입을 통해서 명확하게 제시된다.

"나의 장래와 미래, 나의 행복, 참으로 웅호와 같은 환경 속에서 출생하고 성장한 사람에도, -씻은 듯한 가난, 일찍이 아버지를 잃고 계부된 사람이 아편쟁이, 동생은 기생, 보통학교 밖에는 출신경력이 없고-이런 환경 속에 놓여 있는 수물세살 소년에게도 행복이란 것이 있을 수 있다면, 그것은 노력, 그, 가운데 밖에는 있을 턱이 없는 것인지 몰은다. 부단한 노력, 바르게 살고 훌륭한 사람이 되고 세상에 난 보람이 있게끔 될려고 무진히 노력하는 것, 그것이 곧 행복이 아니면 아니될 것이다.(중략) 사람은 이미 된 것으로 가치가 있는 것이 아니라 되려고 노력하는 데 더 큰 가치가 있다고 말했다 한다. 지금도 웅호는 그것이 머리에 바로색여저서 떨어지지 않는 것이었다."

59) 이기영의 장편소설 『故鄕』이 거둔 작품 성과 또한 '지식인의 한계'에 대한 인식이라는 문제와 연결되어 있다. 그러나 이기영의 『故鄕』이 이 문제를 부분적으로 다루었다면, 김남천은 이 문제를 작가 자

자신과 자신의 문학을 근본적으로 재검토하면서 새로운 출발을 시도하고자 했다. 그 구체적 성과가 사회주의 리얼리즘을 한국적 특수성의 고려하에 전개한 고발문학론이다. 이런 각도에서 이론 작업과 병행하여 창작행위로 구체화된 것이 '「少年行」 계열'이다. 그러나 이 계열은 부분적으로 고발문학론의 단초를 창작성과로 드러내 주고 있지만, 보다 중요한 것은 '「少年行」 계열'이 여타 고발문학론의 창작성과와는 본질적으로 구분되는 자기개조의 원점에 놓여 있다는 특이성이다. 그럼에도 불구하고 이 계열은 현실의 객관적 반영, 본질의 형상화에 있어 단지 주관적 진실에 머문 한계가 있다.[60]

신의 자각적인 문제로써 본질적으로 문제삼았다. 바로 이 점이 김남천의 '「少年行」 계열'이 작가 개인에 치우친 한계가 있음에도 불구하고 한국 문학사에 특이한 의미를 던지는 참 이유이다.

60) 김남천은 '「少年行」 계열'과 같은 자기개조의 세계의 한계를 분명히 지적하고 있다.

"그러나 털어놓고 말하면 「少年行」의 봉근이나 「무자리」의 운봉이에게 思想을 依託하는 그러한 淺薄한 文學意識으로부터도 나는 떠나고 싶었다. 봉근이는 제가 품었던 人間의 信念의 닻줄이 끊어져 버려서도 自轉車를 타고 藥 配達을 나갈 때엔 다시 希望을 품을 수가 있었다. 운봉이는 自己가 꿈꾸든 모든 幻影이 깨어져버릴 때, 그러나 <u>自己를 少年職工으로 再生시켜서</u> 살려고 하는 希望은 다시 그의 어린 마음에 湧솟음친다. 이곳에 나타난 것은 或은 不撓不屈의 精神이나 思想일런지 모른다. 나는 그것을 부둥켜 잡고 세상은 아직도 아름답다고 생각할 수 있는 健康性을 獲得할 수 있었는지 모른다. 이것은 나에게나, 또는 이것을 잃고 思想이 있다고 생각하는 모든 사람에게 있어 幸福된 일임에 틀림없다. 그러나 이러한 幸福感을 낚으기 위하여 무엇이 敢行되었는가. 現實의 歪曲이었다. 봉근이와 운봉이의 希望과 不撓의 정신은 가난한 모든 살림사리에 對한 作者의 冒瀆과 現實歪曲의 所産인 것이다. 現實은 좀 더 險峻하다. 이것

(2) 역사 단위의 인식과 현실성의 의미-『대하』의 세계

『大河』는 현실의 추상화를 극복하기 위해 우선적으로 역사 단위의 모색이 필요하다는 관점을 제기한 점에서 주목된다. 이 문제는 1930년대 후반 가족사소설의 문학사적 의미와 연결되는 중요한 쟁점으로 보인다. 이는 김남천이 누구보다도 가족사연대기 소설 형식에 대해 자각적인 태도를 지니고 있었다는 사실에서도 잘 알 수 있다.

김남천은 「남매」와 「少年行」을 탈고한 후 새로운 창작노선을 이미 암묵적으로 제시하고 있다. 그는 작가의 열정이 두 개의 적은 방향을 더듬고 있다고 분석하면서, 그 하나는 소시민 지식인의 자기분열의 세계이고, 또 하나는 모든 생활의 초조 속에서도 굴하지 않고 자기발전을 적극적으로 도모하는 불굴의 정신세계인데, 자기 자신은 첫째번의 경우에 속한다고 말한다. 김남천은 이론과 실천, 또는 이론 그 자체의 모순 내지 분열을 뼈저리게 경험하면서 자신의 소시민성에 대해 사상적 실망과 불신, 그리고 심한 거부감까지 보인다. 이런 사고방식은 고발문학론과 이후 전개되는 그의 모든 문학론의 원천 구실을 한다. 김남천은 이전 한창 시대의 열정이 생활의 구체성에 토대를 두고 있었지만, 이제는 억제할 수 없는 분한 때문에 단지 소년의 창조로 돌파구를 발견하려 한다고 자신의 심경을 고백한다. 그러기에 그는 소년 세계의 한계를 인정하면서도 그 세계의 형상화에 온 정열을 기울인다.[61]

을 認識하지 못하는 文學思想은 貴여운 幻想임을 免치는 못할 것이다."(김남천, 「발작크 연구 노-트(4), 體驗的인 것과 觀察的인 것— 續, 觀察文學小論」, 『人文評論』 8, 1940.5.)

그는 『大河』가 단순히 "작가 자신의 기억을 이용한다는 편의적인 생각과 작가 자신을 되돌아보는 회고 정신"[62]에 그치는 것이 아니라 연대의 정신임을 강조한다. 그가 말하는 연대의 정신은 일차적으로 가족사연대기 소설에 대한 자각적인 인식을 말하지만, 『大河』가 '「少年行」 계열'의 발전적인 방향에서 나온 소설임을 의미한다. 그러므로 이 말 속에 이미 『大河』의 창작방향이 암시되어 있다.[63] 그러나 『大河』가 '「少年行」 계열'과 마찬가지로 소년의

---

61) 김남천, 「知識人의 自己分裂과 不撓不屈의 精神」, 『朝鮮日報』, 1937.8.14.
 특히 『大河』의 주인공 형걸의 성장이 지니고 있는 의미는 의식구조상 임화의 다음 주장과 유사하다.

 "그러나 카톨릭 부흥은 이런 전통으로서의 일면이 있을 뿐만 아니라, 前言한 바와 같이 근대 문화가 근원적으로 자기를 그 시발점에 돌이켜서 반성하는 의미를 갖는 것은, 주지하는 바와 같이 근대 문화가 인간 중심의 문화이기 때문이다. 바꿔말하면 소년이 부모의 지배를 벗어나면서부터 성인이 되는 것과 마찬가지로, 근대 문화는 神과의 결별로부터 새 世紀로 들어 선 것이다."<임화, 「'카톨리시즘'과 現代精神」(林和 評論集, 『文學의 論理』, 瑞音出版社, 1989. p.443.)>
62) 김남천, 「散文文學의 一年間」, 『人文評論』, 1941.1.
63) 유진오는 본고에서 사용한 '「少年行」 계열' 작품을 『大河』에 이르는 전 단계로 적절히 지적하고 있다.(유진오, 「새 礎石 하나―金南天氏의 新著 <少年行>」, 『東亞日報』, 1939.4.6. 참조.)
 기타 『大河』에 대한 연구로 참고할 수 있는 것은,
 송하춘, 「1930년대 후기 소설 논의와 실제에 관한 연구―김남천의 『大河』를 중심으로」, 『세계의 문학』, 1990, 여름.
 김동환, 「1930년대 후기 장편소설에 나타나는 '풍속'의 의미」, 『관악어문연구』 제15집, 1990.
 이주형, 「1930年代 韓國 長篇小說 硏究―現實認識과 作品展開方式의 變貌 樣相을 中心으로」, 서울대 박사 학위 논문, 1983.
 정호웅, 「새로운 세계에 대한 열망과 그 한계―김남천의 『大河』론」

성장과정을 다루고 있지만 그 본질에서 근본적인 차이가 있다. 김남천은 '「少年行」계열'에서 어린 소년에게 가해지는 세속과 사상과 이념성의 추급 과정을 통해 역설적으로 굴하지 않는 작가의 사상이나 이념을 소년에게 투사하고 있다.64) 그러므로 소년의 세계는 단순히 동화의 세계가 아니라, 작가의 주체 회복의 지난한 과정에서 나온 산물이다. 이에 반해 『大河』에 나타나는 소년의 세계는 작가의 이념의 산물로서가 아니라, 당해 시대의 현실적, 역사적 문맥에서 천착된 인물이다.65)

『大河』는 최재서가 주재하고 있던 인문사의 전작 장편소설 총

(정호웅 외, 『장편소설로 보는 새로운 민족문학사』, 열음사, 1993, pp.231~247.)
64) 현길언은 「남매」를 포함하여 「少年行」을 여로형 소설양식을 취한 성장소설로 파악한다. 그러나 이 두 작품을 『大河』와 일관된 문맥에서 살펴보면, 성장소설의 성격보다는, 오히려 작가의 이념의 투사물로서의 성격이 더 강하다.<현길언, 「닫힌 시대와 역사에 대한 소설적 전망-김남천의 소설 세계」(서종택/정덕준 엮음, 『한국 현대소설 연구』, 새문사, 1990, p.390. 참조.)>
65) 김남천은 이기영의 『봄』과 한설야의 『塔』을 자신의 『大河』와 비교 분석하면서 이 점을 분명히 밝히고 있다.

"假令, 李氏나 韓氏가, 主人公을 모두 六七歲의 少年으로 選擇하였는데, 나는 이것이 年代에 對한 意識보다도 便宜的인 생각에서 된 것처럼 느껴지는 것이다. 夕林이나 우길이는 모두 作者自身들이다. 그들은 三十年代의 代表人物이긴 할지언정 韓末代의 代表人物은 되지 못한다. 作者 自身의 記憶을 利用한다는 便宜的인 생각과 作者自身을 돌아본다는 懷古 精神에 依해서, 年代의 精神은 明確히 形象化되는 데 障碍를 받고 있다. 萬若 氏 等이 이같은 便宜的인 생각에서가 아니고 年代記 家族史 小說의 透徹한 理念에서엿더라면 『塔』은 훨씬 더 人物을 整備하고 雜說도 除去하고, 風俗集이 되는데서도 救援을 받았을 것이다."(김남천, 「散文文學의 一年間」, 『人文評論』 14, 1941.1.)

서 간행사업 중 제1권으로 발표된 작품이다. 최재서는 『大河』를 위시하여 이기영의 『봄』, 그리고 한설야의 『塔』 등을 모두 가족사 소설로 보고 있다. 김남천은 가족사 소설에 대한 주체적 인식을 갖고 창작에 임하지만 최재서의 이론적인 작업도 일정 정도 김남천의 창작행위에 영향을 미친다.66) 물론 김남천은 최재서의 이론 작업 이전에 가족사 연대기 소설에 대한 개념을 명확히 하고 있다.

『大河』는 형걸이란 인물에 비중을 두면 교양소설의 성격67)도 지니고 있지만 밀양 박씨인 박리균, 성균 형제와 박성권으로 대표되는 새로운 세력 간의 긴장이 더 주목된다. 리균 형제는 5대째 같은 마을에 살면서 리균은 국숫집, 성균은 마방을 각각 경영하고 있다. 그들 형제는 땅 하나 없이 초가집이 전 재산이지만 선조의 업적을 큰 자랑으로 내세우며 양반이라 자부한다. 그러나 엄밀히 따져보면 그들이 내세우는 양반이라는 것도 2대째 되는 이가 아전

---

66) 최재서의 가족사연대기 소설에 대한 대표적인 논의는 다음과 같다.
    최재서, 「토마스.만의 家族史小說-"붓덴브로-크 一家"」, 『東亞日報』, 1938.12.1.
    ――, 現代小說硏究(2), 「토마스.만 『붓덴부로-크 一家』」, 『人文評論』, 1940.2~3.
    기타 가족사연대기 소설에 대한 연구는 다음을 참고할 수 있다.
    신상성, 『한국 가족사 소설 연구』, 慶雲出版社, 1992.
    윤석달, 「韓國現代家族史小說의 敍事形式과 人物類型 硏究」, 고려대 박사학위 논문, 1991.12.
    류종렬, 「1930년대말 한국 가족사. 연대기소설 연구」, 부산대 박사학위 논문, 1991.2.
    한승옥, 「1930年代 家族史 年代記小說 硏究」(『韓國 現代長篇小說 硏究』, 民音社, 1989, pp.129~153.)
67) G. Lukács, 반성완 역, 『소설의 이론』, 심설당, 1985, pp.177~178.

으로 있다가 청년의 몸으로 죽었을 때 그의 아내 성씨가 목을 매어 따라 죽었다는 것, 그래서 열녀비가 마을 어구에 서 있다는 것에 불과하다. 그러나 열녀비가 거의 퇴락해간다는 말은 리균가의 몰락을 상징적으로 드러낸다.

> 방선문을 척 나서면 왼편에 쭈르룽게 나라니 한 많은 비각 중의 제일 초라한 것이, 성씨의 열녀비가 들어 있는 집이다. 집웅 기왓골에서 잡초가 나오고, 추녀 끝에 참새가 둥지를 틀면 박리균네 형제는 손수 풀을 뽑고 새 둥지를 집어 치웠다. 그러나 비각은 바른쪽으로 찌그뚱하니 너머져 갔다. 수선을 하던가 다시 집을 고쳐질려면 적잖은 돈이 들게다. 기둥을 하나 모양은 숭하나 너머질려는 쪽에다 벌여서 겨우 그것을 의지해 나갔다. 그것은 마치 양반이라고 으스대는 그의 환상이, 마즈막으로 운명(殞命)을 기대리고 있는 거나 같이 적막하게 보이었다.[68]

리균 형제가 성권에게 돈을 빌려 대운동회를 기회로 근대식 여관을 짓고 장사를 계획하지만 그들의 몰락은 가속화된다. 이에 반해 성권은 마을에서 가장 높은 지대에 큰 집을 짓고 고리대금으로 점점 성장한다. 성권은 이미 갑오란 때 많은 돈을 모아, 그 돈으로 논과 밭, 토지 등을 되는 대로 사들였다. 성권도 밀양 박가지만 리균 형제는 이런 성권을 돈만 안다고 비방한다. 성권의 조부는 원래 아전으로 있을 때 창미(倉米)를 농간해서 큰 돈을 모았으며, 녹미를 저당 잡고 돈을 꾸어주거나 녹미를 싸게 샀다가 쌀값이 오를 때 팔아 큰 돈을 모아 땅을 사기도 했다. 그런데 성권의 아버지는

---

68) 『大河』第一部, 全作長篇小總書-1, 人文社, 1939, p.2.
  *. 이하 작품 인용은 면수만 기재함.

도박, 아편, 주색에 빠져 전 재산을 탕진해 버리는데, 이런 환경 가운데서 성권의 돈에 대한 악착한 성격이 형성된다. 성권은 아전의 후손인 중인계급 신분으로 "포악하고 아구통 센" 성격의 소유자다. 그런데 성권은 격변하는 개화기 공간에서 차츰 몰락하는 리균 형제와 달리 신흥하는 부르조아의 속성을 지니고는 있지만 그 성격 형상화에 있어 미흡하다. 즉 성권은 술에 만취해서도 돈과 밭을 생각할 정도로 자본에 대한 강한 애착을 지니고 있지만 한편으로는 집안 가도와 자식들을 결코 잊지 않는 자상한 가부장의 권위를 끝까지 유지하려 한다. 이것은 일제 강점기 시대 일제에 의해 파행적으로 전개된 자본주의화의 과정에서 전통적인 봉건 지주들이 일제와 타협하며 기득권을 누려간 사실과 일치한다. 성권은 돈의 위력을 누구보다도 확신하고 있으며, 언젠가는 문벌이나 가문이 자기의 돈 앞에 굴복할 것을 믿고 있다.

성권은 20대 중반에 갑오란을 맞아 모든 사람이 피난가는 상황에서 가족들만 보내고 자기는 혼자 고향에 남아 병영을 대상으로 장사를 한다. 특히 그의 재산 축적 과정은 명민한 바 있다. 그는 농토를 떠난 뒤 군수품을 운반하는 사람들이 받는 은전을 엽전 대신 바꾸어 그 은전을 땅 속에 묻어 두었다가 돈에 궁한 이들이 집을 팔 때 헐값으로 집과 땅을 사고, 또 돈놀이를 하여 약속을 어긴 사람의 집과 토지를 무조건 차압하기도 한다. 그는 알지 못하는 사이 재산 덕분에 <박참봉>이 되었다. 성권은 직함에 걸맞게 아직도 봉건사상에 젖어 있다. 그는 맏아들 결혼식 날 동학도인 처남 최관술이 금테로 만든 개화경(안경), 목긴 구두, 개화장(지팡이)을 지닌 모습을 보고 갓 대신 신식 모자의 일종인 국자보시를 썼다고 가장 꺼려한다. 성권의 인물 형상화가 근대성의 각성이라는 관점에서 치밀하게 전개되지 못한 점은 풍속의 공식적 배치와도 얽혀 있는 한계이다.

김남천은 『大河』의 결점으로 풍속의 공식적 배치를 들고 있다.[69] 이는 부분적으로 성권의 근대주의자다운 모습을 형상화하기보다 형걸의 의식 성장과정에 과도한 비중을 두고 있는 데서도 기인한다. 형걸은 형인 형준이가 점점 타락해가는 것과 대조적으로 어른 못지않게 성숙미를 보이며 적극적인 인물로 형상화된다. 맏아들 형준은 스스로 선택한 서당에서 한문 공부만 하고 집안을 잘 다스려 나가는 데 꼭 필요한 것들만 배운다. 그러나 특별히 하는 일 없이 결국에는 삼십육계, 도박, 투전, 잡기에 빠져든다. 반면 형걸은 성질도 거칠고 짓궂으며, 키도 형제 중 제일 크고, 신식 학교인 동명학교에 다니고 있다. 그런데 형걸이 서자라는 사실은 그의 의식 형성과정에 깊은 관련이 있으며, 작가 김남천의 의도가 개입되어 있다. 또한 이 점은 김남천이 '「少年行」 계열'에서 나타난 바와 같이 작가의 관념을 인물에게 덮어씌우는 폐해를 피하고자 했지만 그것이 어려웠다는 사실도 반증하고 있다. 김남천은 가족 사연대기 소설인 자신의 작품 『大河』가 단순히 과거로의 후퇴가 아니라는 점을 강조한 바 있다. 김남천 또한 일제 강점기 전 기간 동안 뿌리 깊이 잠재해 있는 봉건성의 폐해를 극복해야 하는 과제가 당대 작가들에게 주어져 있다는 사실을 인식하고 있었다. 그러므로 김남천은 뿌리 깊은 봉건성에 대한 천착에서 반봉건의 과제인 근대성을 문제삼고 있으며, 근대성에 대한 천착도 없이 섣불리

---

69) 김남천, 「兩刀流의 道場－내 作品을 解剖함」, 『朝光』, 1939.7.

그것을 넘어서고자 하는 과제에 대해서는 주저하고 있다. 바로 이 점이 형걸을 서자로 설정한 이유이며, 또한 『大河』를 '「少年行」 계열'과 일관된 관점에서 논의해야 할 근거이다. 즉 김남천이 형걸을 서자로 설정한 것은 형걸에게 가해지는 봉건성의 폐혜를 작가가 등장 인물에게 자신의 이념을 덮어씌우지 않고 등장 인물 스스로가 극복해 나가는 자각적인 측면을 형상화하고자 했기 때문이다.

형걸은 한때 자신의 마음속에 생각해 본 적이 있던 보부가 자신과 동갑인 형선에게 결혼하는 것을 계기로 변화하기 시작한다. 이같은 변화는 결혼 첫날밤 신혼 부부가 자고 있는 마당 마루 앞에 큰 돌을 던진 장본인이 형걸로 암시된다는 것, 그리고 이후 형걸은 보부를 만나도 언제나 못 본 체하고 그냥 지나치는 데서 잘 드러난다. 형걸은 일차적으로는 형선의 결혼에 대한 반발 심리로 삭발을 단행한다. 그런데 형걸의 삭발은 단지 서자로서 받는 울분이나 형선의 결혼에 대한 반발만이 아니라 보다 근본적인 데 원인이 있다.

> 한편, 어머니가 삭발한 것을 알고도 아무 말 못하고 건너가, 잠잠하니 소식이 없는 걸 본 형걸이는, 윤씨와는 다르지만 역시, 그는 그대로 또한 마음이 언짢지 않을 수가 없었다. 삭발한 걸 지금 새삼스럽게 후회한다던가, 그런 마음은 터럭만치도 없다. 해야 될 것을 해버린 데 불과하다. 단지 이것 하나만이 원인이 되어, 어머니가 슬퍼한다던가 노여워한다면 손대봉이처럼 그런 걸 무시해버려도 무방할 것 같다. 그러나 그의 삭발이 갖어 오는 문제는 결코 그런 것만이 아니었다.
> 왼몸을 내던저서, 죽어라고 분푸리를 해대야만 할 곳이 어데앤

가 꼭 한구퉁이 남아 있는 것 같다. 누구를 싫건 뚜드리던가, 그러챦으면 누구한테 느러지게 맞어보고도 싶다. 그랬으면 행결 가슴이 후련하고 속이 시원하니 풀릴 것 같다. 그러나 누구를 때리고, 또 누구에게 맞어야 할 것이냐. 그 대상이 그에게는 똑똑치 않었다. 간지러운거처럼 안타까웁다.[70]

박성권은 형걸이 서자라는 이유 때문에 그를 심하게 차별하지는 않는다. 더군다나 형걸은 작인의 아들인 삼남을 부리며 상전댁 도련님 행세를 하며, 심지어 중년 나이인 종이 그의 이불까지 개어준다. 형걸의 울분은 막연하지만 또 다른 것을 지향하고 있다. 여기에 작가 김남천의 이념이 반영되어 있다. 『大河』는 앞서 지적한 바와 같이 형걸에게 투입된 이념성 때문에 급변하는 개화기 상황의 역사적 의미가 상대적으로 소홀하게 취급되는 결과를 초래하지만, 형걸은 '「少年行」 계열'의 소년이 혹독한 시련을 겪은 후 제기될 수 있는 자기개조의 세계를 본격적으로 열어가는 발전적인 인물이다.[71] 그러나 형걸에게 투여된 작가의 이념성은 장편소설인 『大河』에서조차 근대적 성격을 본질적으로 문제삼는 데 장해 요인으로 작용하는, 작가 개인의 내면적 자기개조의 몸부림이라 할 수 있다.

그러므로 『大河』는 다양한 인물들을 통해 근대화되어가는 시대

---

70) 작품, pp.102~103.
71) 백철은 『大河』가 "作家가 文學을 運命으로 싸우는" 비장한 노력이 반영되어 있다고 말한다.(백철, 「뿍.레뷰-金南天氏著 『大河』를 讀함」, 『東亞日報』, 1939.2.8. 참조.)
  형걸이란 인물은 사회주의 혁명기에 생성되는 프로소설의 긍정적 주인공이 아니라 진정한 근대를 열어가는 문제적 인물이다.(L.골드만, 조경숙 譯, 『小說社會學을 위하여』, 청.하, 1982, pp.11~13. 참조.)

의 변화상을 잘 형상화하고 있지만 한계 또한 분명하다. 칠성네가 경영하는 식료품 가게, 일본인 나까니시네가 경영하는 잡화상, 김용구네의 과자점, 기타 몇 개의 포목점을 비롯하여 마을에는 측량기수가 드나들 정도로 변해간다. 특히 칠성이 사온 자전거와 나까니시네가 사온 각종 진기한 물건들을 둘러싸고 전개되는 이야기는 개화기의 풍속도를 여실히 보여준다. 마을 사람들은 마을 중앙으로 난 신작로를 통해 원산이나 평양, 특히 평양으로 왕래하며 활발한 경제활동을 하며, 마을에도 상당수의 평양 외지의 사람들, 즉 교회의 이조사, 문우성 교사, 기생 부용, 토지조사원, 측량사 등도 들어와 살고 있다. 도로로 상징되는 근대화의 방향성은 형걸이 장차 나아갈 방향에 이미 상징적인 의미를 부여하고 있다. 이 점이 『塔』과 다른 『大河』의 근대적 측면이다.

형걸의 울분은 자기 집 막서리인 두칠의 처 쌍네와, 기생 부용에게로 출구를 찾기도 하지만 궁극적인 것은 아니다. 형걸은 문우성 교사를 매개로 또 한 번의 변화를 겪게 된다. 그러나 형걸은 스스로 자각적인 자세를 보이고 있다는 점이 주목된다.[72] 문우성은 독실한 예수교 신자로 신학문과 개화사상에 밝은 청년이다. 형걸이 문우성에게서 배운 교훈은 신분이나 적서차별 철폐, 비복 해

---

72) 이는 다음 대목에서는 '뜻'으로 나타난다.

"이러한 생각 외에 그는 문우성 교사에게 말로 서약은 않 했으나, 그의 앞에서 조혼사상에 대한 자상한 설명을 들을 때에, 아직도 미혼인 것을 좋은 기회로 뜻을 세우기까지는 완고한 풍습에 희생이 되지 않으리라, 내심에 결심한 바가 있었다. 그는 문교사에게도 이야기하지 않고, 저 혼자 제 자신과 굳게 약속한 이 결심을, 그대로 흘으는 물 가운데 쉽사리 씻처 버리고 싶지는 않았다."(작품, p.382.)

방, 미신타파, 조혼사상 폐지, 생활습속 개량 등이다. 문우성과 형걸은 사제간의 정을 넘어서서 어떤 정의감으로 일체가 된다. 특히 형걸의 앞에는 평원도로와 방선문 밖 신작로가 활짝 열려 있다. 그럼에도 불구하고 『大河』는 현실 토대와의 긴밀한 연관 없이 주인공 형걸의 의식 성장과정에 비중을 두므로써 여타 인물들이 격변기에 취할 다양한 삶의 진로에 대해서 둔감함을 초래하게 되며, 이 한계는 성권이 지닌 근대성의 측면에 대한 천착 또한 피상적인 수준에 머무르고 있는 데서 잘 드러난다. 그러므로 『大河』는 근대성의 측면과 함께 일본 제국주의의 침략성에 대해서 의도적으로 회피하고 있다는 비판은 면할 수 없다. 이는 작가의 한계이든, 『大河』가 창작되던 시대의 중압이든 피할 수 없다. 『大河』의 이같은 한계는 한설야의 『黃昏』에서 주인공 여순의 의식 성장과정의 무토대성과도 연결된다. 형걸의 의식 성장과정은 『黃昏』의 '준식-여순'의 관계와 동일한 '문우성-형걸'의 관계에서 드러나듯이 인물간의 상호관계에서만 전개되고 있을 따름이다. 이는 『大河』의 속편인 「動脈」[73])에도 그대로 적용된다.

「動脈」은 해방 후 발표되었지만, 해방 전에 창작된 작품이다. 이 작품에서는 『大河』와 달리, 가장 개화한 풍모를 보여 주었던 박참봉의 처남 최관술이 천도교 포교활동에 열중하는 모습으로 등장한다. 그는 천도교의 교령이자 교구장이다. 돈에 민감한 박참봉

---

73) 「動脈」에 대하여는, 김외곤, 「<대하>와 <동맥>에 나타난 개화 사상과 개화 풍경」(한국현대문학연구회 편, 한국의 현대 문학 1, 『한국 근대 장편 소설 연구』, 모음사, 1992, pp.129~145.)과, 양윤모, 「金南天의 <大河> 硏究」(고려대 석사학위 논문, 1991.12.)를 참조할 수 있다.

은, 동학의 교세가 위세를 떨치자 장래의 안전을 위해 거액을 최관술에게 맡기며 교당을 짓는 데 협조한다. 박참봉은 물론 최관술조차 동학이 지닌 역사적 의미같은 것에는 둔감하다. 그 이유는 이 작품이 천도교와 외래종교인 기독교 간의 갈등을 중심으로 전개되기 때문이다. 이 갈등은 교회 낙성식을 계기로 개최된 연설회에서 첨예화된다. 그 결과 형걸의 역할은 표면적으로 아주 미미한 것 같지만 작품 배후에서, 특히 그가 형인 형선에게 보낸 편지로 인하여 작품에서 여전히 중요한 위치를 차지하고 있다. 이런 측면에서 보면 예수교와 천도교 세력 간의 갈등은 삽화에 불과하다는 인상까지 준다. 바로 여기에 작가 김남천의 이념이 투사되어 있다.

형선과 여동생 보패는 착실한 예수교 신자이다. 형선의 아내 보부는 처녀 때부터 이미 기독교의 가르침을 받아왔으며, 그녀의 아버지 정보석은 장로로 교회건축에 거액의 헌금을 한다. 이와는 달리 동명학교 학생인 홍영구는 최관술에게 천도교의 가르침을 받은 바 있지만, 과학사상과 천도교의 봉건적인 무지 사이에서 심각한 고민에 빠진다. 작가는 등장 인물들이 행하는 연설을 통해 개화의 거센 힘을 형상화하고 있다. 이 점은 『大河』에서 보지 못하던 박성권의 변모된 모습과 자기인식과도 관련된다. 박성권은 아직 집에 돌아오지 않은 형걸을 두고 적서차별이라는 사회제도의 모순으로 그 원인을 돌리고 있기 때문이다. 『大河』에서 원산 방면에 도로공부로 나가며 노동자로의 성장 가능성을 내비쳤던 두칠은, 부두 노동생활의 어려움을 견디다 못해 다시 고향에 돌아와 박성권의 객주집을 경영하고 있다. 두칠의 귀향 동기는 의식주 해결도 못하는 생계의 어려움도 있었지만, 아내 쌍네의 미모를 노리는 노동판 일꾼들의 탐욕 때문이다. 잡화상을 경영하던 일본인 나까니시네는 다양한 서비스를 제공하는 고급여관을 통해 근대 자본의 힘을 여지 없이 발휘하며 박성권의 초라한 객주집을 압도하고 있다. 이는 「動脈」의 현실인식의 깊이를 보여 주는 대목이다. 특히 이제는 고향을 떠나 서울에서 공부하고 있는 형걸과, 형선을 비교하는 보부의 다음 말은 이 작품이 지향하는 방향을 암시해 준다.

> 한편에 백설같은 용마를 채쩍질하여 넓은 신작로를 화살같이 내달리는 길손이 있다 하면 한편에는 비츨거리는 비루먹은 나귀색기를 타고 고불 고불한 작다란 길을 더듬고 있는 답답한 행인이 있는 것과 같은 그런 느낌이 벙하니 머리에 떠을으는 것이다. 지구 위에 있는 문명각국을 준마에 비긴다면 동양의 한구석에서 꿈을 깨지 못하고 옴으적거리고 있는 우리들은 틀림없는 저 비루먹은 나귀색기가 아닌가--그러나 이러한 생각은 그대로 형걸이와 형선의 비교로 올라갔다.[74]

보부의 이런 현실인식은 『大河』가 근대의 성격을 본질적으로 문제삼고자 했지만, 형걸에게 가해진 작가의 자기개조의 집념 때문에 그 형상화에 실패한 것과 관련된다. 형걸이 보낸 편지의 내용은 국내와 외국의 긴박한 정세에 대한 청년 형걸의 울분과, 형선의 서울 유학 권유로 요약된다. 즉 형걸을 각성시킨 문우성 교사가 평양으로 나간 이후, 형선은 아무런 이유없이 흐지부지 학교도 그만 두고 의미없는 생활을 하고 있었는데, 이런 형선이가 형걸의 편지를 받고 서울 유학을 확고하게 결심하는 것으로 작품이 끝나는 것은, 『大河』의 주인공 형걸의 가출과 완전히 동궤이다. 말

---

[74] 「動脈」, 제3회.

하자면 「動脈」에서는 형걸이가 문우성 교사의 역할을, 그리고 형선은 『大河』에서 가출하기 전의 형걸의 역할을 맡고 있다는 차이뿐이다. 이 일관된 작품 구성원리는 작가 김남천의 자기개조에 대한 집념의 산물이다.

Ⅳ. 해방과 조직우위론의 문학에의 회귀

임화와 김남천은 프로문학 초기 볼세비키화를 주창하며 카프를 주도한 인물이다. 우리가 해방 이전 문학과 관련하여 이 시기 김남천 문학을 이해하는 단서를 설정한다면 두 가지 정도 생각할 수 있다. 그 하나는 유독 그만이 해방 이전 '자기검토'의 혹독한 시련과정을 통해, '자기개조'의 몸부림을 이론과 창작 양면에서 매우 자각적으로 전개해 왔다는 사실이다. 또 하나는 첫째번보다 더 중요한 것으로, 앞서 지적한 바와 같이 카프가 해산되지 않았다면, 김남천은 '고발문학론'을 통해 자신의 한계와 이 한계의 극복 문제를 깊이 있게 문제삼지는 않았을 것이라는 사실이다. 왜냐하면 김남천은 소시민 지식인으로서의 자신의 한계를 누구보다도 잘 알고 있었기에, 의도적으로 강력한 조직의 힘 속에 자신을 몰입시키려 했기 때문이다. 이는 '물논쟁'에서 카프 조직이 지닌 지도성의 허약성을 비판한 데서 이미 드러난 바 있다. 이런 관점에서 보면, 해방 이전 카프 해산이 작가 자신의 검토작업을 궁극적으로 강요했다면, 이후 자기검토의 연장선에서 그 작업을 온몸으로 행했지만 근본적으로 불가능했던 자기개조의 가장 적절한 계기가 바로 해방이었다. 그러므로 해방된 시점에서 김남천에게 가장 필요한 것은 이전 카프보다 더 강력한 조직체다. 더욱이 해방이 주어진 것이라는 점과, 해방 후의 상황이 해방 이전과 여전히 동일하다는 인식이 그의 문학론을 결정짓는 중요한 한 계기가 된다.

김남천은 세계관과 형식적으로 구별되는 창작방법의 기본 방향은 아이디얼리즘과 리얼리즘 두 개밖에 없다고 단정한다. 이 둘 사이의 차이는 질적인 차이이며, 또한 진보적 리얼리즘은 진보적 민주주의 혁명을 완수하기 위해 과학적 유물론이라는 세계관과 맞붙은 리얼리즘이다. 그런데 그가 말하는 진보적 리얼리즘이라는 새로운 창작방법론은 혁명적 로맨티시즘을 계기로 한다.75) 그러나 이 '혁명적 리얼리즘'의 계기는 그의 관념성이 앞선 결과이다. 이는 해방 이전 볼셰비키 단계에 이미 주창된 것이며, 임화가 스스로 주관주의로 분류한 바 있는 '혁명적 낭만주의'와 동궤이다. 김남천이 주장하는 '혁명적 낭만주의'는, 현실에 만족하지 않고 명일과 미래를 향한 부단한 전진과 의지, 현실적인 몽상 및 가능을 위한 치열한 꿈이다. 그러므로 김남천으로 하여금 이런 꿈을 꾸게 한 근본적인 원인이 시대적인 모순이다. 일본 제국주의의 잔재 소탕, 국수주의의 배격과 봉건 잔재의 청산, 토지문제의 혁명적인 해결 등이 그 방향이다. 김남천은 해방 이전 사회주의 리얼리즘 수입을 둘러싼 논의에서 '조선의 특수성'을 강조한 바 있는데, 이는 해방 후에도 나타난다. 그가 해방 후 조선 현실이 사회주의 현실이 아니라는 관점에서 그것을 한국적 특수성에 맞게 구체적으로 설정한 매개가 '혁명적 낭만주의'이다. 김남천이 해방공간을 인민성 강조의 부르조아 혁명단계로 파악한 것은, 배후에 8월 테제로 집약되는 박헌영 중심의 남로당 노선이면서, 동시에 김남천 자신의 역사인식의 산물이라고 볼 수 있다. 이는 그가 해방 전 가족사연대기 소설에서 근대의 이면에 감추인 뿌리 깊은 봉건성의 천착을 통해, 섣불리 근대를 넘어서는 과제에 대해서는 주저했다는 사실에서 연유한다. 특히 가족사연대기 소설이 단순히 과거의 기억이나 회고 정신이 아니라 연대의 정신임을 강조한 것은, 그가 당

---

75) 김남천, 「새로운 創作方法에 關하여」, 『中央新聞』, 1946. 2.13~2.16.

대의 문제를 해결하고자 하는 작가 자신의 관념의 산물에 다름아 닙니다. 그러므로 김남천은 해방 후 남로당의 노선에서 당대의 해결 과제를 정확히 파악했지만, 이의 실천 과정에서는 또 다시 지식인 이 지닌 조급성과 관념성을 노출시키고 있다. 이것이 그가 진보적 리얼리즘에서 혁명적 낭만주의라는 내적 계기를 설정한 이유이다. 이로 보면 김남천의 해방 후 문학 세계는, 해방 후에도 근본적으로 변함없는 역사적 상황과 함께, 개인적인 측면에서 해방 전부터 전개해 왔던 과학적 유물론의 세계관 획득이라는 일관된 자기개조의 작업임을 알 수 있다. 그러니까 해방이 개인적인 측면에서 김남천으로 하여금 자기개조의 작업을 완성한 것처럼 보이게끔 한 것이지만, 이전의 연장선에 놓여 있었다는 사실을 주목할 필요가 있다.

이런 점에서 해방 후 변화한 김남천의 입지점을 알아볼 수 있는 중요한 글이 「純粹文學의 諸態」(『서울新聞』, 1946. 6.30.)이다. 김남천은 개화기나, 1936년에서 해방되기까지의 시기는 문학의 순수성에서 그 가치를 인정할 수 있지만, 해방 이후의 상황은 일제 타도를 위한 문학과 정치의 등가성을 외친 1925에서 1935년까지의 시기와 동일하게 긴박한 상황이기 때문에 문학의 순수성을 외치는 데 강한 거부감을 보인다.76) 특히 그가 1936년에서 해방 전까지의 시기를 언급하는 데서는, 변화된 해방 정국에서 자신의 고발문학론에서 시작된 전 문학 논의에 대한 자의식과 함께 자기변호의 미묘한 표정도 엿볼 수 있다.

김남천이 해방 후 최대 관심을 쏟은 영역이 대중화 문제이다. 이는 그가 조선문학의 교육적 임무의 중요성이 "맹렬한 정치성과

---

76) 김남천, 「純粹文學의 諸態」, 『서울新聞』, 1946.6.30.

문화성"을 띠고 제출되는 것이라 할 때 분명히 드러난다.[77] 그가 강조하는 문학활동의 주요 임무는, 문맹 퇴치, 진정한 민족문학의 발굴과 고전의 유산상속이며, 나아가 불건전한 악조류와의 투쟁을 통해 문학을 인민의 대다수에게 보급시켜 그들을 각성시켜야 한다는 것으로 요약된다. 특히 이 글은 김남천이 해방 후의 상황을 카프 해산 이전의 상황과 동일하게 인식하고 있음을 분명히 보여준다. 이는 그가 볼셰비키 단계로 회귀했음을 구체적으로 말해 주는 대목이다.

---

[77] 김남천, 「文學의 敎育的 任務」, 『文化戰線』, 1945.11.15.

자기고발과 주체성 재건에 대하여

김 윤 식

(1) 작가로서의 실천 문제의 제기

1911년 평남 성원읍내에서 낳고, 평양 고보를 거쳐 동경에 유학, 법정 대학을 중퇴한 김남천(본명 孝植)이 그 자신을 조직운동과 연결시킨 것은 1927년 무렵으로 추정된다. 카프 동경지부가 <무산자> 속에 흡수되면서 일층 긴밀한 조직이 이루어졌는데, 여기에 가담한 이른바 제3전선파는 안막·임화·김두용·김남천 등이었다. 1931년 귀국한 그는 「공장신문」, 「공우회」 등의 노동자 선전선동 문예지를 간행하여 실천운동에 가담하였으며 1931년 제1차 카프 사건에 임화와 더불어 연루되었고 그만이 2년 동안의 옥살이를 했는데, 이는 그가 조직에 일층 깊이 관여한 증거로 볼 수 있다. 1935년부터 1937년 사이에 중앙일보에 기자로 근무하였으며, 창작 생활에 적극적으로 관여한 것은 1937년 이후, 그러니까 신문사를 그만 둔 이후이다.

30년대 우리 문학에서 이론과 실천이라는 인식론상의 개념을 확립하고, 그것이 리얼리즘의 최고의 수준을 보일 수 있었다는 사실로 해서 김남천만큼 중요한 인물은 임화를 빼면 없는 셈인데, 이 사실을 밝히는 일은 단순한 문학사적 과제에 멈추지 않고 사상사의 과제로 열려지게 됨에 그 중요성이 인정된다.

과연 이론과 실천의 개념이란 무엇인가를 묻는 일은 인식론상의 문제가 아닐 수 없다. 김남천에 있어 그것은 제일차적으로는, 삶에 있어서의 이론과 실천개념이고, 제2차적으로는 문학비평과 창작의 동시적 전개인데, 그 어느 것도 이원론으로 떨어져서는 안 된다는 것이 이 논의의 최강점이자 또한 원점이라 할 수 있다.

일원론이란 무엇인가. 이 물음만큼 결정적인 것은 없는데 그것은 저 레닌의 「당조직과 당문학」(1905)에 그 원점이 놓여 있다. 문학예술이란 <단일한 사회 민주주의적 기계의 나사못>이어야 한다는 유명한 비유에서 드러나듯, 단일한 정치체제의 한 부분으로 문학이 있는 것이지, 정치투쟁, 경제투쟁, 문화투쟁 따위가 따로따로 없다는 것이다. 말을 바꾸면 「도이치 이데올로기」에 규정된 대로, 공산주의 사회에서만이 <사람은 저마다의 가슴에 라파엘을 갖고 있다>는 명제를 충족시킬 수 있는 만큼, 자본주의 사회의 원칙인 분업으로 인한 전문직은 결코 용납될 수 없다는 이 논법은, 자본주의 사회 속의 모든 전문 직종에 대한 근본적인 비판에서 비롯된 것이다. 분업을 전제로 하고, 각자는 자기 전문직에 최선을 다한다는 것은, 그 인간이 저 카프의 「변신」에서 보듯, 한갓 부분 인간이거나 괴물로 전락된다는 것을 승인하는 것이 아니겠는가. 그러므로 단일한 사회적 민주주의 사회를 건설함에 있어, 모든 개인의 행위는 이 기본 명제의 충족을 위한 나사못이어야 마땅하고, 그 때문에 정치(사회건설)를 전제로 하지 않는 문학예술이란 생각할 수조차 없는 것이다. 이른바 실천이란 곧 인식론상에 있어 일원론의 범주에 드는 것인 만큼 이원론이 드러나면 사태를 올바로 파악할 수 없게 된다. 이른바 30년대 초 카프 진영 내부에서 벌어진 「물」논쟁은 이 문제의 분출된 현상이었다.

(2) 임화와 〈물논쟁〉

〈물논쟁〉이란 무엇인가. 1931년 조선 공산주의 협의회 사건에 연루되어 고경흠과 더불어 기소되어 실형을 산 김남천이 1933년에 출옥하여 발표한 단편 「물」(대중, 1933. 6.)은 「나는 두평 칠합의 네모난 면적 위에 벌써 날수로 일곱 달이나 살아온 것이다」라는 서두에서도 잘 드러나듯이 이 작품은 그가 추운 동지 섣달에 감옥에 들어와 3개월간 독방을 지내고 한 여름엔 13명이 한방에서 지낸 얘기를 체험담투로 다룬 것이다. 이념이나 사상을 깡그리 잊고, 당장 부딪친 갈증의 고통과 거기서 벗어나려고 하는 인간의 생리적 욕망이 어떠한가를 보여주면서 작가는 1933년 9월 20일이라는 날짜와 함께 「백도의 여름이 다시 오련다. 이 한편을 여름을 맞는 여러 동무들에게 올린다」라는 기록을 작품 끝에 달아 놓고 있다. 카프 서기장 임화는 「6월 중의 창작」에서, 이기영의 「서화」를 높이 평가하는 반면 「물」을, 경험주의적이나, 생리주의적인 오류로 규정하여 혹평을 가한 바 있다. 이에 관해 김남천은 임화의 비평을 수긍하면서도 다음과 같은 반론을 폈는데, 이 반론 속에는 과연 어떤 의미가 스며 있는 것일까.

> 김남천의 우익적 경향에 대한 원인의 해명은 김남천이 장구한 시일간의 옥중생활에 의하여 실제적인 실천과 창작생활로부터 유리되어 있다는 사실과 김남천의 과거의 단시일간의 조직적 훈련 때문에 그의 세계관이 불확고하다는 사실과 또한 출옥 후에도 노력대중과 하등의 관련 없는 생활을 영위하고 있다는 등의 실천상의 일체를 묻지 않고는 불완전한 성과에 도달할 것이다.
> (임화적 창작평과 자기비판, 조선일보, 1933, 8.)

이 속에는 다음 두 가지 사실이 은밀히 깃들어 있는데, 그 하나는, 문맥에 분명히 드러난 그대로 작품을 결정하는 것이 작가이며 작가를 결정하는 것은 그 당자의 실천이라는 원칙이다. 그러므로 작품을 평가하는 기준을 그 작가의 실천에 두어야 한다는 논법에 따르면, 임화는 김남천의 「물」을 평가할 자격이 없는 셈이다. 「물」의 작가의 실천에 관한 점을 떠나, 한갓 유물론으로 「물」을 평가했기 때문이라고 김남천은 주장하고 있다. 여기서 김남천이 말하는 실천이란 물을 것도 없는 일원론 원칙이다. 고경흠과 더불어 유죄판결을 받은 김남천의 처지란 문학예술단체인 카프와는 무관한 조선 공산주의 협의회 사건이자 동시에 그것은 카프 사건일 수도 있는 것이기 때문이다. 전주사건(1934) 같은, 문학예술 단체로서의 카프에 국한된 사건이 아니라는 점이야말로 김남천이 주장하는 실천 개념의 핵심이다. 같은 사건에서 기소유예 처분된 임화가, 기소되어 긴 세월 복역하고 나온 김남천을 감히 비판할 수 있는가라는 점이 위 인용 속에 들어 있는 바, 이를 다르게 말하면 실천이란 삶의 전체적이고 구체적 현실을 가리킴이어서, 이를 떠난 어떤 논리적인 것도 정당성을 내세울 수 없다는 것이다. 이 시각에서 보면, 임화는 실천을 떠난 셈이며, 실천과 이론을 분리해서 생각한 소위 이원론자로 볼 수도 있겠다. 문학예술을 가운데 두고, 일원론이냐 이원론이냐의 논쟁은 <사람은 가슴마다 라파엘을 품고 있다>는 명제에 연결된 것이어서, 체제선택에 직접 간접으로 관련된다. 도이치 이데올로기에 기대어, 공산주의 사회만이 완전한 인간 능력 개발이 가능하다는 전제 밑에 놓인다면, 유죄로 기소된 것이 그렇지 않은 것보다 우위에 선 능력 발휘라 볼 수 있다.

그러니까, 「물」이라는 작품이 아무리 경험주의적이고 생물학적 수준에 멈추어 인간적 약점이 노출되었더라도, 감옥 밖에 있는 그 누구의 좀더 완벽한 작품이나 이론보다도 월등히 가치 있는 것으로 된다. 왜냐하면, 그러한 옥중 체험(실천)을 한 작가는, 결코 저질의 작품을 쓸 수 없게 되어 있기 때문이다. 다시 바꾸면 작가적 능력도 없는 자가, 감옥살이만 오래 했다는 그 이유 하나만으로 신통찮은 작품을 써 놓아도 좋겠는가 라는 임화적인 걱정은 실상 성립되지 않는 것이다. 김남천이 임화의 비판을 어느 정도 받아들인 것은 「물」이 문학적으로 미숙하다는 자각을 가졌던 증거인데, 이는 또한 <공산주의>적 인간형이 무엇인가, 다시 말해 일원론에 투철하지 못한 탓으로 볼 수는 있다. 그렇지만, 일원론의 원칙 위에 서 있다는 점에서는 임화보다 일층 앞선 수준이라 할 것이다. 임화는 작가의 삶의 실천쪽보다, 작가의 문학적 실천에 무게 중심을 둔 형국인데, 이것은 작가란 선동가여야 한다는 조급성이 깃든 탓이라 할 것이다.

이 논쟁의 성과는 김남천에도 큰 진전을 보이지만, 정작 임화에게도 자기 반성을 가져왔는데, 임화의 경우는 신남철과의 논쟁에서 잘 볼 수 있다. 신남철의 「최근 조선문학사조의 변천」(신동아, 1935. 9.)은 어째서 거칠고 직선적인 신경향파 문학이 이광수 문학을 능가할 수 있는가를 밝힌 논문인데, 임화가 비판한 것은 그것이 이원론에 떨어졌다는 점에 있었다. 두 개의 문학을 설정한 것 자체가 일원론에서 벗어난 위에 서 있다는 임화의 이러한 지적은, 임화의 일원론에로 이른 성장 과정의 하나로 평가될 수 있는데(김윤식, 신문학사론비판, 문학사상, 88. 8, 참조.) 이를 보면 임화와 김남천은 숙명적인 라이벌 관계에 있으므로 하여 서로가 서로에게 빛을 던져 자기 성장 및 역사 발전의 몫을 담당해 왔다고 할 것이다. 그 때문에 <물논쟁>의 의미를 다시 한번 분명히 해 둘 필요가 있다.

> 나는 여기서 작품 <물>이 한 개의 귀족문학이 아니며, 진실한 프롤레타리아 작품이 아니며, 그것은 가장 위험한 경향에 합류하여 있다는 임군의 비평을 조금도 부인하고저 하는 것이 아니다. 나는 그것이 <끊임없는 투쟁의 포화> 속에서 정화되어야 할 것을 천번도 만번도 시인하는 것이다. 그러나 <끊임없는 투쟁의 포화>는 임화적 창작평과는 인연 멀은 그것이며 창작평을 작가의 실천과 분리하여 논술하는 일체의 경향과 다투는 것과 관련한 것임을 나는 또 여기에서 말하지 않으면 안 될 것이다.
> (임화적 창작평과 자기비판, 조선일보, 1933. 8. 2.)

임화를 두고 작가의 실천과 창작평을 분리한 이원론자로 규정하고 있는데, 이 점에서만은 김남천쪽이 당당하지만, 정치적 행위로서의 작가의 실천이 「물」에서처럼 생리적 수준에 멈춘다면, 그것이 설가 불가피한 그리고 가장 정직한 것이라 하더라도 실천행위의 미흡함이라 지적될 수 있다는 점에서, 임화쪽이 당당한 점이라 할 수 있다. 이 두 개의 당당함의 무게를 달 수 있는 준거란 무엇일까를 묻노라면 무엇보다도 중요한 것은 당시의 현실 감각이다. 감옥에 가지 않은 채 있으면서 <끊임없는 투쟁과 포화>라는 진군나팔을 부는 일과, 감옥에 감으로써 진군나팔 대신 자기의 생리적 고통을 드러내는 쪽을 두고, 어느 쪽이 일층 위기감을 좀더 많이 느꼈느냐를 현실 감각이라 한다면 김남천쪽이 일층 현실 감각이 있었다고 볼 것이다. 그러므로, 김남천이 임화가 높이 평가한 「서화」(이기영)를 레닌적인 시각에서 역습한 것은 썩 중요한 의미를 갖는다. 객관적으로 보아, 이 논쟁에서 판정패한 것은 임화인데, 그 때문에 임화는 신남철과의 논쟁에서 보이듯, 자기의 이원론을 일원론에로 일층 깊이 있게 무장하지만, 다른 한편으로는 「서화」,「고향」등 이기영의 작품 주인공에 대한 애착과 옹호를 고집하는 쪽으로 기울게 되는데, 이 사실은 임화의 이론정립의 기본선을 이룬다. 뒷날 임화가 비평가로 자기를 세우면서 <주인공-성격-사상> 노선을 기본 노선으로 한 것에 비해 김남천이 <세태-사실-생활>로 기본 노선을 삼아 대립되는 것도 문학사적 사건이라 하지 않을 수 없다.

이 논쟁을 계기로 김남천은 과연 어떻게 자기를 성숙, 변형시켜 나갔는가를 알아보는 일은 30년대 우리의 정신사의 내면 풍경을 생생히 드러내는 것이어서 인상적이라 할 것이다. 그 내면풍경을 비추는 거울이 임화이며, 또 임화를 비추는 거울이 김남천임을 알아차리는 일이야말로, 해방 전 카프의 서기장이 임화였음과 해방공간의 문학가동맹 서기장이 김남천이었던 점을 아울러 살필 수 있는 실마리이기도 한 것이다.

(3) 자기고발에로의 탈출구 모색과정

 작가가 실천에 철저하다는 것을, 30년대 초반의 시점에서의 현실적 감각으로 보면 감옥에 가는 것이 가장 분명한 길로 볼 수 있으며, 따라서 감옥에 간 작가가 쓰는 글이면 무엇이든 감옥에 갔다왔다는 사실 부분에 최고의 비중이 놓이게 된다고 김남천은 보았다.「물」같은 생리적 작품을 써 놓고 그런 주장이 가능하냐고 임화가 반박하였을 때 김남천은 스스로의 일원론을 완화할 수밖에 없었는데, 그것은 최소한 정치적 투쟁의 일종으로서의 문학을 그 자체로 승인하는 일에서 출발함을 의미하게 된다. 작가의 실천을 두 종류로 나눌 수 있는데, 첫번째 단계는 당원으로서 감옥에 가는 일이며, 두번째 단계는 당원으로 작품을 쓰는 단계이다. 김남천은 첫번째 단계는 일단 마친 셈이며, 이 단계를 거쳤다는 사실은 그만이 제2단계로 나아갈 수 있는 자격을 지녔다는 것으로 해석할 수 있겠다. 김남천의 내면풍경 속에는 이 사실이 너무도 선명했고, 또 원점에서 그 뒤에 전개되는 모랄론, 고발론, 로만개조론 등에 일관되어 있는데, 이 내면풍경을 직시할 수 있는 안목을 지닌 당대의 비평가는 오직 임화뿐이었다. 김남천의「남매」를 임화가 고평하면서 자기의 내면풍경을 엿보게 한 사실은 30년대 비평계의 인상적인 대목이라 할 만하다.
 「남매」라는 작품은 과연 어떤 것인가. 곧, 이 물음은「물논쟁」을 계기로 한 김남천의 나아갈 방향의 제일단계를 보여 준다는 점에서 해명될 성질의 것이다. 감옥에서 나온 사람만이 제일단계의 실천 그러니까 무엇을 쓰든 상관 없는 단계에서 제2단계로 진입했을 때, 무엇을 써도 나는 상관 없는 우위성이 확보되어 있다는 큰 전제와 그 후광을 업고서 제2의 실천단계로 나아갈 때, 그가 할 수 있는 일은 자기고발, 자기의 교만성의 적발, 자기의 허위의식을 천하에 드러내는 길밖에 없다. 그럴 수밖에 없는 것이 그가 당파성 옹호를 위해 일원론을 계속 유지하기 위해서는 다시 감옥에 들어갈 수밖에 없는데, 일단 석방되어 생활인으로 돌아간 마당에서는, 현실을 일상적 차원에서 승인하지 않을 수 없었던 까닭이다. 현실을 승인한 생활인으로 있으면서 작가적 실천행위를 한다는 것은, 일종의 모순이 아닐 수 없는데, 감옥살이를 한 것에 대한 자부심의 근거가 생활인의 삶 속에서는 부끄러움으로 되었기 때문이다. 일상적 삶 속에서는, 그가 살기 위한 최소한의 타협이 불가피한데, 이에 대한 자의식만큼 그를 강하게 자극하는 것은 달리 있을 수 없게 된다. 위선이라든가 부끄러움이 은밀히 감추어진 일상적 삶이란 제2단계에 접어든 실천행위의 첫번째 과제이고, 이 괴로움을 최대로 확대시켜 적발하는 일이야말로 김남천 앞에 놓여진 과제였다. 일상적 삶 속에서 제2단계의 작가의 실천 과제란 주체성 확보의 단 하나의 가능성인 이유가 여기서 말미암는다. 그러한 실천행위가 아직도 주체성의 확립에까지 나아가지는 않았으나, 거기에로 나아가는 과정의 하나로, 제3자적인 실험적 관찰적 단계가 「소년행」계열이라 할 수 있는데, 그 머리에 놓인 것이 「남매」(1937)이다.

이 작품은 김봉근이라는 국민학교 3학년생이 가족관계 속에서 겪는 괴로움과 삶에 눈뜨는 과정을 그려, 마침내 가출하는 것을 다룬 것이며 이 소년이 6학년일 때의 경우를 다룬 것이 「누나의 사건」(1938), 「무자리」(1938)이고, 가출한 지 7년 뒤의 사건을 다룬 것이 「소년행」(1937)이다. 그러니까 「소년행」으로 묶을 수 있는 이 작품군에서 선명한 것은 「남매」와 그 속편인 「소년행」이 되는 셈인데, 이것은 성장소설의 일종으로 볼 수 있겠지만, 그보다는 한 인간이 어떤 과정을 통해 자기 주체성을 세워 나가느냐에 일층 날카롭게 초점이 올려진 것이어서, 작가 김남천이 자기고발, 자기 허위성 적발을 시도한 「처를 때리고」(1937)와 나란히 가는 것이어서 의미 있는 구조를 이루게 된다. 자기고발과 주체성 재건은 동시적인 것이어서 의미 있는 구조를 이루게 된다. 자기고발과 주체성 재건은 동시적인 것이어서 어느 하나만을 선택할 수 없는 형국이기 때문이다. 「남매」는 생부가 죽고 두 남매를 키우고 살기 위해 광부와 재혼하여 또 아이를 낳았으나, 그 광부가 직장을 잃고 무위도식함으로써 큰딸을 기생질을 시키고 있는 집안에서 자라는 소년의 고통과 가출을 다룬 것이다. 이를 두고 임화는 장문의 비평을 통해 「최근 발표된 누구의 작품보다도 문학을 통하여 독자의 면전에 인간고의 근원을 고발하려는 고매한 정신으로 불타고 있는 작품」이라 평가했거니와, 임화의 이런 평가는 가난이란 것이 사회적인 악으로 존재함으로써 그것이 어떻게 어른은 물론 무구한 어린이의 가슴을 찢어 놓는가를 고발한 작품이라는 시각에서 나온 것이어서, 김남천이 시도한 주체성 재건이라는 관점과는 어긋난 것으로 볼 수도 있다.

임화가 이 작품을 두고 계속해서 「악으로서의 빈궁이 어느 곳에서 원인하였는가의 문제는 충분히 제기되지 않았다.」(작가의 눈과 문학의 세계, 조선문학, 1937, 6, p.114.) 라고 한 점이 그 증거이다. 그렇지만 임화의 이 글은 <물논쟁>으로 인한 감정적 부채를 안고 있다는 점에서 평가될 수도 있는 것이어서, 두 카프 중심

분자의 내면풍경을 새삼 엿볼 수 있겠다. 그러면「남매」에서 과연 주체성 재건이 가능했던가. 이 물음은 결정적인 것이라 할 수 있는데, 주인공 소년이 가출하는 행위만으로는 주체성 재건의 과제에까지 나아간 것은 못 되었고 뿐만 아니라, 가출한 소년이 7년 후 청소년이 되어 약방의 심부름꾼으로 자기를 세워 나간「소년행」에서도 이 과제가 겨우 실마리만 보이고 있는 형편이다. 임화는 물론「남매」를 평하면서, 이 작품의 속편을 기대하면서도 가출한 소년의 상투적인 후일담이어서는 안 된다는 우려를 표명했는데, 과연 그 우려가 적중했는지의 여부는 이 시대 카프문학의 내면풍경을 이해하기 위한 조그마한 실마리라 할 것이다. 사기꾼으로 변신하여, 시골 기생인 소년의 누이 계향을 등쳐먹고 있는 옛날의 사회주의자인 박병걸과 누이를 한꺼번에 비판하고 자기 직업에 충실하는 일이 자동차와 산돼지 같은 <사이드카와의 경쟁>에 해당된다는 소년의 주장이 과연 주체성 재건일 수 있는가를 묻는 일은 다분히 회의적일 것이다. 10대의 청소년으로서 한 사회주의자의 내면이라든가 누이의 내면을 깊이 통찰한 것이 아니라, 다만 소년적인 직관으로 증오심을 드러내는 수준은 흡사 작품「물」에서 모양 생리적인 현상의 일종이 아닐 것인가 의심해 볼 수도 있기 때문이다.

김남천이「소년행」보다 한 달 먼저 발표한「처를 때리고」를 정확히 읽는다면「소년행」의 주체성 재건의 실패와 새로운 차원으로서의 자기고발 형식의 지속적인 발전에로의 방향성을 알아차릴 수 있게 되며, 따라서 이 작품은 장차 진행될「맥」,「경영」,「낭비」에 이르기까지 준엄한 자기고발 형식의 우람한 체계를 엿보게 한다는 점에서 특별히 주목된다. 이 작품은 김남천에겐 아주 모험적이며 치열한 것이었는데, 그 과정은 한편으로는 「고발의 정신과 작가」(1937.6.), 「유다적인 것과 문학」(1937. 12.) 등 평론을 펼치면서, 작품과 이론을 나란히 전개하여 상호보충을 꾀한, 전인적인 힘을 기울였다는 사실로써도 확인되는 일이다. 또한 이 작품은 일본 전향 문학의 대표작으로 알려진 中野重治의 「시골집」(1935), 村山知義의 「白夜」(1934)가 여러 모로 관련된다는 점에서 비교사상적 과제이고, 임화를 비롯한 카프간부들의 삶의 방식에 직접 간접으로 관련된다는 점에서 소설 이상의 의미까지를 던져 주고 있어 주목된다 (김윤식, 한국근대문학사상사, 한길사, 1984, 참조).

이 작품은 감옥에서 두 해만에 나온 왕년의 사회주의 운동가 차남수의 허위성 고발과 그를 통한 자기극복 곧 주체성 재건을 다룬 것으로 「소년행」 수준의 관찰적인 것보다는 훨씬 작가 자신의 내면풍경에 나아간 것이라 할 수 있다. 이 차남수는 적어도 임화나 김남천 자신을 가리키는 인물이며, 변호사 허창훈, 청년기자 김준호, 아내 최정욱 등의 인물도 임화나 김남천 주변의 인물들을 그대로 연상케 한다. 특히 차남수가 출판사를 설립함으로써, 자기의 생활적 기반과 그 나름의 사상활동의 또다른 방편으로 삼으려는 야망은, 카프간부들 특히 광산주 최남주의 자금으로 출판사 학예사를 만들어 삶의 터전을 삼았고 또 그 출판사에서 임화 자신의 책과 김남천의 창작집 「소년행」(1939)을 찍어 낸 임화의 경우와 흡사하여 주목된다. 그러나 작품 「처를 때리고」에서 강조된 것은 돈줄을 쥐고 있는 변호사인 허창훈의 더러운 야욕이라든가 그 수모를 겪으면서도 감추고 있는 아내 최정숙, 그리고 젊은 기자와 데이트를 한 아내의 고발 등과 그 속에서 차남수가 자기의 허위성 역시 깡그리 드러냄에 있지만 그것을 통한 자기 주체성 확립에는 아무런 도움도 얻지 못하고 있다. 김준호의 배신으로 말미암아 자기 자신을 철저히 까발긴 차남수도 갈피를 못잡고 있을 뿐이다. 라디오 체조의 호령소리에 갑자기 차남수는 어지러워 몸을 가누지 못한다는 것은 아무리 자기고발을 철저히 하더라도 그것이 막바로 주체성 회복에로 연결될 수 없음을 새삼 말해주는 것이라 할 것이다. 다만 이 작품의 기법으로서의 고백체는 심리소설 같은 것에 빠지지 않고 모랄 문제에로 나아갈 통로를 열었다는 점에서 평가될 만하다. 창작방법을 세계관과 분리시켜 놓고 나아갔을 때, 주인공이 방향성을 잃게 됨은 당연한 일이지만 그 때문에 소설로서의 최소한의 육체는 얻어낼 수 있었다.

(4) 창작방법으로서의 전향

김남천의 자기고발의 형식은 「춤추는 남편」(1939)을 거쳐, 「경영」(1940), 「낭비」(1941) 그리고 마침내 「맥」(1941)까지 이어지게 되며, 그 작품들의 성격은 직선적이고 단순한 사건을 통한 모랄 변화의 추구로서의 전향사상 과제에서 점점 소설의 육체를 충만하게 획득하는 쪽으로 나아왔음을 보여 준다. 미완의 「낭비」라든가 「경영」이 중편급이며 「맥」 역시, 요설에 떨어질 만큼, 육체적 풍요로움을 드러내고 있다. 이 사실은, 주체성 재건의 불가능성 또는 어려움을 새삼 확인시켜 준다는 점에서도 의미가 있지만, 그보다는 소설이란, 육체를 갖지 않으면 안 된다는 사실을 새삼 말해 준다는 점에서 평가될 성질의 것이며, 또 하나의 시각으로는, 이러한 자기고발의 형식이 사상전향 문제로 논의될 수 있다는 점이다. 소설의 육체 획득과 사상전향의 과제의 시각에서 논의를 해 본다면 무엇보다 「경영」, 「맥」이 그 정점에 오게 된다.

「경영」의 주인공은 아파트의 여사무원 최무경이다. 과부의 무남독녀인 최무경이 아파트 여사무원으로 취직한 것은 그의 애인이며 사상운동으로 말미암아 2년간 서대문형무소에 수감 중인 오시형의 뒷바라지를 하고, 또 오시형이 출감하면 이 아파트에 머물게 하고자 함이었다. 이 작품은 최무경이 2년(이 햇수는 전향자들에게 실제로 적용된 것)만에 출감하는 오시형을 마중가는 데서부터 비롯된다. 처녀의 몸으로 취직까지 하여 온갖 고생을 뚫고 뒷바라지를 한 그녀의 공적도 보람 없이 출감한 오시형은 평양서 온 그의 부친을 따라 가버린다. 수절하던 어머니조차 개가를 해버렸고 애인마저 놓친 최무경은 결국 아무도 믿을 수 없고, 오직 자기만을 위해 살기로 결심, 오시형을 위해 마련한 아파트에 자기자신이 든다는 것이 대충의 줄거리이다. 친일파요 유력인사인 아버지와 좌익사상가인 아들 사이를 갈라놓았던 장벽이 어째서 여지없이 무너지고 말았는가를 묻는 일이 우리의 관심사임은 새삼 물을 것도 없다.

작품상에 암시된 오시형의 전향 동기는 아버지를 따라 가기로 결정한 오시형이, 야속해 하는 최무경에게 독백이라도 하듯 낮은 소리로 읊조리는 다음 구절 속에 들어 있다.

> 옛날과는 모든 것이 다른 것 같애. 인제 사상범이 드무니까 옛날 영웅 심리를 향락하면서 징역을 살던 기분도 없어진 것 같다구, 그 안에서 어느 친구가 말하더니…… 달이 철창에 새파랗게 걸려 있는 밤, 바람 소리나., 풀벌레 소리나 들으면서 잠을 이루

지 못하는 때엔 고독과 적막이 뼈에 사모치는 것처럼 쓰리구……
(창작집 「맥」, 을유문화사, 1947, p.161.)

 이를 분석하면 영웅심리와 고독이다. 그러므로 전향 동기는 영웅심리의 소멸과 고독감 증대에 있었던 셈이다. 그러나 그 어느 것이나 추상적이고 실체가 없다. 이러한 상태에서 오시형은 평양의 부회의원이자 상업회의소 간부인 아버지를 따라 나서는 것이었다. 이 작품에 대한 작가의 강조점이 최무경에의 동정에 있음은 쉽게 파악된다. 다는 말로 하면 오시형이 최무경 앞에서 갖는 '부끄러움'을 작가는 몇번이나 암시하였다. 바로 이 점이 전향자에 대한 작가의 비판이자 안목이다.
 「경영」의 그 다음 이야기를 다룬 것이 「맥」이다. "방도 직업도 이제 나 자신을 위하여 가져야겠다"고 결심한 최무경은 아파트에 임시로 입주한 전직 대학강사인 영문학자 이관형과 사귀며, 그를 통해 전향자 오시형의 사상적 과제와 인간 됨됨이를 비교 검토하게 되는데 이로써 「맥」은 우리 말로 씌어진 전향소설의 최고봉을 이룬다. 작품 구성상에서 보더라도 오시형으로 대표되는 多元史觀과 회의론자 이관형에 의해 부분적으로 대표되는 일원사관을 대립시키고 그 사이에다 방향을 가늠하고자 노력하는 최무경으로 대표되는 지식인 일반을 놓음으로써 균형감각을 확보하고 있다.
 대체 오시형을 감옥에서 전향하게끔 만든 이른바 다원사관이란 무엇인가. 그것은 마르크스주의가 일원사관에 속한다는 점에서 일단 설명된다. 학문상으로 다원사관은 동양학의 건설이다. 일본을 맹주로 하여 대동아 공영권을 만들고, 그로써 서양과 대결한다는, 이른바 천황제 신앙사상도 이와 관련되어 있다. 한편 이관형이 바라보는 일원사관의 변형은 어떠한가. 최무경과 토론하는 과정에서 그것은 이렇게 드러난다.

> 동양에는 동양으로서 완결되는 세계사가 있다. 인도는 인도의, 지나는 지나의, 일본은 일본의, 그러니까 구라파학에서 생각해 낸 고대니 중세니 근세니 하는 범주(範疇)를 버리고 동양을 동양대로 바라보자는 역사관 말이지요. 또 문화의 개념두 마찬가지 구라파적인 것에서 떠나서 우리들 고유의 것을 가지자는 것, 한번 동양인으로 앉아 생각해 볼 만한 일이긴 하지오마는 꼭 한 가지 동양이라는 개념은 서양이나 구라파라는 말이 가지는 통일성을 아직것은 가져보지 못했다는 건 명심해볼 필요가 있겠지요. 허기는 구라파 정신의 위기니 몰락이니 하는 것은 이 통일된 개념이 무너지는 데서 생긴 일이긴 하지만, 다시 말하면 그들은 중세(中世)를 가지고 있지 않습니까. 그 중세가 가졌던 통일된 구라파 정신이 아주 깨어져 버리는데 구라파의 몰락이 있다고 하지 않습니까. 그러나 그들이 그들의 정신의 갱생을 믿는 것은 통일을 가졌던 정신의 전통을 신뢰하기 때문이겠습니다. 불교나 유교는 이러한 정신적 가치로 보면 훨씬 손색이 있겠지요. 조선에도 유교도 성했고 불교도 성했지만 그것이 인도나 지나를 거쳐 조선에 들어와서 하나로 고유의 사상이나 문화의 전통을 이룰 만한 정신적인 힘을 가지고 있지 못하지 않았습니까. 허기는 그건 불교나 유교의 탓이라기보다는 우리 조상들의 불찰이기도 하지만.
> (위책, p.223.)

이것은 기실 작가가 이관형을 통해 전향자 오시형을 비판하는 대목에 다름아닙니다. 서울 굴지의 무역상인을 아버지로 하고 누이가 음악전공, 아우가 三高독문과에 다니는 부르조아 집안의 출신인 이관형은 대학강사 자리에서 쫓겨난 뒤 허무주의 상태에 빠져 퇴폐적 삶에 허우적거리고 있는 청년이다. 통제경제가 바야흐로 시작되면 이 집안도 풍지박산의 위기에 서게 될 뿐만 아니라, 그 주변의 여러 독버섯 같은 기생충들도 함께 몰락할 운명에 있다.

학벌 파벌에 희생물이 되어 대학에서 쫓겨난 이관형이 문주란 같은 마담과 퇴폐적 삶에 빠졌다가 거기서 탈출하려는 몸부림이 최무경과의 만남으로 된 것이다. 물론 두 사람이 서로 호감을 갖고 마음을 열 수도 있지만 그러한 전망을 아직도 떠올릴 수 없는 상태에서 「맥」은 끝나고 있다. 물론 우리는 어째서 이 작품의 제목이 「맥」인가를 물을 수 있다. 아마도 작품상의 겉주제는 「맥」의 의미에 있을 것이다.

> 인간의 역사란 저 보리와 같은 물건이다. 꽃을 피우기 위해서 흙속에 묻히지 못하였던들 무슨 상관이 있으랴, 갈려서 빵으로 되지 않는가, 갈리지 못한 놈이야말로 불쌍하기 그지 없다 할 것이다. (위책, p.224.)

이관형이 반 고호의 말이라 하여 최무경에게 들려 준 아포리즘이 곧 '보리'에 관한 것이다. 흙속에 묻혔다가 싹이 돋아 꽃을 피우는 쪽이 나으냐 갈려서 빵으로 되는 것이 좋으냐를 묻는 일과 흙속에 묻히는 것보다 갈려서 빵이 되는 것이 나은가. 그렇지 않으면 흙속에 묻혀서 많은 보리를 만들어도 그 보리 역시 빵이 되지 않는가, 그러니 결국 마찬가지가 아닌가를 묻는 일은 각각 다른 차원일 터이다. 작자는 "흙속에 묻혀서 많은 보리를 만들어도 그 보리 역시 빵이 되지 않는가"라는 쪽에 선 사람이 하이데거라고 했거니와 허무주의자인 이관형 역시 이쪽에 서고 있다. 그러나 최무경이는 "마찬가지로 갈려서 빵가루가 되는 바엔 일찌기 갈려서 가루가 되기보다는 흙속에 묻히어 꽃을 피워 보자"쪽에 선다. 미래에의 희망과 꿈을 파시즘의 계절에서도 품겠다는 것이다. 이런 점에서 '보리'는 상징적이다. 겨울을 견디는 식물 중 곡식으로서는 보리밖에 없기에 더욱 그러하다. 이렇게 보아온다면 「맥」의 겉주제는 ① 갈려서 당장 빵으로 되겠다는 전향자 오시형형 보리, ② 흙속에 묻혀 꽃을 피우는 과정을 겪는 최무경형 보리, ③ 어느 쪽이나 어차피 마찬가지라는 이관형형 보리의 대비에서 찾아진다. 그러나 이 작품의 참 주제는 따로 있다.

그것은 작가가 무의식 중에 드러낸 작중인물에 대한 애착에서 찾아진다. 「경영」에서 그러했듯 오시형의 부자가 단번에 화해한 사실을 작가가 지나가는 말투로 지적한 점이 그러하다. 출감 일년 후, 최무경에게 연락도 없이 서울에서 최종심의 재판을 받는 오시형의 모습이라든가, 재판관에게 다원사관을 피력하는 오시형 옆에 오시형의 아버지와, 오시형과 약혼설이 있는 도지사의 딸이 나란히 있는 모습을 작가는 여전히 지나가는 말투로 그려 놓았을 뿐이다. 바로 이런 점이야말로 작가가 최무경에게 갖는 애착이자 전향자 오시형에 대한 경멸의 표명에 다름 아니다. 그렇지만, 그 전향자가 과연 진정한 자기의 주체성 재건을 할 수 없었는가를 묻고, 그것이 시대성 탓으로 돌릴 수 있는가를 문제삼은 일은 여전히 의문으로 남게 된다. 세계관(이데올로기)과 창작방법의 분리에 관한 논의는 그 때문에 문학론의 원점이 아닐 수 없다.

(5) 창작방법과 세계관의 분리
-임화와의 대결 의식

소설의 육체획득은 소설가에겐 결정적인 대목인데, 바로 이 점이 비평가와 다른 점이며 또한 작가로서의 실천개념이 주체성 재건에로 쉽사리 연결되지는 않는 원인이 잠겨 있는 곳이기도 하여, 신중한 분석이 요청되는 항목이라 할 것이다. 사실상 김남천은 「처를 때리고」에서 「녹성당」에 걸치는 전향자의 허위의식 고발을 다룬 일군의 작품에서는 허위의식 고발쪽에서는 성공했으나, 그것으로써 주체성 재건에는 모조리 실패했다고 볼 수 있다. 왜 그럴 수밖에 없었는가를 두고 김남천 자신이 심각하게 생각했음엔 틀림없는데, 그 증거의 하나는 「대하」(1939)라는 가계사를 다룬 중풍속적인 장편을 시도한 것을 들 수 있고 다른 하나는 로만개조론의 일환으로서의 관찰문학론을 향한 집념이다. 지금껏 전향자의 심리 파악을 위해 그가 해온 일은 모랄론의 일환으로 흡수될 수 있는 것이지만 거기서 막바로 주체성을 이끌어 낼 수 없었고, 이 한계점을 넘어서기 위해 풍속(경풍속이 아니고 중풍속, 곧 풍속 이면에 있는 생산 제관계를 포함한 것)에로 나아가는 길을 택한 것이 「대하」였는데 그 역시 주체성 재건에는 직접적인 성과를 거두기가 어려웠다. 오히려 「대하」의 중심부에 놓인 서출의 박형걸이라는 인물 설정에서 적극성을 보여 줌으로써, <물논쟁>에서 그가 항의하고 이기영의 <서화>의 주인공에 접근하는 형국을 빚고 있는 것이다. 요컨대, 전향자로서의 현대의 지식인의 주체성 재건을 다루지 못하고, 개화기 쪽으로 후퇴한 꼴이 되고 만 것이다. 한편, 주체성 재건의 이론적 측면은 <주인공-성격-사상>이라는 도식으로 일관한 임화여서 일층 선명해졌는데, 비평가인 임화는 소설의 육체가 무엇인가를 알지 못했거나 관심권 밖이었던 만큼, 김남천보다는 자유로운 처지에 설 수 있었기 때문이다. 물론 여기에는 <물논쟁> 이래, 두 사람 사이에 깔린, 실천에 대한 자부심이라는 감정적인 측면이 끼어 있는 것이다.

<주인공-성격-사상>의 노선에 김남천이 맞세운 것이 유명한 <세태-사실-생활>의 도식이다. 소설의 육체를 얻는 방법을 만일 <주인공 성격 사상>에서 찾는다면 종래 카프문학이 일삼아 온 생경한 지도상을 주인공으로 내세워 그러한 초인이 초인적인 힘으로 모든 난관을 극복해 간다는 투로 쓰여질 것인데 그럴 때 그런 인물은 적어도 30년대의 진실 속에는 있을 수 없는 괴물이거나 공상적인 것에 떨어지고 말 것이다. 임화는 물론 이기영의 「고향」의 주인공이라는 이미 나와 있는 작품상의 성과를 두고 논의를 전개한 것이지만 그것은 썩 예외적인 것이라 할 수 있다. 김남천이 <세태-사실-생활>을 이에 대치시킨 것은 좀더 현실적인 전향자의 내면을 그리고자 하는 작가의 실천에서 말미암은 것으로 볼 수 있다. 이 길을 따라 나선 것이, 「낭비」, 「경영」, 「맥」인데, 이들 작품에서 주체성 재건이란 전향자에센 거의 불가능함을 잘 보여 주고 있으며, 오직 그 주변 인물인 최무경이라는 여자의 자기 발견과 이관형이라는 지식인의 허무주의만이 생생히 빛나고 있는 것이다. 풍속과 사실과 생활이 허무주의 색채를 띠면서 부각될 수 있는 것이 김남천에게서 일층 소중하였다. 물론 김남천이 이렇게밖에 될 수 없었는가에 대해 깊은 자기반성에 빠진 증거는 있다. 그의 머리 속에는 임화라는 존재와 그 임화가 치열하게 받들고 있는 <주인공-성격-사상>으로서의 이기영의 「고향」의 주인공이 긴장감을 띠면서 떠나지를 않았고, 이 긴장감 속에서 그의 창작의욕을 불태웠던 것으로 볼 수 있다. 발자국 연구노트시리즈로의 관찰적인 것과 체험적인 것(속·관찰문학소론)이 김남천의 <주인공-성격-사상>과 <세태-사실-생활>을 통일해 보이고자 하는 시도였던 것인데, 이러한 이론에 대응되는 작품이 단편 「이리」(1939)이

다. 그가 이 문제에 얼마나 큰 강박관념을 가졌는가를 엿보기 위해서는 이 작품 서두의 넋두리를 보면 족하다.

> 악이든 선이든간에, 세상을 송두리째 삼켜버릴 듯한 그러한 성격을 가진 사람을 대하고 싶다. 반드시 피곤한 신경이 파격적인 자극이거나 충격적이거나 그러한 색다른 맛을 구하야 보고 싶다는, 엽기적인 호기심에서 나오는 것만은 아닐 게라고 생각하면서 나는 오랫동안 그러한 성격을 탐구하기에 내심으론 적지 않은 노력을 거듭하여 보았다. 악의 아름다움, 혹은 선의 아름다움―그것보다도 악이라든가 선이라든가, 그러한 모랄이 개입될 여지가 없도록 우선 강렬한 것잡을 수 없는 성격의 매력―그렇게 나는 막연히 생각해 보는 것이다. 그리고는 잠시 동안이나마 이러한 매력에 휩쓸려서 나 자신을 송두리째 그곳에 파묻고 의탁하고 싶은 이러한 욕구―
>
> (창작집 삼일운동, 아문각, 1946, p.62.)

이기영의 「고향」에 맞먹는 작품을 쓰고자 한 것이 중풍속소설 「대하」였는데, 그는 제1부에서 중단하고 계속하지 못하였다. 임화와 이기영에 대한 핸디캡이 얼마나 그를 계속 괴롭혔는가를 위 인용이 잘 말해 주고 있어 인상적이다. 성격에의 의혹이 이토록 치열했지만 정작 그는 그러한 작품을 쓸 수 없었고 기껏 그런 실험작을 써 본 것이 「이리」였다. 무학현 독립문 근처를 아지트로 한 시골 처녀를 꾀어 인신 매매업을 인정·눈물없이 냉철하게 저지르는 악당 권가라든가 서상호라는 인물을 만들어 보지만 거기에는 소설적 진실을 담을 수 없었다. 두 악당이 함께 싸우다 죽는 것으로 끝을 맺어보지만 소설 「이리」는 한갓 실험작에 지나지 않았는데, 그것은 작가가 쟝가방이 나오는 프랑스 영화 「페페르모코」를 보고 친구와 술을 나누며 공상해 보는 헛것에 지나지 않았던 탓이다. 결국 김남천은 자기고발과 모랄감각에로 자기의 본령을 찾고 주인공 대신에 세태를, 성격 대신에 사실(시대성)을, 사상 대신에 탈사상으로서의 생활에로 나아갈 수밖에 없었는데, 그 결과는 「T일보사」(1940) 같은 통속소설이거나 「사랑의 수족관」(1939~1940) 같은 신문소설에로 나아가거나 아니면 자기고발과 모랄추구의 연장선상에 선 중편 「속요」(1940)라든가, 미완된 장편 「낭비」(1941), 「경영」, 「맥」에로 나아가게 된다. 여기까지 나아오게 된 것은 작가로서의 김남천의 지속성이고 또 그 나름의 성취이지만 동시에 그는 썩 중요한 것을 잃는 댓가를 지불해야 했는데, 그것이 곧 리얼리즘의 희박성이고, 얻은 것은 허무주의라는 달갑지 않은 선물이었다. 그 결과는 「국민문학」지에게로 나아가 「등불」(1942)과 함께 일본어로 쓴 「어떤아침」(1943)을 낳게 된다.

그렇다면 <물논쟁>에서 도도하게 제기되었던 그토록 중요한 과제였던 작가로서의 실천, 곧 주체성 재건이란 어떻게 되었는가를 다시 한번 우리는 묻지 않을 수 없게 된다. 주체성 재건을 위한 길은 <주인공—성격—사상> 쪽이 훨씬 몸이 굳어서, 유리한 처지에 있었다고 볼 수 있다. 그것은 비평가 곧 사상가의 관념적인 길인 까닭이다. 비평가란 몸이 가벼운 시인과 유사하여 정신적인 측면을 일층 강렬히 보존할 수가 있었는데, 그것은 곧 <회색의 세계>가 갖는 특권이기도 한 것이다. 몸 가벼운 비평가, 시인에 비해 소설가는 무엇보다 육체를 필요로 하는데, 이 육체는 <세태—사실—생활>을 떠날 수 없으며, 이것을 기반으로 하고, 조금씩 점진적으로 나아갈 수밖에 없다. 그러니까 소설가로서 실천에 나아간다는 것은 문학과 정치의 일원론에서의 일탈을 의미하며, 그 때문에 탈사상에로 나아가게 되는 반면 비평가, 시인으로서 실천에 나아간다는 것은 오히려 문학과 정치의 일원론에의 회귀를 의미하는 것이기도 했다. 30년대 <물논쟁>으로 비롯된 임화와 김남천 사이에 놓인 갈등은 서로 빛을 던지면서 일대 장관을 이루었던 것으로 그 내면풍경을 묘사할 수 있다. 그리고, 이 두 사람에 있어 역사에의 전망은 과학적이기보다는 유토피아적이었던 것으로 볼 수 있는데, 김남천의 경우 그의 「소설의 운명」(1940)이 루카치이론에 근거를 둔 것이긴 하나, 역시 과학적 검정이 아니라, 미래에 대한 막연한 유토피아적인 그리움에서 더 나아가지 못한 것이다. 「헤겔의 변증법」(甘粕石介역), 「문학의 본질」(누시노프), 「예술작품에 있어서의 세계관과 방법」(로젠타리), 「사상으로서의 문학」(戶坂潤) 등의 독서 범위에서 크게 나아가지 못한 김남천으로서는, 일제의 말기(암흑시대)가 <나는 살고 싶다>(「등대」)라는 생활인의 지평에서 결코 벗어나지 못한 것으로 보인다. 침묵 대신, 실천으로서의 소설행위를 감행하는 일은 여기까지가 가능성이었던 때문이다.

<물논쟁>에서 김남천은 작가의 실천문제를 레닌주의에서 파악하여 임화를 능가할 수 있었으나, 엄격한 자기고발을 추구하고 그 과제를 계속한 결과, 모랄이란 상대적이고 그 때문에 허무주의에 마주친 결과에 이르러, 임화의 눈빛에 몸둘 곳을 잃은 형국이었다. 곧 그는 레닌주의 대신에 작가의 실천을 다만 부르주아적인 시각에서의 그것으로 파악하고 만 것이다. 여기서의 작가의 실천이란, 침묵하지 않고, 어떤 상황 속에서도 계속 타협선을 찾아 <작품을 쓰는 일>에 지나지 않았다. 세계관을 분리한 상태가 아니면 이 일이 불가능하다고 그는 믿는다.

(6) 해방공간에서의 세계관 획득 과정
― 문학사적 원점

8·15해방은 무엇보다 김남천을 임화의 노선에 접근시키는 계기를 마련해 주었는데, 그것은 김남천이 소설 대신 비평가, 조직가, 지도자의 한 사람으로 부각된 점, 또 「3·1 운동」이라는 희곡에 손을 댄 점으로도 증명될 수 있다. 해방 뒤 김남천은 단편 「정거장」(1945)을 비롯 중단된 연재소설도 썼지만, 그러한 것은 한갓 여기에 지나지 않았다. 그는 작가로서의 실천과제를 레닌주의에로 재확인하는 과업에 스스로를 던져 넣은 것인데, 이는 곧 <물논쟁>에로의 회귀를 의미하는 것이기도 하다.

> 자기비판에 대하여서 통감한 것은 이번 문학동맹대회의 자격심사에 대한 문제인데, 심사라는 책임 있는 지위에 있어서 많은 항의를 듣게 되었는데, 부족한 것은 상호간의 자기비판의 불충분입니다.
>
> (문학자의 자기비판, 중성, 창간호, 1946. 2, p.43.)

이것은 봉황각의 좌담회로서 이태준·한설야·이기영·김사량·이원조·한효·임화·김남천 등 중요 문인 8명이 해방 후 한 자리에 모여 일제강점기에 살아온 자기비판을 감행한 거의 유일한 모임에서의 사회자 김남천의 발언 중의 한 대목이다. 이 좌담회(1945. 12 그믐날)가 이루어지고 있을 때 김사량·이기영·한설야 등이 서울에 있었음이 확인되거니와, 과연 이들의 해방 직후의 자기자세 정립의 표정을 엿보는 일은 매우 긴요한 과제라 생각된다.

이태준은 쓰다가 검열관계로 중단된 「다사의 월야」를 3부작으로 완성해 나갈 의향임을 드러내었고, 이기영은 농촌을 떠난 지 근 20여 년이 되어 농촌사정을 모르기 때문에 내금강산 부근 산촌으로 들어가 농사를 지으며 작품구상을 하던 중 해방을 맞았으므로 8·15 이전을 쓰느냐 그 이후를 쓰느냐를 결정하지 못해 망설이고 있음을 드러내었다.

문제는 임화의 경우인데, 그는 문인의 자기비판을 모랄의 수준에서 제기함으로써 이 문제의 핵심을 건드렸다.

> 이때, 만일 <내>가 일개의 초부로 평생을 두메에 묻혀 끝막자는 것이 한줄기 양심이 있었다면 이 순간에 <내> 마음속에 강잉히 숨어 있는 생명욕이 승리한 일본과 타협하고 싶지는 않았던가? 이것은 <내> 스스로도 느끼기 두려웠던 것이기 때문에 물론 입 밖에 내어 말로나 글로나 행동으로 표시되었을리 만무할 것이고 남이 알 리도 없을 것이다. 그러나 <나>만은 이것을 덮어 두고 넘어갈 수 없는 이것이 가지비판의 양심이 아닌가 하고 생각합니다.   (위책, p.44.)

임화의 이 목소리는 「처를 때리고」 이후, 일신상의 모랄과 자기고발정신을 준엄하게 외치며, 자기 내부의 허위의식을 까발리고, 자기 양심을 과감히 고백하는 것을 작가로서의 최선의 실천 이념으로 삼았으며, 그로써 주체성 재건의 실마리를 삼고자 했던 30년대 중반 이후의 작가 김남천의 목소리가 아니고 무엇인가. 임화와 김남천은 해방공간에 선 자리를 서로 맞바꾼 형국이 아닐 수 없는데, 이러한 역전 현상이야말로 8·15해방이 두 문인의 정신사에 끼친 의의라 할 것이다. 이 자리바꿈은 <주인공—성격—사상>의 자리에 김남천이 서고, <풍속—사실—생활>의 자리에 임화가 섰다는 것 이상의 의미를 갖는데, 이 사정을 분석하는 일은 해방공간의 정신사 구명에 결정적인 대목이라 할 것이다. 앞의 인용에서 보듯 김남천은 문학동맹(문학가동맹의 전신)의 전국대회준비 위원이었고, 특히 문인자격심사위원이었다는 사실은, 자기고발, 자기회의의 차원에서 그가 얼마나 멀리 벗어났음을 생생히 말해 주는 것이다. 그는 지금 자기고발이라든가 양심의 괴로움에 고통을 겪는 쪽이 아니고, 심문관의 처지에서 도도한 목소리를 내고 있는 형국이다. 한편 임화는 해방된 서울에서 어떤 형상을 하고 있었던가, 근로자의 위대한 목소리가 유행처럼 흘러나오는 거리에 선 그는 부끄러움을 주체할 수 없었다.

> 부끄러운/나의 생애의/쓰라린 기억이/포석(포석)마다 널린/서울거리는/비에 젖어 아득한 산도/가까운 들창도/현기로워 바라볼 수 없는/종로거리
>
> (시집, 찬가, 백양당, 1947, pp.10~11.)

임화 그는 시종 부끄러움을 느꼈던 것인데, 이는 감옥에서 외로이 죽은 누이 순이라든가 동무들의 모습에 대한 살아남은 자의 부끄러움이며 그 때문에 「지팡도 재물도 없는/두 아이/ 가난한 아내」에게 그는 <노래처럼> 죽을 수 있는 용기를 북돋워 달라고 낮은 목소리로 말하는 것이다. 요컨대 비평가였던 임화가 시인의 자리에는 복귀한 것인데, 시인의 자리라는 것 때문에 작가로서의 실천과는 다른 영역을 보여 주게 된다. 그렇지만 시인 역시 비평가와는 다른, 창조적인 작업이라는 점에서는 작가와 공통되며, 이 점에서 그는 지난날의 김남천과 자리 바꿈한 것으로 된다.

김남천의 경우는 어떠한가. 문인 자기비판의 검열관으로 자신을

변화시켰을 때 그는 무엇보다도 육체를 위한 소설에서 멀어져 갈 수밖에 없었는데, 그 이유는 <주인공-성격-사상>에로 옮아감에도 상당한 시간이 걸린 때문이다. 만일 그가 해방공간의 자리바꿈에서, 작가로서의 자신을 세우기 위해서는 응당 <주인공-성격-사상> 노선으로 나아가야 하는데, 일단 이 노선으로 자리바꿈을 했지만 그것은 어디까지나 머리 속의 일이며, 실제 창작에 이 노선을 따르기 위해서는 상당한 수업과 시간이 필요하였다. 소설 대신 희곡을 쓴 것이 그 증거이다. 희곡은 <주인공-성격-사상>의 노선을 실험해 보는 장소였다. 그러나 희곡「3·1 운동」은 당원용으로는 부적합한 것이었는데 성격보다 사상 쪽이 앞섰기 때문이다. 희곡은 그 나름의 이론과 실천을 지닌 영역이어서 쉽사리 달성되는 것이 아니였다. 이 순간 김남천이 나아갈 길은 아주 선명히 굳어졌는데, 곧 비평가, 지도자의 자리가 그것이다. 당파성에 철저히 자기 몸을 이끌어 댐으로써 시도 소설도 비평도 굽어보는 위치를 확보할 수 있다. 당파성이란 무엇인가. 그것은 <물논쟁> 이전으로 회귀하는 일이어서 김남천에게 결코 낯설지 않다. 여기까지 나아오면서 우리는 다시 한번 해방공간에서의 문인들의 서열 개념을 염두에 둘 필요가 있겠다. 앞에서 보인 봉황각 좌담회에서 드러난 서열 개념은 이태준-한설야-이기영-김사량으로 되어 있고 임화는 이들과는 별도의 존재로 군림하고 있음이 은밀히 느껴진다.

한편 문학가동맹(1946. 2. 조직)에서 드러난 서열은 위원장에 홍명희, 동맹의 부위원장에 이태준·이기영·한설야이고 서기장에 이원조인 바, 그렇다면 임화와 김남천은 무엇인가. 평의원으로 되어 있는데, 이는 얼굴감추기의 일종일 터이다. 두 번째 조직 개편

(1946. 11)에서는 이기영·한설야가 빠지고 그 대신 이병기가 들어 왔으며, 서기장으로 김남천이 등장하며, 임화는 여전히 얼굴을 감추고 있다. 이를 정리한다면, 문학가동맹(남로당 문학, 문화의 중심부)의 표면상의 대표자는 이태준이었으나 그는 이원조와 더불어 1946년 가을에 월북했기 때문에, 임화를 빼면 김남천까지 얼굴을 감출 수는 없었다. 임화·김남천이 실세였음이 판명되며, 이태준·이원조는 허세였음이 판명되며, 이기영·한설야는 처음부터 허세였던 셈이다.

> 문학가동맹이 남로당의 문화의 중심부였으며, 그것은 박헌영의 8월 태제에 연결된 것이어서 부르조아 민주주의 이념으로 요약되며, 따라서 당파성을 처음부터 내세운 북로당 노선과는 거리가 상당히 있는 것이다. 그렇다면 남로당 문학노선의 핵심은 무엇인가. 임화가 그 이념을 제시했는데, 시민성에 대항하는 <인민성>으로 규정하고 있다.
>
> (김윤식, 해방후 남북한의 문화운동, 신동아, 1987. 참조.)

이에 비해 김남천은 당파성을 새삼 들고 나와, 강경노선을 제시했는데, 그것은 이른바 레닌주의로 집약된다. 말하자면 김남천은 임화보다 한단계 높은 위치에서, 당파성을 문제 삼아, 문학가동맹의 이념을 일층 보강시키고자 한 것이다. 다른 말로 하면 임화 쪽이 역사적 고찰에서나 현실적인 고찰에서 한층 유연성 있고 또 체험적인 것이라면 김남천 쪽은 도리어 관념적이라 할 것이다. 전국문학자대회(1946. 2, 6~8.) 보고석상에서 김남천은 「새로운 창작방법에 관하여」에서 진보적 리얼리즘을 제창했는데, 이것은 리얼리즘과 아이디얼리즘을 교묘히 결합시킨 절충안의 일종으로 볼 수 있다. 리얼리즘을 두고 주관을 객관적 현실에 종속시키는 것이라 규정하는데, 한편 이 아이디얼리즘을 두고 객관적인 현실을 주관적 관념에 종속시키는 것으로 규정하는데, 이 둘을 떠난 창작방법론은 있을 수 없다고 그는 단언하고 있다. 그렇다면 혁명적 낭만주의는 어디에 속하게 되는가. 김남천의 견해에 따르면 그것은 아이디얼리즘 속에 흡수되는 것이다. 그러니까 창작방법론에 있어서는 둘 사이의 우열은 있을 수 없다. 이러한 주장은 1930년대 중반에 임화가 리얼리즘을 두고,「확고하게 현실 가운데 뿌리를 박고 있으면서 동시에 현실에 대하여 날카롭게 대립하는 문학의 정신」(작가의 눈과 문학의 세계, 조선문학, 1937. 6, p.106.)이라 한 것의 다른 표현이라 할 수도 있겠다. 임화가 리얼리즘 속에 혁명적 로맨티시즘을 포함한 것이듯 김남천은 창작방법론으로서의 리얼리즘과 아이디얼리즘(낭만주의)을 다만 갈라본 것에 지나지 않는다. 그러나 만일 창작방법론과 세계관을 분리시키지 않고 연결시켜 논한다면 어떻게 할까. 30년대를 줄곧 김남천은 세계관에서 분리된 창작방법 그 자체만을 논의해 왔으며 이를 그는 <세태-사실-생활>이라 불렀다.

세계관을 거기에 연결시킨다면 그는 작가로서의 실천을 해나갈 재간이 없었던 탓이다. 해방된 이 마당에서는 당연히 세계관과 창작방법론은 연결시켜야 했는데 그 때문에 아이디얼리즘보다 리얼리즘을 우위에 두어야 한다는 것이 김남천의 주장이다. 아이디얼리즘은 세계관에 연결되지 않지만 리얼리즘은 막바로 세계관 곧 진보적 민주주의에 연결되기 때문이다. 김남천이 해방공간에서 시도한 것은 창작방법론을 세계관에 연결시켜야 한다는 것에 있고, 그것을 진보적 리얼리즘이라 했으며, 이때 말하는 진보적이라는 것은 해방공간의 정치적 이념을 진보적 민주주의라 본 까닭이다. 8월 태제에서 그것은 부르주아 민주주의라 했고, 조선독립동맹의 경우엔 신민주주의라 하여, 북로당노선과도 스스로 구분되는 것이다. 이 정치적 이념에 연결된 리얼리즘은 당연히 유물변증법으로서의 과학성을 떠날 수 없고 또한 그것은 혁명 과제인 만큼 혁명적 낭만주의를 내포하지 않으면 안 되는 것이다. 그러니까, 김남천의 진보적 리얼리즘이란 해방공간을 맞아 자기 자신을 재정립하는 고뇌의 표정이라 할 수 있으며, 그것은 세계관을 도입함으로써 비로소 달성되는 것이다. 지금껏 창작방법론을 세계관과 분리시킨 로젠타리의 이론에 따라 작가로서의 이론과 실천을 감행해 온 김남천으로서는 해방공간이 거대한 모습으로 그를 압도한 것이며, 철저한 자기비판이 한순간 감행되었음이 이로써 분명히 드러난 셈이다. 그렇지만 이 갑작스런 자기 변신에서 창작에까지 나아가기엔 시간이 모자랐다. 비평가, 이론가, 지도자로서의 몫을 감행하는 일이 일층 손쉬운 길이었으니 그가 문학가동맹의 두 번째 서기장으로 군림한 것은 이로 보면 실로 당연하다.

　김남천의 이러한 변신을 두고 볼 때, 결국 임화의 노선이 정당했다는 것의 승인이라 하지 않을 수 없으며, 그것은 물론 해방공간이 보증한 것이기에 역사적 성격을 갖는다. 30년대에서 해방공간까지 임화는 지속적인 자기노선 곧 창작방법과 세계관의 일치로서의 리얼리즘인 <주인공-성격-사상>을 지녀왔지만 해방공간에서는 그것이 훨씬 유연성을 띤 만큼 흡사 세계관을 창작방법에서 분리시킨 것처럼 비쳤던 것이며, 모랄 양식 등 자기비판, 자기고발조차 이끌어 넣어 그 자신을 유연성 있게 만들었던 것이다. 이 마주침에서는 김남천은 임화보다 일층 강경노선을 취했는데, 그것은 자기비판의 역작용에서 말미암은 심리적 현상이라 할 것이다. 그러한 현상의 징후는 「대중투쟁과 창조적 실천의 문제」(문학. 3호, 1947. 4)와 「당의 조직과 당의 문학」(레닌)에 대한 해제(같은 책)이다. 특히 뒤엣것은 레닌의 문학예술의 기본노선을 상세히 해설한 다음 그 전문을 번역하여 실은 것인데, 이로써 김남천은 당파성을 작가의 실천개념으로 수용한 것이었다. 그렇지만 그 당파성이 번역수준이어서, 해방공간을 과학적으로 파악하여 적용하는 것과는 거리가 먼 것이다. 그 거리가 얼마나 멀다는 것은 다음 사실로 증명된다.

북로당문학예술동맹이 원산의 동인지 「응향」을 반동으로 파문한 사건이 일어났는데, 이는 소련의 흉내를 낸 것이지 진정한 한국적인 해방공간의 현실과는 직접적 관련이 없었다. 레닌그라드 작가대회석상에서 당중앙위원 주다노프(그는 레닌그라드방어전의 영웅이자 중장대우)의 연설에서 비롯, 잡지 「별」, 「레닌그라드」의 파문(1946. 8. 14)을 소련공산당 중앙위원회가 결정한 것을 한국의 북로당이 흉내를 낸 것에 지나지 않았다. 이를 남로당 문학기관지 「문학」에 전문 수록하고, 「응향」 사건을 나란히 실었으며, 그 같은 속에 임화의 인민성에 기초한 민족문학론(「민족문학의 이념과 문학운동의 사상적 통일을 위하야」)이 실리고, 또한 김남천의 레닌 논문 해제가 실려 있는 터이다. 이 기묘한 사건을 임화의 내면풍경을 통해 알아보는 일과 김남천의 내면풍경을 통해 알아보는 일은 상당한 차이가 있는 것이다. 엄밀히 따져보면 두 사람이 함께 북로당에서 일어나고 있는 변화 및 현실적 관계를 잘 몰랐으며, 그렇다고 서울에서 계속 뿌리를 내릴 수도 없는 처지에 놓였던 것이다. 그들이 함께 월북하여 해주 제1인쇄소에 거점을 둔 것은

1947년 가을이었으며, 이미 북로당은 북조선기지론을 제시하여, 남로당을 흡수하는 노선을 확인한 시기이기도 하였다. 이런 점에서 문학가동맹 기관지 「문학」 3호는 특별한 의미가 있고, 남로당 독자노선을 걸을 수도 없고 그렇다고 북로당노선에 흡수될 수도 없는 중간적인 망설임의 표정이 「응향」 사건 수용과 레닌노선 해제 및 인민성으로서의 민족문학론이다. 이 기묘한 만남의 자리, 망설임의 공간이야말로 우리가 주목하는 해방공간 3년 전 기간을 통한 원점이라 할 것이며, 오히려 우리 근대문학사는 이 원점에서 출발하여 위로 거슬러 올라가기 및 아래로 훑어 내려오기를 끊임없이 되풀이할 처지에 놓여 있다고 할 것이다. 이 원점을 자기고발과 주체성 재건에 수렴시킬 수 있음은 새삼 말할 것도 없다.

김남천 창작방법론 연구

채 호 석

Ⅰ. 서 론

　1930년대의 한국 문학사를 검토한다는 것은 매우 의미 깊은 작업이다. 그러나 이 말은 결코 그 이전의 문학사 또는 그 이후의 문학사를 검토하는 것이 무의미하다는 것을 말하는 것은 아니다. 봉건사회의 질곡을 깨치고 近代로 향하여 나오려는 움직임이 드러나는 이조 후기의 문학, 제국주의의 침입으로 인해 자생적인 운동력이 패배하는 개화기, 근대문학의 수립을 위해 노력하면서, 한편으로 피지배계급, 억압받는 계급을 인식하기 시작하고 그것이 하나의 운동으로서 정착되는 20년대, 그 모두가 검토할 만한 충분한 의미를 지니는 시기이다. 그럼에도 불구하고 30년대의 문학에 큰 의미를 부여하는 것은 30년대 문학사가 '인간의 삶의 과정에 있어서 문학은 어디에 위치하여야 하는가'라는 문제를 제기함과 아울러 그에 대한 여러 가지 대안을 제시하고 있기 때문이다. 1930년대 초의 정치 곧 문학이라는 사고나 1930년대 후반의 소극적 저항의 한 방식으로서의 순수 문학의 지향, 또는 식민지 지배 권력에 굴복하고 마는 친일문학은 모두 위에서 제기한 문제에 대한 대답이기 때문이다. 그것이 극단적인 형태를 띤다는 점에서 30년대의 의미가 드러나는 것이다.

 이상과 같은 점에서 김남천이라는 문학인을 1930년대의 문학사와 연관시켜 보는 것도 중요한 의미를 띤다. 단지 그가 1930년대 전반에 걸쳐서 활동을 했다는 단순한 의미에서 문제가 되는 것이 아니라 '인간의 삶에 있어서 문학이 어디에 위치하여야 하는가, 또한 문학은 어떠한 의미를 지니고 있는가'의 문제를 끊임 없이 제출하고 그에 대해 대답하지 않으면 안된다고 생각했던 작가이자 비평가였기 때문이다. 또한 작가이자 비평가였다는 점이 그를 더욱 문제적으로 만든다. 작가로서의 요구와, 작가를 지도해야만 하는 비평가로서의 요구를 한 몸에 지니고 있음으로써 제국주의적 파시즘의 폭압 아래서 "문학을 통한 개인적 실천에 대한 모종의 결단과 창작방법의 모색 문제"1)를 회피할 수 없었기 때문이다. 본고는 이러한 문제를 김남천이 어떻게 대면하고 해결해 나가는가를 그의 창작방법론의 변화과정을 중심으로 살펴보려 한다.

 김남천에 대한 연구성과는 그리 많지 않다. 그중 일정한 성과는 낳았다고 생각되는 연구가로는 金允植, 최유찬, 姜玲珠, 鄭豪雄 네 사람을 들 수 있다.2) ≪韓國近代文藝批評史硏究≫ (한얼문고,

---

1) 鄭豪雄, <30년대 리얼리즘문학의 한 양상>, ≪韓國學報≫ (1986. 겨울), P.130.
2) 이 외에도 김남천과 관계된 것으로 다음과 같은 논문이 참고가 된다.
 金周一, <1930년대 後半期 長篇小說論의 史的 考察>, 연세대 대학원, 1985.
 李東夏, <1940년 전후의 소설에 나타난 지식인상>, 국어국문학 94, 1985. 12.
 金東煥, <1930年代 韓國轉向小說硏究>, 서울대학원, 1986.

1973)에서 전형기의 문학을 다루는 장에서 이원조의 포즈론과 관련시켜 논한 金允植 敎授는 이후 ≪韓國近代文學思想史≫ (한길사, 1984)와 ≪韓國現代小說史硏究≫ (乙酉文化社, 1987)에서 계속적으로 김남천의 문학론을 다루고 있다. 특히 위의 두 저작은 김남천의 <小說의 運命> (≪人文評論≫, 1940. 11)에서 드러나는 루카치의 소설론과의 연관관계를 중심으로 살피면서 파시즘의 시대에 문학을 통한 시대의 넘어서기를 감행하는 김남천의 모습을 잘 드러내 준다. 姜玲珠의 경우[3] 장편소설론을 중심으로 당대의 소설론을 검토하면서 김남천의 소설론을 포함시키고 있다. 최유찬의 경우[4]는 변증법적 리얼리즘, 사회주의 리얼리즘, 비판적 리얼리즘의 의미를 검토하면서 각각의 중심을 김기진, 임화, 김남천에 두고 있는데, 김남천을 30년대의 제 평론을 규정하고 척도하는 자(尺)로서 설정하고 있다. 그러나 20년대의 규준으로서의 김기진과 30년대 후반의 김남천이 리얼리즘이라는 측면에서 어떠한 연관관계를 지니는가를 밝히지 않고 있음으로써 20년대와 30년대를 연속적인 것으로 파악하지 못하고 있을 뿐만 아니라 그럼으로써 리얼리즘에 대한 연구가의 입장도 일관성을 획득하지 못하고 있다. 정호웅의 경우[5]는 이와는 달리 김남천의 창작방법론과 작품을 함께 검토하면서 김남천의 두 축을 '작가의 결단'과 '리얼리즘'으로 설정하고 그 두 축이 어떻게 교차하면서 진행되고 있는가를 드러내려 하고 있다. 이상의 제 연구성과는 공통적으로 '리얼리즘'을 김남천의 중

    徐經錫, <1920~30年代 韓國傾向小說硏究>, 서울대학원, 1986.
    柳潽善, <1920~30年代 藝術大衆化論硏究>, 서울대학원, 1986.
3) 姜玲珠, <1930年代 小說論攷>, 서울대 대학원, 1976.
4) 최유찬, <1930년대 한국리얼리즘론 연구>, 연세대 대학원, 1986.
5) 정호웅, 윗 글.

심으로 삼고 있으며, 그를 통해 30년대 리얼리즘 논의의 수준과 발전가능성을 드러내 주었다는 점에서 큰 성과를 낳았다고 생각된다. 그러나 김윤식 교수의 경우 39년말 40년대초의 평론에 지나치게 편중하여 논의함으로써 그 이전의 모습이 약화되어 있으며, 또한 루카치의 수용 양상 및 장편소설 논의에 과도한 비중을 두고 있다. 강영주, 최유찬의 경우는, 전자는 동시대인과의 대비에 한정이 되고 있고 후자는 35년 고발문학론에서부터 40년대 루카치에 이르는 과정을 고발문학이라는 큰 틀 속에 묶어 설명함으로써 그간의 변화를 부차적인 것으로서 설명하고 있는 한계가 보인다. 정호웅의 경우 종전의 평론만을 다룸으로써 드러난 한계를 극복하기 위해 소설에 대한 검토를 포함시켜, 소설과 평론을 함께 논의함으로써, 김남천에 대한 전체적 조망을 시도하였으나 평론과 소설의 내적인 연관관계에 대한 해명이 부족하여 평론과 소설이 이분화되어 있는 양상을 드러내고 있다. 특히 소설에서 귀착되는 '소시민적 생활에의 안주'와 평론에서 드러나는 '시대의 넘어서기' 사이의 관련에 대해서는 더 많은 깊이 있는 천착이 필요하다고 생각된다.

본고는 이상의 제 연구성과를 충분히 수용하면서 김남천의 창작방법론의 변화과정을 중심으로 살펴보고자 한다. 김남천의 경우 그의 창작방법론과 작품 활동을 분리하여서는 올바른 결론에 도달할 수 없음은 물론이다. 왜냐하면 당대 비평가의 한 사람인 安含光의 표현대로, 그의 창작방법론과 실제 작품 활동과의 관계는 "이론(주장)과 실제의 경주"[6]이기 때문이다. 다시 말하면 그의 창작방법론은 그의 창작적 경험을 바탕으로 한 것으로 작가적 입장

---

6) 安含光, <作家・南天論:文學의 主張과 實驗의 世界. ―「大河」의 作者의 거러온 길>, ≪비판≫, (1939. 9), P.63.

에서 빚어진 것이기 때문이다. 이러한 사실이 그의 방법론과 작품을 분리시키기 어렵게 만든다. 그러나 그것이 창작방법론과 작품과의 관계가 언제나 직접적이라는 것을 의미하지는 않는다. 왜냐하면, 우선적으로 창작방법론이 논리적 성격을 띠지 않을 수 없는 것임에 비해서 작품의 경우 삶에 대한 기본적인 감각에 밀접히 연관되어 있으며, 또한 언제나 직접적이지 않으면 안되기 때문이다. 그리하여 창작방법론과 작품을 동시에 다룰 때 빠지기 쉬운 위험은 그 어느 하나로써 다른 하나를 재단하던가 또는 각각을 완전히 분리시켜 추상화한 다음 그 추상화된 것을 대비해 봄으로써 작품과 창작방법론이 갖는 관계를 약화시키게 되는 것이다. 본고에서는 일단 김남천의 창작방법론에 초점을 맞추어 창작방법의 변화의 논리를 밝혀내고자 한다. 이는 이전의 연구성과에 대한 일정한 비판이기도 하다. 변화의 다양한 양상에 초점을 둘 것인가, 아니면 내재하는 지속성에 초점을 둘 것인가는 물론 양립할 수 있는 것으로 한편이 다른 한편을 배제하는 것은 아니다. 그러나 이전의 연구가 후자의 측면에 기울어져 있었으며, 주제별로 분리하여 동시대 평론가의 논의와 비교하는 데 노력하였음을 고려하여 본고에서는 전자의 측면을 밝히는 데 노력하고자 한다. 이는 또한, 창작방법론 연구가 단순히 이론적 수준의 검토에서 그쳐서는 안된다는 점에서도 그러하다. 창작방법론은 한 시대를 살아가는 지식인 작가가 현실에 대응하는 방식의 하나로서 받아들여져야 한다(이는 물론 작품에도 해당되는 문제이다). 김남천의 창작방법론은 자기 자신의 한계와 동시에 시대의 중압을 돌파해 나가려는 의식의 소산이며 그 지향점에 리얼리즘이 놓여 있다. 김남천이 리얼리즘을 한계극복의 단 하나의 길로 삼았을 때, 그 리얼리즘이 어떠한 모습인가를 살피는 것이 바로 본고의 목적이 된다. 다시 말해서, 자신의 한계와 시대의 중압을 돌파해 나가기 위한 방식으로서의 리얼리즘이 어떻게 논리화되어 있는가를 살펴보려는 것이다. 이 때, 그의 소설작품에 대한 고찰은 부차적인 것으로 된다. 창작방법론의 내용·구조 및 변화의 과정을 확정하는 데 도움이 되는 한도 내에서만 작품이 검토될 것이다. 따라서 작품의 선택이 불가피하게 되는데, 본고에서는 다음과 같은 기준에 따랐다. 첫째로는, 자신의 창작방법론과 극히 밀접한 관계를 갖는 작품으로서,「춤추는 남편」,「처를 때리고」,「제퇴선」,「대하」등의 작품이 이에 속한다. 이들 작품은 김남천이 자신이 제시한 창작방법론을 직접적으로 적용한 것들로, 이들 작품을 통해서는 창작방법이 실제적으로 어떻게 적용되었는가가 드러날 뿐만 아니라, 전체적인 의식의 한계가 드러남으로써 다음 방법론으로 이행해 가는 계기를 포착해 낼 수 있으리라고 보인다. 둘째로는, 창작방법론과의 직접적인 연관관계는 없지만, 그럼으로써 오히려 김남천의 의식을 읽어 내는 데 필수적이라고 생각되는 작품이다. 이러한 작품으로는,「포화」,「철령까지」,「길 우에서」,「사랑의 수족관」,「속요」,「경영」,「낭비」,「맥」,「등불」등을 들 수 있다.

Ⅱ. 김남천 초기 비평의 양상―작가의 개인적 실천과 리얼리즘의 단초

김남천의 초기 비평활동은 1930년 6월 ≪중외일보≫에 金孝植이라는 본명으로 발표한 <영화운동의 출발점 재음미>를 시작으로 하여 KAPF해산 전까지의 활동, 즉 1934년 3월 ≪形象≫에 발표한 <창작방법에 있어서 전환의 문제>까지에 이른다. 여기서 초기 비평이라고 하는 이유는 첫째, 본고의 직접적인 연구대상이 되는 일련의 창작방법론을 제창하기 이전의 것으로 뚜렷한 변별점을 보여준다는 점에서, 그리고 둘째, 뚜렷한 변별점을 보이면서도 이후 그의 창작방법론의 형성에 직접적인 영향을 미치는 요인을 지니고 있다는 점에서이다.

김남천의 초기 비평은 그의 창작방법론 형성에 영향을 미쳤다라는 개인적인 의미를 가지고 있을 뿐만 아니라, 문학사에 있어서도 또한 의미있는 것이기도 하다. 1930년에서 1935년에 이르는 이 시기야말로 프로문학 운동사에 있어서 매우 중요한 시기이기 때문이다. 이 시기, 문학론에 있어서는 대중화로부터 촉발되어 프로문학의 정치성의 극대화를 보여준 볼셰비키적 창작방법론에서부터 시작하여 유물변증법적 창작방법론, 사회주의 리얼리즘을 거치는 예술의 특수성에 대한 인식의 심화와 리얼리즘론의 성숙을 거치면서 실제 창작에 있어서도 한국 리얼리즘 소설의 가능성을 보여주는 「고향」이 창작되었다. 그러나 또 한편으로는 외적인 압박이 가중됨으로 인해, 1931년도의 제1차 검거, 1934년도의 제2차 검거를 통해 1935년 조직이 와해됨으로써 문학과 운동이 강제적으로 분리되고 그 과정에서 프로문학 운동가들의 전향의 모습이 나타나는 시기이기도 한 것이다. 이 시기 김남천의 활동 모습은 한편으로는 상당한 부분 볼셰비키적 면모를 지속하고 있는 반면 또 한편으로는 볼셰비키적 모습에서 벗어나는 면모를 보이는데, 상호 연관되는 몇가지 중심개념, 당파성, 조직, 작가적 실천을 통해 살펴볼 수 있다. 당파성은 당대의 탈정치주의화 경향에 대한 비판으로서, 조직과 작가의 개인적 실천은 당파성의 확보와 올바른 문학작품의 생산, 그리고 그것을 통한 전체 운동과의 연계의 매개로서 설정되고 있다.

1929년 카프동경지부에 입회하면서 문예운동에 투신한 김남천은 제1차 검거사건 때 검거되어 카프맹원 중 유일하게 기소된다.[7]

---

7) 朝鮮共産主義者協議會 사건 관계기사 중 김남천과 관련되는 부분은 다음과 같다.
"…藝術을 통하여 선전할 것과 출판으로 선전하기로 하고 지난 봄(1930년 봄-인용자)에 안막(安漠) 임화(林和) 김효식(金孝植) 등이 조선내에 드러와『프로예술동맹』의 개혁을 부르지지며 한편으로 신간회(新幹會) 해소운동을 맹렬히 하야 그 기회를 타서 선전하게 되었다"(≪每日申報≫, 1931. 10. 6).
"작년 평양고무공장 맹파사건이 이러낫슬 때에도 김효식(金孝植) 한재덕(韓載德) 등은 평양으로 비밀히 내려가서 격문을 작성하야 맹파를 선동하고 평양노동자들과 연락을 취하야 공산주의를 선전하는 동시에 작년 합방긔념일(紀念日)에도 선전문을 작성하야 각치에 선동하게 되었다. 그 후 금년 2월경부터 고경흠(高景欽) 김효식(金孝植) 등은 공산운동재건을 꾀하고 영등포(永登浦)와 김포(金浦) 등지에서 수차 회합을 하야 조선공산당(朝鮮共産黨) 재건동맹(再建同盟)을 조직하고……"(≪每日申報≫, 같은 날자).
"네명(고경흠, 황학로, 김삼규, 김효식--인용자)은 역시『프로』예술운동 이외에 다시 조선을 각지로 도라다니며 공산당 재건운동에 분

그의 평론 활동은 주로 1933년 봄 출옥 후에 행해지는바 이 시기 평론의 초점은 당대에 보이던 탈정치주의 경향에 대한 비판에 모아진다. KAPF 내에서의 탈정치주의화 경향은 제1·2차 검거라는 객관적 정세의 압박의 와중에서 주로 '유물변증법적 창작방법'이니 '사회주의 리얼리즘' 등 선진적인 이론을 등에 업고 당대 소설의 고정화·유형화를 창작방법의 문제로 돌리면서 창작옹호론의 모습을 띠었다. 전자의 경우 申唯人을,[8] 후자의 경우 萩白(安漠)과 朴英熙를[9] 들 수 있다. 이들의 비판은 선진적 이론을 끌어들이면서 교묘히 '당파성'을 회피하는 모습을 띤다. 이러한 탈정치주의화 경향 및 실제 창작에 있어서의 저조 원인을 김남천은 조직의 문제에 두고 있다. 이 조직의 문제를 둘러싸고 프로레타리아 대중의 당면과제에 관한 문제, 작가의 개인적 실천에 관한 문제, 창작 행동에 관한 문제가 놓인다.

조직의 문제는 '운동성'과 매우 깊은 관련을 맺는다. 목적의식 논의를 거치면서 일본에 거점을 둔 '제3전선파'에 의해서 행해진 제1차 방향전환과 그에 따른 조직의 개편은 KAPF가 운동성을 띤 단체로서 전환함을 의미하는 것이었다. 그 이후 두 차례에 걸친 조직의 개편 시도가 이루어지는데[10] 이러한 개편은 어느 정도 일본 프로문학운동의 영향하에서 이루어지는 것이긴 하지만, 일제

주하던 인물들이다." (≪每日申報≫, 1931. 10. 17).
[8] 申唯人, <文學創作의 固定化에 抗하야>, ≪中央日報≫, 1931, 1~8.
[9] 萩 白, <創作方法問題의 再討議를 爲하야>, ≪東亞日報≫,,933.11. , 29~12. 7.
朴英熙, <最近文藝理論의 新展開와 그 傾向>, ≪東亞日報≫, 1934.1. 2~12.
[10] 安硏承, <朝鮮プロレタリア文藝運動略史> (≪思想月報≫, 1932. 1).

강점기 조선의 전무산계급운동 속에서 부문운동으로서의 문화운동 및 문학운동의 위상을 어떻게 설정할 것인가, 또한 전무산계급운동의 당면과제는 어떻게 규정되며, 나아가 이를 실천하기 위해서는 어떻게 조직을 구성해야 할 것인가 하는 문제와 더불어 문학운동에 있어서 실천은 어떠해야 하며, 조직을 여기서 어떠한 역할을 수행할 것인가 하는 문제에 대한 해답으로서 행해졌던 것이다. 조직에 관한 문제는 김남천에게 있어서도 중심적인 것으로 나타나는데, 문학론과 조직의 문제가 어떻게 연관되는가를 보자. 신창작이론의 수입이 다른 나라와 조선의 현실차이를 눈감은 직접적인 수입일 뿐만 아니라 당파성의 포기이며 따라서 조선 프로레타리아 대중의 당면과제 및 그와 밀접하게 연관된 조직 문제의 중요성을 간과했다고 비판하고 있다. 사회주의 리얼리즘의 수용 여부에 관한 논의에서 이 점은 잘 드러난다. 萩白의 <창작방법문제의 재토의를 위하여>에 대한 직접적인 반박으로 쓰여진 <창작방법에 있어서의 전환의 문제>에서, 추백의 오류는 "창작방법에 관한 문제를 우리 자신의 문제로서 하지 않고 헛되이 선진한 딴나라 동무들의 해결을 기대려 그 결과를 가져다 즉시 우리 자신의 슬로강으로 삼은" 것과 "소련에 있어서는 이 새로운 창작방법이 「랍프」의 조직상 개조와 동시적인 관련 속에서 제창되었던 것"을 몰각한 점이라고 비판하고, "…2, 3의 비평의 기계적 이식에 의하여 창작방법문제가 해결된다고 하여도 전체적으로 조선의 문학운동과 창작활동의 실천에는 하등의 기여가 없을 것"이라고 하면서 다음과 같이 말하고 있다.

> 이것(조직의 위대한 전환—인용자)이 없이 창작방법의 새로운

해결은 무의미하며 또한 조직문제와 전노력대중의 실천과를 떼여 놓고 문학이론만을 해결할 수 있다는 출생적 몽상과는 끝까지 다 투지 않으면 안될 것이다.11)

또한 '진실을 그려라'는 새로운 슬로간도 정치적 당파적 입장과 밀접한 관련을 가지지 않으면 안된다고 그는 말하고 있다.

　　최근 한설야·임화, 더구나 백철 등에 있어서는「킬포친」의 슬로강이 왜곡되어「진실을 그려라」가 일종의 유행으로 되었으며 이 슬로강은 여태껏의「×(당—인용자)의 문제를 그려라」와 대립하는 것으로 오해되기 쉬운 형세에 이르렀다.
　　사실「킬포친」이「진실을 그려라」하고 외쳤다고 하여서 그 뒤에 숨은 명백한 정치적 당파성은 빼아먹고「프로레타리아의 과제」라는 종래의 슬로강과 대치하여「진실을」객관적 眞을 하고 외쳐오는 유행은 일종의 정치주의로부터의 일탈이라고 보지 않을 수 없다.12)

이상 창작방법 문제를 둘러싼 논의를 통해 드러난 김남천의 태도는 창작방법의 문제가 선진 이론의 왜곡된 기계적 이식이어서는 안되며 프로레타리아 대중의 당면과제 그리고 조직의 문제와 깊이 연관되지 않으면 안된다는 것이다. 여기서 김남천이 당시의 KAPF 조직에 관해 어떻게 생각하고 있으며 그 방향을 어떻게 설정하고 있는지 살펴보자.

1. 현재의 문화운동의 당면과제는 '다수자 획득'이며 그것은 "계급으로서의 감성과 인식우에 안대를 쐬운 노력대중을 문화적으로

---

11) 金南天, <創作方法에 있어서의 轉換의 問題>, ≪形象≫ (1934. 3), p. 53. (이후 김남천의 평론의 경우는 이름을 생략함.)
12) 윗 글, p. 51.

계몽하기 위한 사업"이다.13)

2. 현재 카프는 객관적 정세의 악화, 主的 역량의 상대적 약화 및 자기비판의 부재로 침체 상황에 놓여 있으며, 조직이 원시적이며, 노력 대중 속에 그 기초를 뿌리박고 있지 못할 뿐 아니라, 중앙부를 싸고도는 문화주의적 경향, 실천에 있어서의 완만성 등 조직적 결함을 지니고 있다.

3. 따라서 카프는 조직적인 전환이 필요하며, 문화운동의 통일을 위한 지도기관이 되어야 한다. 이를 위해 당면과제에 대한 구체적인 테제의 검토가 필요하다.

4. 작가의 문제에 있어서도 조직의 훈련과 교육이 필요하다. 캎푸후 작가의 진정한 전진 그것은 「캎푸후」라는 그것의 진정한 발동을 떠나서 있을 수 없는 것이다.14)

5. 작가는 조선 프로레타리아 당면과제를 "작가 자신의 체험속에 소화시킬려면 작가의 결단적인 실천이 문제"된다.15)

이상에서 보아온 것처럼 김남천은 창작에 있어서의 당파성, 문학운동에 있어서의 조직의 중요성을 강조함으로써 30년대 초반의 볼셰비키화 노선에서 벗어나지 않고 있다. 그러나 당파성, 조직에 대한 강조가 신창작이론의 탈정치주의화 경향에 대한 올바른 비판으로서의 의미를 지닌다고 하더라도 그에 대한 적절한 대응은 되지 못하고 있다. 김남천이 창작방법론의 조선적 현실성을 들어 논하고 있음에도 불구하고 김남천은 그 창작방법에 대한 이론적 논

---

13) <雜誌問題를 爲한 覺書>, ≪新階段≫ (1933. 6), p. 81.
14) <文學時評-文化的 工作에 關한 若干의 時感>, ≪新階段≫ (1933.5), p. 80.
15) <創作의 態度와 實際-當面課題의 認識>, ≪朝鮮日報≫, 1934. 1. 9.

의는 결여하고 있는 것이다. 이런 점에서 김남천 자신의 작품 「물」(≪형상≫, 1933. 6)과 「서화」(≪조선일보≫, 1933. 5. 30~7. 1)를 둘러싼 임화와의 논쟁은 큰 의미를 지닌다.16) 구체적인 작품을 놓고 행해진 이 논쟁은 '작가의 개인적 실천'의 문제로부터 출발해 창작방법과 작가의 세계관의 문제에까지 이른 것으로 김남천이 당시에 지니고 있던 문학에 대한 의식을 명징하게 드러내고 있기 때문이다. 논쟁은 「물」에 대해 임화가 그것은 있음직한, 있을 수 있는 사실을 그대로 그려놓은 작품일 뿐 계급적·당파적 견지를 결여한 '유물론적 레알이스트'의 작품이며 김남천은 프로문학 창작의 기본적 태도를 몰각하고 있다고 혹평한 데서 발단된다. 「물」은 "인간의 구체성 - 이 구체성의 보다 더 구체적인 구체성인 인간의 계급적 차이는 죽음도 「살어」있지 않"17)으며 '沈厚한 경험주의', '심각한 생물학적 심리주의'만이 흐르는 작품일 뿐이라고 하면서 임화는 이것을 唯人식의 우익적 편향과 결부시키고 있다.

이러한 경향은 우리들의 문학의 최대의 위험인 우익적 日和見主義 - 그것은 정치적으로 문화주의의 형태로 낫하나는 - 의 명백한 顯現의 한아이다. 이 문제는 他日 이러한 창작상의 편향을 나

---

16) 김남천과 임화 사이에서 벌어진 이 논쟁은 그동안 연구계에서 주목을 받지 않고 있다가, 柳潽善의 <1920~30 年代 藝術大衆化硏究>, 徐經錫 <1920~30 年代 韓國傾向小說硏究>와 金東煥의 <1930 年代 韓向小說硏究>에서 비로소 주목을 받기 시작했다. 전자의 경우 리얼리즘에 관련된 것으로서, 후자의 경우 전향의 한 계기로서 파악되고 있다. 이 논쟁은 작가의 개인적 실천의 문제뿐 아니라 장편소설과 리얼리즘의 문제, 조직과 실천의 문제, 대중화의 문제 등 여러면에서 문제를 제기하고 있지만 본고에서는 직접적으로 김남천이 문제삼고 있는 개인적 실천에만 초점을 맞추어 살펴 본다.
17) 林和, <6月中의 創作 - 金南天作 「물」>, ≪朝鮮日報≫, 1933. 7. 18.

혼 일련의 창작이론과 함께 체계적으로 비판받아야 하고 끄님없는 투쟁의 砲火가 이곳에도 집중되어야 한다.18)

이에 대해 김남천은 임화가 가한 비판의 정당성을 일단 인정하면서 작가의 실천 문제를 제기하고 있다. 비평은 단지 결과적으로 나온 작품만을 문제삼아서는 안되고 그 작가가 어째서 그런 작품을 쓸 수밖에 없는가를 함께 비판해야 한다. 다시 말해서 그 작가의 작품행동 이전의 실천을 비판하지 않으면 작가를 올바른 방향으로 지도할 수 없는 것이다. 왜냐하면 "작품을 결정하는 것은 작가이며 작가를 결정하는 것은 어떤 혹자의 이론보다도 그 당자의 실천이기"19) 때문이다.

여기에 대해 임화는 김남천이 예술가의 실천과 작품의 창작과정을 직선적으로 척도함으로써 실천을 경험주의적 개념으로 바꾸어 버렸으며, 이러한 김남천의 견해는 형이상학적 도식주의일 뿐만 아니라 "진정한 맑스주의적 비평 대신 행정적 명령의 군림을 요구하는 복벽파의 음모"20)라고 하였다. 임화에 따르면 문학이 표현하는 바는 경험주의적 의미의 개인적 실천이 아니라 그 시대의 사회계급의 실천이며, 따라서 맑스주의적 비평은 개인의 실천을 포함한 사회적·계급적 생활의 전실천에 그 기초를 두어야 한다.

이 논쟁은 임화의 글 <작가와 실천의 문제>로서 일단락을 맺고 있기는 하나 실제적으로는 논쟁이 마무리되지 않은 것으로 보인다. 그 이유는 김남천이 철저하게 작가의 입장에 선 반면, 임화는

---

18) 윗 글.
19) <林和에게 주는 나의 抗議>, ≪朝鮮日報≫, 1933. 8. 1.
20) 林和, <批評에 있어 作家와 그 實踐의 問題>-N에게 주는 便紙를 代身하야>, ≪東亞日報≫, 1933. 12. 21.

비평가의 입장에서 한 걸음도 벗어나지 않고, 또 김남천이 작품 이전을 문제삼고 있는 반면 임화는 작품 자체를 문제삼고 있음으로써 각기의 논의의 위상이 일치하지 않았기 때문이다. 임화가 비평은 전사회적·계급적 실천에 기초를 두어야 한다고 했을 때 그것은 옳은 말이지만 그 이전에 발표된 평론과 함께 결부시켜 보았을 때 김남천이 의도했던 부분이 실제적으로 비평 방식의 문제뿐만 아니라 자신의 체험·실천을 통하지 않은 도식적 관념적 창작태도의 극복과 아울러 실제적인 실천은 하지 않고 말로써만 투쟁하려는 경향 및 '정치하기에는 용기가 없으니 문학이라도' 하는 식의 문화주의적 경향에 대한 비판21)이라는 점을 감안해 본다면 김남천의 문제제기에 대한 적합한 대응은 아니었다. 김남천의 문제제기는 프로대중의 당면과제를 소화하기 위한 작가적 실천이 필요하다는 단순한 작가의 체험 문제뿐만 아니라 문학을 한답시고 정치투쟁, 일상투쟁을 방기하고 있는 데 대한 문제제기이기도 한 것이다. 김남천의 논리에 의하면 중요한 것은 문학이 아니라 정치이며 문학인은 문학인이기 이전에 정치인이어야 하는데 여기에는 단지 그가 문학운동에 참여한 시기의 문학운동의 지도 노선이었던 볼셰비키화의 영향22)뿐만 아니라, 김남천의 개인적인 체험이 크게

---

21) "그럼으로 나는 누구를 향하야서도 「계급적인 일에 미련을 늣기고 정치운동을 할 용기가 업스니 문화운동이래도」하는 마음보를 가지고 정치운동에서 문화운동에로 방향을 돌닌 친구들의 일상행동에 대하야 항상 경계를 게을리 하여서는 안될 것을 말하야 오는 것이다"(<文學的 稚氣를 웃노라-朴勝極의 雜文을 反駁함> ≪朝鮮日報≫, 1933. 10. 12.).

22) 앞에서도 조직의 문제를 말하면서 언급한 바 있지만 이러한 김남천의 태도에는 볼셰비키적 경향이 매우 강하게 남아 있다고 보인다. 참고로 金斗鎔의 경우 다음과 같이 말하고 있다.

작용하고 있는 듯하다. 김남천은 고경흠 등과 함께 행한 일련의 정치적 행위로 제1차 검거 당시 카프 맹원 중 유일하게 기소되었으며, 그 이전 1929년에서 1931년까지의 동경 유학시절에도 문학과 아울러 정치적인 활동으로 일관했었다.23) 이러한 정치적 실천

"진실히 예술투쟁이 정치투쟁의 일부분이 되랴면 그는 정치투쟁의 한가운데에 서지 않으면 안된다"(<政治的視覺에서 본 藝術鬪爭 —運動困難에 關한 意見>. (≪無産者≫, (1929. 5), p. 7). 金斗鎔은 작가는 프로의 생활에 동참을 해야 하며, 예술운동은 정치투쟁 가운데에서 정치투쟁의 예술적 측면을 담당해야 한다고 본다.

23) 평양고보를 졸업하기 이전의 김남천에 대해서는 별로 알려진 바 없다. 김남천의 고향인 성천군 성천면에서 살다가 월남한 박중화씨(현재 성천면 면예면장)의 증언에 따르면 그의 집안은 중농이었으며 도조를 받아서 생활하였다고 한다. 그의 부친 김영전은 일제시대 군청 공무원으로 일했으며 해방후에는 성천군 인민위원장을 지냈다고 한다. 그의 장인(첫째부인)인 김화준은 일제시대 성천군수를 지냈다고 한다. 이로 볼 때 법정대에 입학하기 전의 김남천의 생활은 유족한 편이었던 듯하다. 1929년 평양고보를 졸업하고 일본으로 건너가 東京 法政大에 입학한 후의 김남천의 행적은 매우 정치적인 것이었음이 <豫審決定書>에서 드러난다. 참고로 김남천에 관련된 부분만 인용해 보면 다음과 같다.

"第二 被告人 金孝植은 昭和四年 三月 平壤公立高等普通學校를 卒業하고서 東京에 건너가서 法政大學豫科에 入學하였다가 昭和六年三月에 除名되어 歸鄕하야 小說 戱曲 等의 創作에 從事하얏는데, 이때 보다 압서서 東京在住中 朝鮮푸로레타리아藝術同盟 無産者社에 加盟하고 更히 署中休暇로 鄕里에 歸省中 昭和五年九月에 成川靑年同盟을 조직하야 그 執行委員이 되었는데 일즉이 朝鮮의 ㅇㅇ (解放—인용자)을 希望하고 또 共産主義를 信奉하고 잇던 터로 昭和四年十二月 東京法政大學構內에서 同校學生 平田義一卽의 勸誘로 同時에 前記 赤色救援會及同反帝國主義民族ㅇㅇ (解放—인용자) 支授同盟에 客其情을 알고서 加入하야 各各 法政班에 屬하는 同時에 法政大學內의 左翼團體인 讀書會及赤色스포츠단에 加入하고 또 左翼新聞雜誌의 配布網인 第二無産者社新聞法政班 無産靑年法政班及戰旗法政班에 屬하야 共産主義의 硏究 宣傳에 힘쓰는 等으로 頻頻히

과 제1차 사건 당시 이로 인해 오직 그만이 기소되어 옥중경험을 했다는 사실이 그로 하여금 작품을 결정하는 것은 작가이며 작가를 결정하는 것은 어떤 혹자의 이론보다도 작가의 실천이라고 말할 수 있게 했다.

그러나 좀더 문제적인 것은 「물」을 둘러싼 논쟁에서 김남천이 이중적인 태도를 보이고 있다는 사실이다. 김남천은 「물」이 프로문학의 본궤를 이탈하였으며, 멘셰비키적 경향에 빠져 있다는 임화의 비판을 인정하면서도, 실제적으로는 「물」을 옹호하고 있다. 김남천이 「물」을 옹호하는 기본적인 입장은 물에 그려진 것이 '현실'이라는 데 서 있다. 「물」에서 다루어진 감옥 내의 상황에서는 「물」에 그려진 것이 바로 '현실'이라는 것이다. 현재의 실천역량은 그 정도밖에 되지 않으며, 그것이 현실이라면 작품 「물」이 그 정도밖에 되지 않은 것도 당연하다는 것이다. 결국 김남천의 논의는 과거 프로문학의 도식성을 극복하고 참다운 프로문학, 당파성을 견지하면서 '산' 인간, '구체적'인간을 그린 작품을 생산해내기 위해서는 전체적 실천 역량의 제고와 아울러, 작가적 실천이 필요하며, 그를 위해서는 조직의 굳건한 재건이 필요하다는 것으로 귀착되는 것이긴 하지만, 김남천이 '현실'로써 자신의 작품을 옹호할 때, 그 때 '현실'의 의미는 무엇인가를 올바르게 파악할 필요가 있다. 이를 위해서는 30년대 초반의 그의 작품과 그에 대한 자기 비판을 검토해 보아야 한다. 볼셰비키화 시절의 작품으로는 희곡 「파업조정안」과 소설「공장신문」, 「공우회」가 있다. 이중 「공장신문」을 살펴보자. 수도물의 급수를 둘러싸고 자본가측과 노동자측

活動하얏다." (<高景欽等豫審決定書全文>, ≪朝鮮日報≫, 1935. 5. 27).

간의 대립이 생긴다. 노조가 결성되어 있기는 하지만 이는 어용노 조에 불과하다. 공장신문의 발간을 통해 어용노조를 분쇄하고 승리를 획득한다. 이것이 「공장신문」의 내용이다. 여기서 중심이 되는 것은 공장신문의 발행이다. 전위의 활동을 이해케 하라는 볼셰비키적 창작방법론을 충실하게 수행한 이 작품에 대해 김남천은 도식화, 이상화라는 점을 들어 자기 비판하고 있다. 김남천에 의하면 이와 같은 도식화, 이상화를 극복할 수 있는 방식이 조직을 통한 작가의 훈련과, 작가의 실천, 프로레타리아 당면의 과제를 자신의 체험 속에서 용해시키는 실천이다. 「물」에 나타난 현실은 바로 작가 김남천이 '체험한 현실'이다. 「공장신문」, 「공우회」에서 드러난 현실은 작가의 관념에 의해 만들어진, 작가의 세계관이 본래의 현실에 매개되지 않은 '관념적 현실'이었으며, 때문에 '전망의 과장'을 드러내고 있음에 비해, 「물」에서 드러난 현실은 작가 자신의 체험적 직접성을 지닌 현실이었던 것이다. 제1차 사건으로 오직 그만이 옥중생활을 경험하였다는 데 대한 자긍[24]과 그로 인해 얻어진 체험된 현실이 김남천으로 하여금 임화의 비판을 받아들이면서 동시에 옹호하게끔 하였다고 보인다. 여기서 나타난 김남천의 주장에 대해서는 두 측면에서의 비판이 가능하다. 첫째, 김남천의 논지를 충분히 수긍한다 하더라도, 임화의 비판처럼 경험주의적 오류에 빠져 있다는 점이다. 작가의 생활 실천이 작가의 작품 창작에 있어서 중요한 것임은 인정되어야 하지만, 작가의 개인적 체험의 측면에만 강조점을 두었을 때, 전체적인 실천 속에서 획득되어야만 할 것은 포괄하게 못하고 있을 뿐 아니라 좀더 넓은 의미에서 본다면 전 인류의 역사 속에서 축적되어 온 경험에 대한

---

24) 김동환, <1930年代 韓國轉向小說硏究>, pp. 13~22 참고.

고려도 배제되어 고립된 개인의 삶의 경험이라는 의미로 축소되고 마는 것이다. 그리하여 작가의 경험 -개인적 실천이 곧 작품이라는 기계론적인 사고를 벗어나지 못하게 된다. 또 하나의 비판은 그가 '물'을 옹호하는 근거가 되는 '체험된 현실'에 대해서이다. 앞서의 비판과도 관련이 되는데 김남천이 말하고 있는 현실이란 단지 직접적이고 감각적인 현실일 뿐 '구체적 현실'은 아니다. 여기서 구체성이란 직접적 감각성, 혹은 개별성을 지양하는, 즉 하나의 事象이 지니고 있는 제반 관계의 완전한 드러남을 의미한다. 그렇게 본다면 관념적 현실과 체험된 직접적 현실의 통합이야말로 리얼리즘이라 할 수 있을 것이다.

김남천이 보인 바, 자신의 작품을 대하는 태도의 이중성은 조직과 실천에 대한 강조로 인해 김남천 자신에게도 뚜렷이 의식되던 것은 아니지만, 1935년 조직의 해체 이후 창작방법론의 전개 과정에서 나타나는 '리얼리즘에 있어서의 세계관과 현실'의 관계 설정 문제의 단초가 된다는 점에서 의미깊다고 할 것이다.

이상에서 살펴본 바에 따르면 김남천에게 있어서 중심은 문학이 아니라 정치에 놓여 있었다고 보인다. 전무산계급운동에 밀접히 관련되어 있지 않은 문학은 의미가 없다. 그러나 그가 신창작이론의 수입에 대해 논하면서 조선적 현실성을 문제삼고 있음에도 불구하고 기실 그의 대답은 현실 반영으로서의 문학, 즉 리얼리즘 문학에 대한 이론적 측면보다는 실천성의 강조였다. 이는 그의 정치지향성에서 연유한다고 보인다. 뿐만 아니라 전무산계급운동과 문학운동을 매개하는 항으로서 조직을 중시함도 이에 연유한다.

작가의 개인적 실천에 대한 김남천의 강조는 당대의 문화주의적 경향에 대한 비판이라는 점에서는 매우 의미가 큰 것이었다.

그러나 임화의 비판처럼 '경험주의적' 도식으로부터 크게 벗어나지 못함으로써, 볼셰비키화적 오류를 극복하지 못하였다. 잔존하고 있는 볼셰비키적 경향과, 실천=작품의 도식화 등은 '현실'에 대한 새로운 인식-물론 제한된 의미의 경험적이며 체험적인 현실이기는 하지만-과 아울러 35년 카프의 해체이후 조직부재, 실천부재 시대의 창작방법론에 큰 영향을 미치게 된다.

Ⅲ. 창작방법론의 전개 양상

1935년에서부터 1940년까지의 평론계를 특징지우는 것은 제2차 검거사건과 그를 뒤이은 카프의 해산이다. 1931년 만주사변으로부터 시작된 일본 군국주의 파시즘의 강화는 더 이상 프로문학운동의 합법적인 공간을 허용하지 않게끔 되었다. 대부분의 조직원이 검거된 상황 속에서 35년 4월 28일자로 이루어진 카프의 해산은 다음과 같은 두 가지 의미를 가진다.

첫째, 카프의 해산은 조직적인 예술운동이 합법성을 상실했음을 의미한다. 종래의 카프가 단순한 예술가 단체가 아니라 운동단체였다고 할 때,[25] 카프의 해산은 조직이 지니는 운동성의 상실을

---

25) 제3전선파에 의해 주도된 1927년 9월의 방향전환 및 조직개편에 의해서 카프의 성격이 운동단체로서 규정된다.
　"… 푸로레타리아 藝術同盟은 無産階級藝術運動의 任務는 作品行動에 局限시키는 것이 아니라 우리는 全運動의 總機關이 指導하는 鬪爭을 實行하기 爲하야 우리의 藝術은 武器로서 되지 않으면 안된다. ……이러한 意味에서 朝鮮푸로레타리아藝術同盟의 藝術運動은 政治鬪爭을 爲한 鬪爭藝術의 武器로서 實行된다." (<無産階級藝術運

의미하며, 공산사회 건설을 최종목표로 하는 전 무산계급운동의 일부문 운동으로서의 예술운동은 지하로 잠적함으로써 완전한 비합법운동으로 전화하든가 아니면 운동성을 거세당한 채, 개인적, 합법적 차원에서 행해지든가 어느 한 편으로 귀착될 수밖에 없었으며, 운동의 핵인 당이 존재하지 않고, 전체운동 또한 점차 약화되어 가는 와중에서 前카프맹원이 택한 길은 후자의 선이었다.

둘째, 조직의 해체는 작가에게 전체적인 방침을 지시할 중심이 사라졌음을 의미한다. "完全의 일반적 방향을 지시할 지도방침이 缺除"26)된 상태에서 작가, 비평가는 각자 자신의 길을 모색할 수밖에 없게 되었다. 카프의 해산이 전 문단적인 의미를 지니게 되고 '전형기'라 이름할 만하게 된 것은 카프의 해체가 단지 프로문학운동에서의 지도방침의 상실만을 의미하는 것이 아니라, 상대적으로 비프로문학계열 그중 특히 민족주의 진영에서 형성되었던 대타의식의 소멸을 의미하고 있기 때문이다. 따라서 35년 이후의 토의는 개별적인 양상을 띠고 있으며 논의의 공통점을 보인다 해도 그것은 이미 카프시절과는 다른 의미에서이다.

動에 對한 論綱>, 《藝術運動》, 1927. 11). 또한 <新建設社> 사건으로 인한 제2차 검거시, 예심결결서에 카프는 다음과 같이 규정되고 있다.

"푸로레타리아 예술을 무기로 하여 부르조아 예술을 배격하고 마르크스주의를 선전하고 일반 대중에 대해 계급인식을 주입하고 궁극에 있어서 조선에 있어서 사유재산제도를 부인하고 공산주의사회의 실현을 목적으로 하는 조선푸로레타리아 예술동맹……" (<朝鮮プロレタリア藝術同盟員 檢擧と 左翼文藝運動の沒落>, 《高等警察報》 5, 朝鮮總督府警務局保安課, P.61).

26) 林 和, <朝鮮文學의 新情勢와 現代的 諸相>, 《朝鮮中央日報》, 1926. 2. 13.

카프의 해산과 그로 인한 문학운동의 위축, 몰락을 단지 일본 군국주의 파시즘의 강화라는 외적인 압력에 의해서만 설명한다는 것은 무의미하다. 내적으로 충분한 역량이 비축되어 있는 상황에서라면 그와 같은 급속한 몰락의 모습을 보일 수는 없다고 생각되기 때문이다. 문학운동이 외적인 상황과의 대립과 그에 대한 대응 그리고 변화시키려는 노력의 일환이라고 할 때 외적인 상황의 변화에 따른 주체적 활동의 변화는 필연적인 것이지만 그것이 급속한 몰락의 모습을 이해하기 위해서는 주체에 대한 검토를, 즉 다시 말하자면 주체측의 내적 역량을 문제삼아야 한다. 이 때 소시민 출신 문학가들에 의해 행해진 그 이전의 프로문학운동의 내적 허약성을 드러내는 것이라고 해석할 수 있다. 이러한 가설은 오랜 논의과정을 거쳐서 점검되어야만 하는 것이지만 검거 후의 혼란상황을 본다면 이와 같은 가설이 어느 정도 타당성을 부여받을 수 있을 것이라고 생각된다. 따라서 이 이후의 문학비평의 전개 특히 종전의 카프 지도자급이라 할 만한 사람들—임화, 김남천—의 문학비평의 전개는 이중의 부담을 짊어져야만 했다고 생각된다. 이중의 부담이란 우선은 주체인 소시민 지식인 자기 자신에 대한 점검 내지는 자아비판이며 또 하나는 그 이전의 문학비평이 현실적 적합성을 지니지 못한 데 대해 문학비평의 내적인 힘을 키우는 것이다. 1935년 이후의 비평은 이와 같은 관점에 의해서 비추어 보아져야 한다. 왜냐하면 이미 앞에서 언급한 바처럼 문학비평이건 또는 문학창작이건 현실에 대한 대응방식의 하나이기 때문이다. 이러한 의미에서 1935년도의 김남천의 창작방법론은 매우 의미 깊은 것이라 할 수 있다. 김남천의 창작방법론의 전개는 바로 이와 같은 두 문제를 해결하려는 노력의 소산이기 때문이다. 김남천에게서 이러한 노력은 전체적으로 두 흐름으로 나타나는데, 첫째는 자기수습의 방안으로서의 자기고발이며 둘째는 조선적 현실성을 지닌 창작방법론의 추구이다. 그리고 이 둘의 흐름은 창작방법으로서의 리얼리즘으로 나타난다.

본장에서는 이 시기의 김남천의 창작방법론을 크게 세 시기로 구분하여 검토하려 한다. 이 기준은 창작방법으로서의 리얼리즘 각각이 드러내는 차이와 자기 자신을 수습해 내는 방식의 차이이다.

1. 고발문학론:주체의 자기성찰과 매개되지 않은 세계관, 현실

자기고발과 고발을 포함하는 고발문학론을 제창한 이 시기는 김남천에게 있어서 혼돈과 모색의 시기라고 할 수 있다. 한편으로는 주체의 자기비판과 그를 통한 자기 정립을 추구하면서 또 한편으로 이것을 창작방법으로까지 끌어올리면서 리얼리즘을 추구하고 있다. 이 시기 무엇보다도 중요했던 것은 카프의 해산으로 인한 전체적인 상황의 변화와 자기 자신의 동요의 수습이었다. 카프라는 조직의 해체는 전 문단적으로 의미를 지니고 있는 것이지만, 김남천에게 있어서는 더욱 큰 의미를 지니는 것이었다. 왜냐하면 앞서 살펴보았듯이 김남천은 문예운동의 올바른 전진은 조직의 강화와 새로운 전환에 달려 있다고 생각하였으며, 조직의 훈련과 교육을 통해서만 정치주의자로부터의 일탈을 막을 수 있다고 생각했기 때문이다(Ⅱ참조). 특히 소시민 지식인의 경우 조직을 통해서, 그리고 작가의 '결단적인 실천'을 통해서 자신의 한계를 극복하고

전 무산계급운동에 참여할 수 있으리라고 생각했다. 따라서 조직은 소시민 지식인이 전체적 실천에 참여하는 매개로 된다. 조직의 해체는 이러한 매개항의 상실을 의미하며, 이제는 "자기의 출신계급을 따라 일개의 고립된 개인으로 귀환"[27]한 소시민 지식인들은 신념의 동요와 「패배의 심리」를 드러내는데, 김남천이 제시하는 새로운 창작방법론은 이 소시민 지식인의 자기비판으로부터 출발하여 리얼리즘에로 나아간다.

카프의 해산을 전후해서 논의되었던 사회주의 리얼리즘론은 "막다른 골목에 쫓긴 프로문학의 탈출구"[28]로서 제출되었으나 창작과 유리된 공소한 논의에 그쳤고 작가들은 이와 무관하게 창작에만 몰두한다. 더 이상 창작과 비평이 연결되지 못하고 비평의 지도성은 상실되었다. 창작방법이란 작품창작과 관련되었을 때만 힘이 될 수 있는 것이며 그것은 당대의 구체적인 상황 속에 뿌리박고 있을 때에만 가능한 것이다. 일찍이 사회주의리얼리즘론에 대해 역사적 구체성을 문제삼으면서 비판적인 태도를 취한 바 있는 김남천은 상실된 비평의 지도성을 회복함과 아울러 문단 현상을 타개해 나가려 한다. 김남천이 "莫斯科에서 출발하지 말고 조선의 20년대 신문학의 역사와 조선의 현실생활로부터 출발하라"[29]고 말한 것도 이 때문이다. 김남천은 비평의 지도성이 상실됨과 함께 프로작가 또한 이제는 더 이상 프로작가라고 할 만한 활동을 하지 못하고 있다고 판단했다. 현재의 작가는 "한 개의 인간이 객

---

27) <告發의 精神과 作家-新創作理의 具體化를 爲하야>, ≪朝鮮日報≫, 1937. 6. 1.
28) 金允植, ≪韓國近代文藝批評史硏究≫ (한얼문고, 1973), P.95.
29) <智識階級典型의 創造와 「故鄕」主人公에 對한 感想>, ≪朝鮮日報≫, 1935. 6. 28.

관적으로 걸머지고 있는 사회적 역할을 자기가 쓰고 있는 글이 만족하게 다하고 있는가 아닌가를 반성도 회의도 해보지 않은 명랑한 얼굴"30)로 "문학의 당파성의 포기와 자기비판의 결여가 묘사하는 추잡한 「문단 풍속화」"31)만을 그려내고 있을 뿐이다. 이러한 현상의 가장 큰 원인은 물론 객관적 정세의 악화이다. 그러나 또 하나의 큰 원인이 조선프로문학의 담당자였던 소시민 지식인이 지니는 소시민성과 세계관의 불확고성이라고 김남천은 파악한다. 김남천에 따르면, 소시민 지식인이 조선프로문학의 담당자였던 것은 조선의 특수성이다. 언제나 한 계급의 문학적 사업에 종사하는 자는 자계급의 지식분자이지만 조선의 경우, 노동계급은 상대적 유약성과 문화적 혜택의 결핍으로 자계급의 지식분자를 배출하지 못하고 대신 자각한 소시민 지식인이 프로문학의 담당자가 된다.

> 그러므로 이 새로운 문학의 계승, 제작, 활동은 揚棄할려는 출신계급을 문학적 실천 속에서 양기할려는 인텔리겐차의 손에 의하야 행하여지지 않으면 안되었다. 이러한 시민 계급의 방탕한 불효자식들은 이 과분한 그러나 남아일생의 천직으로 할 만한 새로운 문학의 개척자의 임무를 띠고 역사의 우에 등장하면서 장구한 시일 동안의 생활적 교양과 관습으로 인하야 뼈와 살을 이루고 있던 시민적인 혹은 소시민적인 자의성과 우유부단성을 그대로 가져다가 집단성의 밑에 종속시키고 이 문학적 실천을 통하여 완전히 자기자신의 고유의 유약성을 극복할려는 노력에 전심하지 않으면 안될 것을 각오하고 있었다.32)

---

30) <꼴키―에 關한 感想>, ≪朝鮮中央日報≫, 1936. 3. 14.
31) <創作方法의 新局面―告發의 文學에 對한 再論>, ≪朝鮮日報≫, 1937. 7. 10.
32) <告發의 精神과 作家―新創作理論의 具體化를 爲하야>, ≪朝鮮日報≫, 1937. 6. 2.

프로문학의 본래적인 담당자가 아닌 과도적 담당자로서의 소시민 지식인은 철저하게 집단성—조직33)—에 자신을 종속시키고, '사상적 무기'를 획득함으로써 소시민으로서의 한계를 극복할 수 있었다. 개인적 한계성을 집단에 종속시킴으로써 집단과 개인이 통일된 상태34)로부터 외적 압박에 의해 개인이 강제적으로 분리가 됨으로써 소시민 작가는 그 소시민성을 드러내게 된다. 그리하여 문학을 정치로부터 분리시키고 카프를 올바로 평가함이 없이 순수문학 또는 인간으로 귀환하거나, 비속한 평면적 리얼리즘으로 후퇴한다. 사회주의 리얼리즘 또한 정치성의 배제, 세계관의 의미 몰각 등으로 왜곡시켜 버렸다. 이는 소시민적인 자기합리화에 불과하다고 김남천은 본다. 따라서 현재의 극복해야 할 것은 과거 정치편향 시절의 문학의 관념성과 현재 보이고 있는 프로문학의 퇴행, 비속한 파행적 리얼리즘이다. 이를 극복하기 위해서 필요한 것은 사상적 무기의 확립-올바른 세계관의 체득-과 철저한 자기비판이다.

이러한 면에서 본다면 김남천이 「고향」평에서부터 자신의 창작방법론을 시작한다는 것은 의미 깊은 일이다. 그리고 그것이 장편인 「고향」 전반에 대한 것이 아니라 주인공 김희준이 어떻게 전형으로 되고 있는가를 살펴보고 있다는 사실은 매우 중요하다. 「고

---

33) 여기서 집단성에의 종속이 갖는 의미는 직접적으로는 카프를 의미하지만, 넓은 의미에서는 전 무산계급운동의 이데올로기에의 종속으로 볼 수 있다. 후자의 경우 카프는 하나의 매개가 된다.
34) <批判하는 것과 合理化하는 것과—朴英熙의 文章을 讀함> (≪朝鮮中央日報≫, 1936. 7. 26) 및 <告發의 精神과 作家—新創作理論의 具體化를 爲하야> (≪朝鮮日報≫, 1937. 6. 1) 참조.

향」은 경향문학에 있어서 리얼리즘의 일정한 성과라고 할 수 있다. 현실의 모순을 전체성 속에서 그려내어야 하는 것이 리얼리즘이라고 할 때, 「고향」 속에서 김희준이 전형이 되고 있다고 파악하고 그 전형 창출의 방식을 찾아 보고자 한 것이다. 김희준이 당대 지식인 계급의 전형으로 된 것은 김희준이 이전 시기 소설의 주인공에서 드러나는 관념성, 도식성을 벗어나고 있기 때문이다. 물론 관념성·도식성에서 벗어났다는 것은 상대적인 의미에서 그러하다. 즉, 볼셰비키화 당시 창조된 인물이 작가의 실천을 의탁한 전위로서 등장함으로써 현실이 한낱 대상화의 차원에 떨어지고 말았던 것에 비해서, 김희준의 경우 그렇지 않다는 의미가 된다. 소위 '완결된 인물'의 유형에서 벗어남으로써 소설적 공간을 확대시킬 수 있었던 것이다.35) 김남천의 「고향」평은 "35년도 최대의 수확"36)이라고까지 평가되었으며 리얼리즘에 있어서의 전형의 문제를 파고 들어간 것은 뛰어난 것이었으나, 김남천에게 자체부과된 한계성에서 벗어나지 못하고 있다. 자체부과된 한계성이란 다름아닌 김남천 자신의 의식과 깊이 연관되어 있는 것인데, 「고향」평이 작가와, 작가와 동일 계급에 속하는 주인공의 관계에 초점을 둔다는 점에서 일차적으로 한계를 지니고 있다. 즉 자기 자신을 비판한다는 당면과제에 깊이 몰입함으로써 리얼리즘의 영역을 축소시키고 있는 것이다. 주인공이 '완결된 인물' 유형에서 벗어나고 있다는 사실과 리얼리즘의 달성 사이에는 일정한 연관관계가 설정될 수 있지만, 전자는 필요조건이 아니라 결과라고 보는 것이 정당한 것이다. 김희준이라는 인물이 과연 당대의 전형이고 그리고 김희

---

35) 徐經錫, <1920~30年代 韓國傾向小說硏究>, pp.70~78 참고.
36) 林和, 윗 글.

준의 설정이 과연 「고향」의 리얼리즘을 규정하는 것인가는 「고향」
에 대한 철저한 분석이 뒤따라야 하겠지만, 김남천에 의해서 더
이상 「고향」평이 쓰여지지 않았다는 사실, 어쩌면 쓸 필요를 느끼
지 못하였을 지도 모른다는 사실은 주의를 요한다. 엥겔스가 말한
바 리얼리즘이란 '전형적 상황하에서의 전형적 성격'인 것이다. 이
와 같이 등장인물 특히 소시민 지식인에만 초점이 놓이고 있는 것
은 고발문학론 뿐만 아니라 그와 직접적으로 연계된 자기고발류의
작품의 한계로서 작용하게 된다. 아무튼 「고향」은 당파성을 포기
하지 않으면서도 결코 주인공을 관념적으로 이상화하거나 도식화
시키지 않은 작품이라는 점이 김남천에게 중요하였으며, 김남천은
김희준의 창출이, 이기영이 자계급에 대해 날카로운 '가면박탈'의
칼을 들었다는 점에서 기인하는 것으로 파악하였다. 구심적인 것
―소시민의 계급적 속성인 우유부단성 유약성―과 원심적인 것―
지식인으로서의 '上翔하려는 의지'―사이의 모순, 갈등을 은폐함이
없이 드러내 보이는, 자기 격파의 정열, 자기 자신이 지니는 소시
민성을 끝까지 추구하여 무자비하게 고발하는 정신을 창작방법론
으로 끌어올린 것이 '자기고발'로서의 고발문학론이다. 이처럼 '자
기고발'은 창작의 고정화 및 관념적 이상화를 극복할 수 있는 방
식인 동시에 지식인 작가의 자기 구원의 방식이다. 자기고발의 정
신은 '정치와 문학의 관계에 있어서의 정치의 우위성'을 주장하고
[37] 또 '문학과 정치 사이의 갈등에서 정치로 귀환하는 아름다운
과정'을 보인 고리끼를 흠모하면서도,[38] 실상 그렇지 못한 상황을

---

37) <春園李光洙氏를 말함―主로 文學과 政治와의 關係에 基하야>, ≪朝
鮮中央日報≫, 1936. 5. 8.
38) <「꼴키―」에 關한 感想>, ≪朝鮮中央日報≫, 1936. 3. 13.

인정할 수 밖에 없는, "진리라고 믿든 사상적 지주를 생활 속에서 잃어버리고 캄캄한 암야행로에서 우왕좌왕하는 지식인"39) 자신에 대한 비판의 정신, 비타협의 정신이다. 이렇게 본다면 자기고발로서의 문학은 결코 그 스스로 '진정한 의미에서의 민족문학'이라고 말하고 있는 프로문학40)일 수 없다. 오히려 철저한 지식인 문학이라 할 수 있다. 김남천이 맞닥뜨린 문제는 그 제재 자체가 너무 협소하며 그것이 변명문학, 자조문학 또는 신변소설로 떨어질 위험이 존재한다는 것, 그리고 그 자신 명확하게 밝히고 있지는 않으나 바로 지식인문학의 테두리를 벗어날 수 없다는 점이었으리라 생각된다. 김남천은 이러한 자기고발의 한계를 극복하려는 방식으로 고발문학론을 제창한다. 우선은 제재의 협소함을 극복하기 위해 대상을 '자신을 포함한 현실'로 확대하고 나아가서 리얼리즘과 연관시킨다.

> 한마디로 말하면 그것(자기고발—인용자)은 이 땅의 리얼리즘 문학을 이끌고 나아가기에는 너무 협착하였다는 것이다. 리얼리즘 문학은 결코 私小說과 情事해서는 안될 것이기 때문이다.41)

고발문학론은 '일체를 잔인하게, 무자비하게 고발하는 정신, 모든 것을 끝까지 추급하여 그곳에서 영위되는 가지각색의 생황을

---

39) <四月創作評—프로作家의 課題와 目嘲文學에 對하야>, ≪朝鮮日報≫, 1937. 4. 11.
40) ≪新東亞≫誌에서 행한 조선문학의 개념을 묻는 설문조사(35. 12)에서 김남천은 엄밀한 의미에서는 프로문학만이 조선문학이라고 할 수 있으며, 현 조선의 진정한 의미에서의 민족문학은 프로문학뿐이라고 하고 있다.
41) <告發의 精神과 作家—新創作理論의 具體化를 爲하야>, ≪朝鮮日報≫, 1937. 6. 5.

뿌리채 파서 펼쳐 보일려는 정열'이며, 공식주의도 정치주의도, 민족주의자, 사회주의자, 시민, 관리, 소작인, 그 모두를 준엄하게 고발하는 정신인 것이다. 그러면서 그는 그것이 곧 리얼리즘이라고 한다. 왜냐하면 조선의 현실은 '시대적 운무'로 가득 차 있는 상태이므로 이를 철저히 모사·반영을 하면 그것은 곧 고발이 될 수밖에 없기 때문이다. 김남천에게 있어, 리얼리즘이란 객관적 실재의 본질을 전형으로써 묘사하는 것이며, 작가의 선입견을 격파하고 주관을 철저히 객관에 종속시키는 것으로, 추상적 주관으로부터 출발하였든가 그렇지 않으면 현실적 소재를 이상화하고 억지로 타입을 창조하든가 현실의 일상세사만을 과장하며 그리는 것으로 작가의 주관에 의해 현실을 왜곡하는 아이디얼리즘과는 대립되는 것이다.42) 철저한 묘사·반영으로서의 고발문학론은 고발문학론의 출발점으로부터는 상당히 멀리 떨어져 있다. 왜냐하면 자기고발은 윤리적인 성격을 강하게 띠고 있는 단순한 문학의 문제만이 아닌 문학을 하는 자기 자신, 동시대의 문학인, 나아가서는 과거의 운동자에게까지도 걸쳐있는 문제이며, 현실에서 패배한, 그러면서도 아직은 정치적인 열정이 식지 않은 인간의 문제인 것이다. 그에 비해 '충실한 묘사·반영'으로서의 고발문학론은 그로부터 한걸음 문학 쪽으로 물러서 있다고 할 수 있다. 고발의 대상으로서의 소시민 지식인이나 현실은 각기 고립되어 있으며 상호 아무런 연관

---

42) 아이디얼리즘과 리얼리즘의 대립은 藏原惟人, <プロレタリア·レアリズムへの道> (《戰旗》, 1928. 5)에서도 보인다. 藏原惟人은 아이디얼리즘을 나누고, 리얼리즘을 다시 고전적, 봉건적, 근대적 리얼리즘으로 나누고 있다. 아이디얼리즘과 리얼리즘으로 구분하는 것은 이후 일반적인 개념으로 되는 듯한데, 甘粕石介의 《藝術論》 (三笠書房, 1935)에 주로 의지하고 있다.

성을 지니지 않고 있다. 고발은 자신과 세계에 대한 주관적인 거부이거나, 아니면 현실의 '관조적인 드러냄'이다. 비판하는 주체가 서 있는 자리는 존재하지 않는다. 한편으로 세계관, 올바른 것으로 믿고 있는 진리라는 것 또한, 완전한 것으로 존재하며, 획득되어야 될 대상인 것이다. 이처럼 고발문학은 문학 외적으로는 올바른 세계관의 획득을 지향하는 한편, 문학 내적으로는 자아와 현실의 주관적 부정이거나, 아니면 현실의 관조적인 드러냄에 불과한 것으로 주체와 세계관과 현실은 각기 분리된 상태로 놓여 있는 것이다. 이러한 분리에는 김남천의 주관적 의지와 자기 자신의 현상에 대한 인식으로부터 오는 불안, 그리고 리얼리즘이 '현실을 왜곡없이 반영'하는 것이라는 인식이 혼재되어 있다.

고발문학론의 특징적 양상인 세계관과 현실의 분리, 현실과 자신에 대한 주관적 부정, 그에서 나타나는 자기극복의 관념성은 그의 소설 속에서도 확인된다. 「공우회」 「공장신문」 등에서 드러났던 관념적 현실이 「물」에 있어서는 체험적인 현실의 직접성 따라서 추상적 현실로 드러나고 있음을 앞에서 살펴본 바 있다. 「물」의 현실은 전체성을 획득하지 못한 부분적인 것이었다. 이런 의미에서 「물」은 볼세비키화 시대의 소설과 고발문학론을 연결해 주는 매개적인 작품이라 할 수 있다. 자기고발에 속하는 작품들은 고발문학의 본질을 드러내 주는 좋은 예이다. 이들 작품은 '체험적 현실'의 강고함을 결과적으로 확인하게끔 해 준다. 김남천이 고발문학의 출발점에서 하고자 하였던 것은 관념적·도식적 주인공을 설정함으로써 왜곡되었던 현실을 올바르게 드러내는 것과, 또 한편으로는 자신을 포함해서 동요하고 있는 지식인을 구출하기 위한 방식으로서의 자기비판이었다. 자기고발류의 작품은 전자보다 후자 즉 자기비판에 더욱 큰 비중을 두고 있는 것이다. 따라서 그 설정 대상은 우유부단한 지식인, 혹은 허위의식 속에 살고 있는 지식인이다. 「춤추는 남편」의 홍태의 경우, 우유부단한 지식인의 대표적인 예가 된다. 전체와 그의 소생, 그리고 현재 결혼을 하지는 않았지만, 그의 옥중 생활 동안 뒷바라지를 해주었으며, 아버지를 통해 취직까지 시켜 준 영실과 그 소생인 혜라 사이에서 자기 자신을 결정하지 못하고 있는 상황이다. 그리하여 결국 그는 아내가 이혼 절차 수속비용으로 준 돈으로 술을 마시고, 모든 책임을 영실에게 전가시키고 만다. 허위의식에 사로잡혀 있는 지식인의 경우는 「처를 때리고」와 「제퇴선」에서 나타난다. 「처를 때리고」에서는 아내에 대한 의처증에 시달리면서 그래도 잡지를 통해 문학 사업이나마 해보려는 지식인의 패배가, 「제퇴선」에서는 마약 중독에 걸린 한 기생을 고쳐주려 하나 결국은 실패하고 마는 지식인의 모습이 그려져 있다. 이러한 모습들은 비판받고 타기해야 할 만한 소시민의 모습이며, 김남천의 의도는 우유부단하고 유약한 소시민 지식인을 적나라하게 드러냄으로써 극복의 발판을 만들어 보려는 것이다. 그러나 중요한 점은 결과적으로 '체험된 현실'의 강고함만을 드러내 주며 극복의 가능성은 드러나지 않는다는 것이다. 오히려 역으로 현재 보이고 있는 소시민 지식인의 모습으로 과거의 모든 행위에 대해서조차 부정의 모습을 드러내 주기까지 한다. 「제퇴선」의 마지막 구절은 작가의 발언이자 작가의 의도를 가장 명쾌하게 드러내 보인다.

하 하 하, 소시민 지식인의 양심이란 이런 것이다.

이는 현재 무기력한 자신에 대해 마약중독이 된 기생을 돕는다는 데서 의식상으로 만족하려는 전향자에 대한 비판의 말이긴 하나 그 이전의 모든 행위마저도 한낱 소시민 지식인의 양심의 차원으로밖에 평가하지 않는 것이다. 이 경우 관심은 행위와, 행위의 근저에 있는 행위자의 의식에만 집중됨으로써 전체적 시각은 획득되지 않는다. 이제 이들이 대결해야 하는 것은 자신을 그런 상태에까지 만든 현실이 아니라 자기 자신이다. 그러나 자기 자신의 극복이 자기 존재의 이전이며, 그것은 현실과의 대결을 통해서만 가능하다고 할 때, 김남천의 소설의 경우에 있어 가능성은 보이지 않는다. 김남천이 고발문학론을 통해서 해결하려 하였던 것은 프로문학에 있어서의 올바른 경향성의 확립이었다. 올바른 경향성은 작가의 '당파성'과 '객관적 진실' 사이의 긴장 속에서 변증법적으로 발전되어 나오는 것이다. 경향문학론에서 당파성의 요청과 객관적 진실을 반영하는 리얼리즘의 요청은 동시적인 것이지만, 예술에 대한 인식과 아울러 구체적으로 맞닥뜨려진 상황, 타개되어야 할 상황에 따라 당파성과 리얼리즘 사이에서 편향을 보이는 것이다. 볼세비키적 창작방법에서의 '前衛의 눈'에 대한 요구나 유물변증법적 창작방법에서의 '유물변증법'의 숙지가 '黨派性'에 강조를 둔 것이었다면 사회주의 리얼리즘의 경우 현실의 충실한 재현이라는 리얼리즘의 의미에 더욱 중점을 둔 것이었다고 할 수 있다. 당파성과 리얼리즘의 모순의 가능성이 문제점으로 된 것은 사회주의 리얼리즘이 제창되고 엥겔스의 발자크론이 루카치, 리프시츠 등에 의해 공개되면서부터였던 것은 잘 알려진 사실이다. 작가의 정치적 견해와 작품과는 불일치를 보일 수도 있으며 작가의 주관적인 견해 여하에도 불구하고 리얼리즘은 나타날 수 있으며 그것이 '리얼리즘의 승리'라는 것이다. 이와 같은 엥겔스의 서한이 발표됨으로써 세계관과 창작방법의 문제, 리얼리즘과 당파성의 문제는 논쟁적인 것으로 되었다.43) 사회주의 리얼리즘 논쟁이 전향 문제에 부딪친 카프성원들의 마지막 돌파구였다는 것은 이미 지적된 바 있다. 김남천에게 있어서도 세계관과 창작방법의 문제는 커다란 문제였다. 그가 작가인 경우 그 문제는 더욱 심각하다. 왜냐하면 소위 리얼리즘의 승리라는 것은 작가에게 있어서는 당혹스러운 것이기 때문이다. 진정한 리얼리스트, 위대한 리얼리스트라면 그가 설사 반동적인 견해를 가지고 있을지라도 세계의 본질을 드러낼 수 있을 것이라는 견해는 연구자의 사후적인 판단에 불과하다. 위대한 리얼리스트라는 판단은 그의 창작품이 진정한 리얼리즘에 도달했을 때에만 붙여질 수 있는 것이다. 그렇다면 작가는 어떻게 하여야 하는가. 김남천의 고민은 여기에 놓이는 것이다. 김남천은 사회주의 리얼리즘 논쟁에 대해, "리얼리즘 우에 부튼「쏘시알리스틱」이란 말이 조선에서는 구체적으로 무엇을 가르침인지 불문에 붙여 있었"으며, 작가들은 "리얼리즘 우에 부튼「쏘시알리스틱」이란 개념을 떼어버리고 그대로 平俗한 리얼리즘의 권내에서 安閑한 활동을 계속"하고 있다고 비판하고 있다.44) 김남천이 세계관의 올바른 획득의 필요성과 세계관과 창작방법의 모순의 가능성과 철저한 주관의 종속을 동시에 말해야만 했던 것도 소위 리얼리즘의 승리를 작가로서 소화해야만 했던 김남천의 입장에 근거한

---

43) 金允植, ≪韓國近代文學思想史≫ (한길사, 1984), pp.226~231와 金允植, <정치우위론의 사상사적 살핌> (≪文藝中央≫, 1986. 겨울) 참조.
44) <告發의 精神과 作家—新創作理論의 具體化를 爲하야>, ≪朝鮮日報≫, 1937. 6. 3.

다. 앞에서 김남천이 요구한 것이 올바른 의미에서의 경향문학이라고 했다. 김남천은 이를 <건전한 사실주의>라고 표명한 바 있다. 건전한 사실주의는 건전한 세계관과 리얼리스트의 정열을 갖추고 있어야 하는 것이다. 여기에서 말하는 건전한 세계관이란 유물변증법, 곧 마르크스주의를 말하는 것임은 물론이다.[45] 그러나 현 상황에서 조선의 지식인 작가는 이 유물변증법을 올바로 자신의 것으로 하지 못함으로써 일탈을 보이고 있는 것이다. 이것이 소시민이라는, 즉 본래적인 의미에서의 진보적 계급이 아니라는 점에서 연유하는 것이다.

> 진보적 작가는 원칙으로 말하면 우에서 본 바와 같은 세계관과 창작방법과의 모순으로부터 완전히 탈각하여야 할 역사적 지위에 있다. (윗점—인용자)

조선의 프로작가인 경우는 진보적 작가이긴 하지만 본래적인 진보적 계급이 아니므로 "철저한 사상적 무기가 필요"[46]한 것이다. 그 사상적 무기로써 작가는 착잡한 현실을 투철하게 간파하고 혼란한 현상 속에서는 능히 그것의 본질을 파악하여 그것을 예술적으로 종합, 창조하게 할 수 있다. 그래서 아직 그 사상적 무기—'진리라고 믿는 어떤 철학적 세계관'을 완전히 체득하고 있지 못한 조선의 작가로서는 자신의 주관을 철저히 객관에 종속시킴으로써만 리얼리즘을 달성할 수 있다고 본다. 김남천이 말하는 리얼리

---

45) 金允植 敎授의 경우 <건전한 사실주의>의 의미를 <사회주의 리얼리즘>에서 사회주의라는 관형사를 제거한 리얼리즘으로 보고 있으며, 나아가 고발정신을 시민정신이라고 해석하고 있다.
46) <創作方法의 新局面—告發의 文學에 對한 再論>, ≪朝鮮日報≫, 1977. 7. 14.

즘으로서의 고발문학론이 바로 이것이다. 김남천이 소시민 지식인으로서의 올바른 세계관의 획득이 필요하다고 하면서 당면의 창작 방법론으로서 고발문학론을 내세우는 것은 당연한 일이다. 그러나 그는 세계관과 리얼리즘이 갖는 관계에 대해서는 언급하고 있지 않다. 그는 세계관의 규정적 역할을 이해하고 있었고 그 때문에 올바른 사상의 획득을 주장하였다. 그렇다면 오로지 현실 그 자체를 추구하는 리얼리즘이란 무엇인가, 그것은 어떻게 전형으로서 현실의 본질을 드러낼 수 있는가, 그리고 그것은 자연주의와는 어떻게 구별될 수 있는 것인가에 대해서는 논구하지 못하고 있다. 그 원인은 앞에서도 언급한 바 있듯이 소시민으로서의 자기 한계에 대한 지나친 집착이다. 자기가 지녔던 사상이 올바른 세계관이 아니고 현실의 힘, 외부적 압력에 의해서 무참하게 패배한 것이라는 사실에 대한 인식, 행동하여야 함에도 불구하고 행동하지 못하는 자기 자신에 대한 혐오가 고발문학론을 산출하게 한 것이다. 그러나 보다 중요한 것은 1935년 카프해산을 경과하면서 「물」논쟁에서 그토록 강조한 바 있는 작가의 개인적 실천의 부분이 생략되어 있다는 점이다. 그가 말한 개인적인 실천이 결코 문학적 실천—작품창작을 의미하는 것이 아니라 작품 이전, 작가의 체험 속에 당대의 문제를 융해시키기 위한 실천이었음은 II장에서 밝힌 바 있다. 작가의 실천 및 체험은 세계관과 현실의 관계를 동적으로 만드는 매개이다. 그가 박영희 비판에서 올바르게 지적하고 있듯이, 작가의 세계관이란 "본질적으로는 예술가의 생활에 의해서 규정"[47]되며 작가가 "여하한 사회계급에 속하야 어떠한 실천을 하고 있는가에 의하야 결정"[48]되는 것이다. 그러나, 작가적 실천, 특

---

47) 윗 글.

히 생활에 있어서의 실천의 부재로 말미암아 김남천은 사상적 무기가 될 수 있는 세계관을 완성된 것, 획득되어야 될 것으로만 상정을 하며, 현실 또한 인간의 실천에 의하여 변혁되어야 할 것이 아니라 주체의 밖에 존재하는 한갓 대상의 차원으로 하락시킨다. 현실세계에 대한 단순한 혐오, 비판, 증오는 현실에 대한 대상적 관찰과 멀리 떨어져 있는 것이 아니다.[49] 임화가 날카롭게 지적하고 있듯이 김남천의 본래적인 의도와 관계없이 주관주의와 관조주의가 교묘히 결합된 것이라는 혐의가 짙은 것이다.[50] 세계관과 리얼리즘의 분리된 강조, 추구는 「물」논쟁에서 보였던 「물」에 대한 자기비판과 옹호의 확대라고 할 수 있다. 물론 그것에 전면적으로 동일한 차원에 놓이는 것은 아니다. 「물」논쟁에서 제출된 평가의 두 기준, '당파성'과 '현실'은 작가의 실천을 고양시킴으로써 통합될 수 있는 것이었다. 그러나 35년 카프의 해체 이후 실질적 실천이 불가능한 상황하에서 정치에로 향한 의지적 정열과 실천이 불가능하다는 것을 인정할 수밖에 없는 자신에 대한 회의 사이에서 자기비판 및 소시민 비판의 형태로 빚어져 나온 고발문학론에서는 실천의 문제가 제출될 수 없었으며, 그러한 자기고발이 관념적 왜곡에 대한 비판과 리얼리즘에 대한 추구로 발전해 간 것이다. 그러나 실천의 문제가 제출되지 않았다는 것이 곧 실천에 대해 김남천이 의식하고 있지 않다는 것을 말하지는 않는다. 오히려 실천에 대한 강한 의식이 존재함으로 해서 고발문학론이 가능했던 것이

---

48) <批判하는 것과 合理化하는 것과—朴英熙氏의 文章을 讀함>, ≪朝鮮中央日報≫, 1936. 7. 27.
49) G. Lukács(조정환 역), ≪변혁기러시아의 리얼리즘문학≫ (동녘, 1986), p.164.
50) 林和, <寫實主義의 再認識>, ≪文學의 論理≫ (學藝社, 1940), P.92.

다. 소시민 지식인이라는 자기인식이 고발문학론을 꿰뚫고 있는 문제가 되고 있는 것도 이 때문이다. 소시민성과 그것의 극복을 둘러싸고 있는 실천의 문제—문학적 실천과 생활 실천의 문제—를 어떻게 해결할 것인가, 리얼리즘이 객관적 세계의 본질을 전형으로써 형상화하는 것은 어떻게 가능한가, 작품에 있어서의 세계관의 문제는 어떻게 해결할 수 있는가가 김남천에게 있어서 문제가 되는데 모랄—풍속론은 이를 해결하는 방식으로 제시된다.

2. 모랄—풍속론 : 주체의 정립과 세계관, 현실의 연계모색

모랄—풍속론은 문예학적 탐구를 통한 형상화의 매개로서의 모랄과 풍속의 발견, 그리고 그것을 문단타개책으로 끌어올린 로만개조론으로 특징지워진다. 여기서 중요한 것은 작가의 '실천' 문제를 해결함으로써 모랄—풍속에 도달할 수 있었다는 점이다. 앞절(Ⅲ. 1)에서 살펴보았듯이 김남천으로서는 생활실천의 문제를 해결하지 않으면 안되었다. 김남천은 생활실천이 필요하다는, 즉 생활실천이 없이는 올바른 문학적 실천이 불가능하다는 생각을 신판공식주의라고 하면서 문학자에게 있어서는 문학적 실천이 곧 생활실천임을 역설한다.

> 대체 문학자에게 있어서의 생활적 실천이란 무엇이며 작가에게 있어서의 사회적 실천이란 무엇이냐? 나는 그것을 문학적 실천이라고 말하려고 하며, 또 이것 이외에는 있을 수 없다고 단언

한다. ……인류의 전세계사적 동향에 문학자가 관여하는 것은 결코 정치로서가 아니라 예술을 들고 문학적 실천과 생활을 가지고 참여한다는 것을 정당히 인식하지 않으면 안된다.…… 문학자는 문학적 실천을 가지고 이 가운데로 간다는 것만이 유일의 진리이고 또한 예술과 생활 문학과 정치와를 통일한, 유일의 일원론이다.51)

문학가로서의 정확한 자기규정, 문학인이기 이전에 사회적 공인이므로 사회적 공인으로서의 임무를 다하지 않으면 안된다는 것은 신판 정치주의이므로 문학가는 문학만으로 할 뿐이라는 김남천의 자기규정은 그가 실질적으로 생활실천을 포기했음을 선언함에 불과하다. 문학은 이제 삶의 한 방식이 아닌 그의 삶 그 자체로 되면서 존재 자체를 규정하게 되는 것이다.52) 이제 여타의 삶은 문제되지 않는다. 여기에 리얼리즘에 대한 인식이 뒤따르고 있음은 물론이다. 리얼리즘만이 올바른 문학이라는 생각은 자신의 존재의 다른 한 부분―정치적 행위―을 제거하는 것을 합리화해 준다. 기실 그가 신판 공식주의라고 비판하고 있는 것이야말로 「물」 논쟁에서 그가 취했던 태도에 다름아니다. 이와 더불어 또 한 가지의 자기 합리화가 행해진다.

　객관세계의 모순을 극복하느라고 자기자신을 돌보지 않았던 주체가 한번 뼈아프게 차질을 맛보는 순간 비로소 자기의 속에서 분열과 모순을 발견하게 되었던 것이며 이것의 정립과 재건 없이는 객관세계와 호흡을 할 수 없으리라는 자각53)

---

51) <自己分裂의 超克―文學에 있어서의 主體와 客體>, ≪朝鮮日報≫, 1938. 2. 2.
52) 이에 대해서는 丸山眞男, ≪日本의 現代思想≫ (종로서적, 1981)의 제Ⅱ장이 좋은 참고가 된다.

을 통해 일체의 문학적 실천의 과오와 일탈을 소시민적 동요에 기인하는 것으로 귀착시킨다. 주체의 자기분열, 소시민적 동요가 객관세계의 분열·모순에 기인하기는 하지만 현재 '시대성'을 띠는 것은 객관세계의 모순·분열보다 주체 자신의 '타고난 운명'에 의한 동요와 자기분열이라는 것이다. 이와 같이 '문학인'으로서의 자기를 규정하고 생활실천의 포기를 선언함으로써 소시민 지식인의 자기분열에 대한 극복은 현실 그 자체와의 대결이 아닌 순수한 자기문제로 한정되며, 문학 내에서만의 문제로 된다. 이러한 변화가 카프시대에 대한 인식의 변화와 동시에 이루어진다는 사실은 의미 깊다. 마르크스의 희랍시대의 예술에 대한 견해로부터 출발하여 계급사회의 모순이 개인과 사회의 분열·개인·사회 각각의 분열을 초치함으로써 그 모순은 필연적일 수밖에 없다고 인식하게 된 김남천은 한편으로는 모순·분열이 없는 사회를 회구하면서 다른 한편 카프시대를 이전과는 다르게 평가한다. 즉 이전의 카프시대에는 집단성에 종속함으로써 개인과 사회의 통일이 가능하다고 믿었던 반면 이제는 그러한 통일이 진실한 통일이 아닌 한낱 관념적인 작위에 불과한 것이라 간주한다.[54] 이러한 제변화는 그가 카프시대로부터 벗어나고 있음을 드러내 준다. 그리고 이를 통해 현대사회에서의 문학가의 임무를 다음과 같이 규정하고 문예학적 접근을 통한 문학의 구원으로 나아간다.

---

53) <自己分裂의 超克—文學에 있어서의 主體와 客體>, ≪朝鮮日報≫, 1938. 1. 30.
54) 윗 글, 1938. 1. 30.

> ···유구한 인류의 역사가 우리에게 부과하고 동시에 먼 뒷날의
> 행복된 후세인이 현순간의 현대 작가에게 요구하는 바는 시민사
> 회의 카타스트로피의 시대에 있어서의 사회와 개인과의 복잡하고
> 격화된 분열을 광범히 개괄하는 동시에 이의 초극과 통일을 위하
> 야 쓰여지는 노력과 고난의 반영을 훌륭히 담은 문학적 재산일
> 것이다.55)

김남천은 고발문학론에서부터 아이디얼리즘 즉, 작가의 선입견에 찬 활동을 극도로 거부했었다. 아이디얼리즘과 극도로 대립되는 것이 리얼리즘이고, 문학의 구원은 리얼리즘으로만 가능할 때, 리얼리즘의 형상화는 어떻게 가능한가가 문제시된다. 현실에 침잠하고 세계관을 가지라고 주문하는 임화에 대해 김남천은 "진리는 구체적인 것을 討究하는 마당에서 일반적인 구호를 되풀이하는 것에 의하여 달성되는 것은 아니"56)라고 하면서 현실과 세계관이 어떻게 문학에 관계하는가, 그리고 어떠한 방식으로 주체가 관여하게 되는가를 문제삼고 있다. 고발문학론에서 세계관, 현실, 문학주체가 각각 연계되지 않은 상태로 설정되고 있음은 이미 살펴본 바이다(Ⅲ. 1참조). 올바른 과학적 인식의 필요성, 현실의 인식이 중요한 것임이야 물론이나 작가가 필요로 하는 것은 이들이 어떠한 방식으로 '문학'으로 되는가이다.

김남천은 비로소 선진적인 문예이론을 받아들인다. 그에 따르면 문학은 하나의 인식 형태이고 인식 형태라는 점에서 문학의 주체와 문학의 객체인 현실은 교섭한다.57) 문학이 인식 형태라면 또

---

55) 윗 글, 1938. 2. 2.
56) <一身上眞理와 모랄—「自己」의 省察과 「槪念」의 主體化>, 《朝鮮日報》, 1938. 4. 19.
57) <道德의 文學的 把握—科學·文學과 「모랄」 槪念>, 《朝鮮日報》,

다른 인식형태인 과학과는 어떻게 구별되는가. 그 구별은 과학이 개념에 의한 인식인 반면 문학은 형상을 통한 인식이라는 점에 있다. "과학이나 예술이나 객관적 진리라고 하는 기준하에 우연적인 것을 버리고 필연적인 것을 파악할려고 추상을 행하는 것은 동일하"지만 그 인식의 방식이 다르다. 그러나 그것이 모두 현실의 객관적 진리와 관련되는 것이라면 "문학적 표상의 핵심은 자연과학이나 사회과학이 갖는 이론적 범주의 합리성과 일정한 직접적인 관련을 가지지 않으면 안된다." 여기에 김남천은 주체의 문제가 개입된다고 본다. 이것이 '주체화의 과정'이다. '주체화'란 과학적인 개념으로부터 문학적 표상에까지 이행해 나가는 과정이다.

…문학적 표현은 공식적 분석을 경과하여서만 정당한 성격묘사에 도달하나 과학적 개념은 공식에 의한 법칙 이상에까지 그의 인식 목적을 연장할 때 그것은 벌써 과학의 기능은 아니라는 것이라 하야 과학이 이 한계를 넘는 곳으로부터 인식목적은 문학의 권내로 연장된다는 것이다. 실로 이 과정이 다름아닌 주체화의 과정이다.[58]

…문학에 있어서의 주체의 문제 작가에 있어서의 주체적인 입

1938. 3. 8.~20. 여기서 김남천은 다음과 같은 저서 및 논문을 참조하고 있다.
甘粕石介 譯, 《ヘーゲル美學の辨證法》.
누시노프, 《文學의 本質》.
甘粕石介, 《藝術論》.
로젠타리, <예술작품에 있어서의 세계관과 방법>.
戶坂潤, <思想으로서의 文學>.
─── , <道德論>.
58) <道德의 文學的 把握—科學・文學과 「모랄」槪念>, 《朝鮮日報》, 1938. 3. 11.

장의 문제란 과학적 개념이 구체적인 분석을 통하야 수행한 바 공식의 기능을 인계하야 이 사회적인 진리를 구유한 사상을 문학적으로 여하히 주체화할 것인가의 문제에 不外하얏다.[59]

김남천은 이 주체화를 인류의 높고 깊은 문제를 자기 자신의 절실한 문제로 하는 것과 동일한 것으로 보고 있는데 여기서 다음과 같은 두 가지가 문제적으로 된다. 우선 첫째는 창작 주체의 문제와 문학의 형상화 문제의 해결이 동일한 차원에서 행해지고 있다는 점이다. 김남천이 이 주체화를 곧 모랄이라고 하고 그것이 과학적 핵심을 갖는다고 했을 때 그는 고발에는 고발의 정신만이 있고 세계관이 없다라고 한 임화의 비판에서 벗어날 수 있었다. 왜냐하면 이제 고발 속에 과학적인 핵심을 포함하게 되었기 때문이다. 그러나 동시에 그것을 과학적 개념이 형상으로 됨을 말한다고 했을 때에는 그가 '모랄'이란 말로써 혼동을 일으키고 있음을 알 수 있다. 과학적 개념의 형상화로서 문학적 모랄이라는 것이 사회적 모랄과 동일하지 않으며 사회적 모랄—도덕이 시대에 따라 변하는 것임에 비해 문학적 모랄은 사회의 변화에 따라 변하지 않는 일종의 '범주'라면 그것은 역사성을 띠지 않게 된다. 그 반면 세계의 문제를 자기화하는 것으로서의 모랄은 그 자체 역사적일 수밖에 없다. 두번째의 문제는 형상 인식의 도식적 이해이다. 형상 인식이 과학과 유사하게 보편성을 문제삼는 것이기는 하지만, 김남천이 생각하는 바와 같이 '과학적 개념→문학적 형상'의 2단계인 것은 아니다. 문학적 형상이 특수성을 지향한다고 할 때, 이는 보편성과 감각적 개별성 사이에 위치하는 것이다. 보편성과 개별

---

[59] 윗 글, 1938. 3. 12.

성은 김남천의 방식으로 표현한다면 과학적 개념과 감각적 직접성이라고 하겠다. 결과적으로 문학작품으로 나타나는 것은 보편성과 개별성 사이의 한 점에서 고정된 것이지만, 창작과정에 있어서 고찰한다면 한 점에 고정되기 위한 보편성과 개별성, 과학적 개념과 감각적 직접성 사이의 부단한 변증법적 관계가 성립하는 것이다. 이러한 변증법적 관계를 몰각하고 있는 김남천의 사고의 기초에는 문학이란 이미 완성되어 있는 진리를 '문학적 형태'-형상-을 빌어서 표현하는 것이라는 생각이 놓여 있다. 과학적 진리가 현실을 분석, 검토함으로써 획득되어지는 것이긴 하지만 현상태에서 진리가 주어져 있다는 생각은 문학적 현실로부터 그것을 분리시키는 것이며 논리적 범주로서의 '문학적 모랄'을 상정함으로써 주체의 문제로부터도 어느 정도 벗어날 수 있게 된다.

'풍속' 개념의 발견은 두 계기를 갖는다. 첫째는 모랄에서 직접적으로 이끌어지는 것이고 둘째는 당대의 세태소설 논의에서 이끌어지는 것이다. 우선 모랄에서 풍속으로 이행하는 과정을 살펴보자.

> 도덕·모랄이란 완전히 주체화되어 일신상의 근육으로 감각화된 사상이나 세계관의 형상이다. 그러므로 모랄이란 풍속·세태 속에서 나타나고 복장과 취미에까지 나타나야 할 것이다. 인정, 인륜, 도덕, 사상이 가장 감각적으로 物的으로 표현된 것이 풍속이기 때문이다.[60]

김남천이 바라는 것은 '주체가 인식한 과학적 진리가 풍속에까지 감성적으로 풀어져 나오는 것'이다. 이때의 풍속은 과학적 진

---

60) <世態·風俗描寫 其他>, ≪批判≫ (1938. 5), P.116.

리가 입는 감각적인 의장이다. 그러나 풍속을 다음과 같이 정의할 때, 김남천의 풍속개념은 명백하게 차질을 빚는다. 그의 정의에 따르면 풍속이란 "사회의 생산기구에 기초한 인간 생활의 각종의 양식에 의해 종국적으로 결정을 본"것으로 "사회의 물질적 구조상의 제 계단을 일괄한 하나의 공통적인 사회현상"이며 "사회기구의 본질이…… 비로소 완전히 육체화된 것"이다.61) 이처럼 풍속이 현실의 본질의 감각적인 현상이라면 이때의 풍속은 그 출발점을 현실 자체에 두는 것이다. 풍속 논의가 지닌 또 하나의 계기는 당대의 세태소설과 같이 현실의 표면만을 더듬어 나가는 관조주의의 극복이었다. 풍속이 현실의 본질을 드러내는 것이라면 풍속의 묘사는 그 자체로 현실을 드러낼 수 있게 된다. 묘사 대상 그 자체가 아니라 대상의 본질을 드러내는 것이 리얼리즘이라면 풍속묘사는 김남천이 의미하는 바의 리얼리즘으로서의 가능성이 있다. 그러나 앞에서 본 바대로 풍속은 한편으로 세계관—과학적 진리로부터 출발하면서 또 한편으로 현실에서 출발한다는 것은 모랄과 풍속이 동일한 어원 Mores를 갖는다고 해도 현실과 세계관은 분리된 채 존재하는 것이다. 이러한 분리는 창작과정에 있어 현실과 세계관을 매개하는 주체가 '문학적 모랄'이라는 논리적 범주의 설정으로 인해 존립할 근거지를 상실한 때문이다. 이는 앞에서 말한 바와 같이 주체의 문제로부터 떠남으로써 가능한 것이었다. 물론 38년 3월에 「요지경」이 쓰여지긴 하지만 그것은 37년 8월의 작품이다. 과거로부터의 벗어남은 새로운 가능성을 줄 수 있는 것인데, 그 가능성의 폭은 과거로부터의 벗어남이 얼마만큼 진실한 차원에서

---

61) <一身上眞理와 모랄—「自己의 省察과 「槪念」의 主體化>, ≪朝鮮日報≫, 1938. 4. 22.

이루어지는가, 그리고 모랄―풍속론을 통해 인식되기 시작한 현실이 얼마만한 구체성을 띠고 있는가에 의해 결정된다. 이는 「물」에서 드러난 '체험된 부분적 현실'의 추상성으로부터 벗어나기 위한 시도이기도 하다. 그러나 창작방법론에서 드러난 것은 과거로부터 벗어나는 것의 진실성에 있어서나 또는 현실 인식의 구체성에 있어서 모두가 미흡하였다. 전자에 있어서는 자신의 삶의 한 부분을 포기함으로써, 아니 한 부분만을 자신의 전부로서 받아들이고 다른 제 부분에 대해서는 눈을 감음으로써 성립되는 것 즉, 작가의 생활 실천을 방기함으로써 가능한 것이었다. 이제 문학가로서의 성실함만이 문제되는데, 이 문학가적 성실함은 바로 위에서 말한 두번째 현실인식의 구체성의 확보를 통해서만 드러나는 것이다. 하나의 작품의 생산은 항상 일회적인 것으로 완결되는 것이긴 하지만, 거기에는 그 이전의 현실과 주체와의 계속적인 관계가 축적되어 있는 것이며 그를 통해서만 작품 속에 정착되는 삶의 한 부분이 비로소 현실성을 획득할 수 있게 된다. 그의 창작방법론에 있어서 풍속은 현실의 정확한 인식 및 생생함을 획득하기 위한 방식이었지만 풍속논의는 현실에 대한 손쉬운 접근이라는 느낌을 떨쳐버릴 수 없다. 왜냐하면 이 때의 풍속은 동적인 것이 아닐 뿐 아니라 현실의 현상 속에서 본질을 발견해 내어야 하는 주체의 노력을 무의미하게 만들고 있기 때문이다. 이와 같은 사실은 그의 작품 속에서도 확인이 된다. 과거로부터의 벗어남이 진정한 극복이 되지 못한 것은 김남천이 보여준 관념성 때문이었다(Ⅲ장 1 참조). 「철령까지」와 「포화」는 고발문학론에서 자기 자신의 문제가 극복이 되지 못한 상태로 있음을 보여 준다. 「철령까지」에서 만주국에 있는 철령으로 이민을 가는 빈농일가를 대하는 <나>의 태도는 국외자적인 입장에 불과하다. 따라서 이 작품은 그 가족 일가의 삶의 모습도, 그렇다고 해서 그것을 바라보는 <나>의 시각도 확실하게 보여 주지 못하고 만다. 결국 고향으로 가는 여행길에서의 에피소드와 그에 따른 약간의 감상성 및 애상성을 포함하고 있는, 수필의 차원으로 떨어지기 직전의 글에 불과하다. 이는 관찰자인 <나>가 국외자의 입장에 서 있으면서도 대상의 본질이 아니라 대상의 표면을 스치고 지나가고 있음에 불과하기 때문이다. 기행문의 형식을 취함으로써 작가의 눈을 드러내는 이러한 작품 속에서의 <나>의 눈은 그대로 「포화」에서 직접 자신의 눈으로 드러남으로써 「포화」를 문제적인 작품으로 만들고 있다. 포화의 <나>는 한때 사상 사건으로 얼마간 옥살이를 한 경험이 있으며 그후 휴직을 하였다가 폐질환으로 2개월째 쉬고 있는 상태이다. 나에게 있어서 중요한 것은 존재하지 않는다. 친구 김신국이 전향자 대표로 올라와서 자기에게 잘해 줌으로써 위안을 얻는 이유도 천착해 보지만 그러한 것조차 나에게는 무의미하다. 모든 것이 무의미해지고 자신의 병조차 세상의 탓으로 돌려버릴 때, 그가 자신의 현존재의 이유, 살아있음을 느끼는 것은 자신이 아침에 마루쟁에라도 나가볼까 생각했던 것을 머릿 속에 떠올려냄으로써이다. 이와 같은 사소한 일에서 자신의 현존재를 확인한다는 사실이야말로 피폐해 있는 전향자의 한 모습을 드러내 주는 것이다. 이와 같은 피폐함, 무기력함에서 생활 실천을 포기하고 문학적 실천만을 용인함으로써 자기 자신의 문제로부터 떠나 모랄─풍속론으로 나아간 김남천의 의식을 감지할 수 있다.

리얼리즘에 있어서의 세계관과 객관적 현실의 문제를 모랄─풍속 논의를 통해 나름대로 해결한 김남천은 현실적이며 구체적인 창작방법론으로서 '로만개조'론을 제기하였다. 로만개조의 이상은 이미 1937년도에 <조선적 장편소설의 일고찰—현대 저널리즘과 문학과의 교섭> (《동아일보》, 1937. 10. 19~23)을 통해서 나타났었다. 루카치에 직접적으로 기대고 있는 것으로 보이는 이 글에서 김남천은 로만을 "자본주의 사회의 가장 전형적인 장르이며, 전형성 창조에 있어서 유일무이한 장르"라 규정하고 있다. 그러나 조선에서는 사회적 제관계가 기형적으로 발전함으로써 로만 발전의 기반이 상실되었으며 로만이 겨우 자기의 시민성을 주장한 시기는 이미 세계적으로 시민사회가 노후와 갈등을 수반하면서 제국주의로 이행한 뒤였다. 뿐만 아니라, 제국주의에 의한 문호개방으로 인해 로만의 발전에 절대적인 제약성이 초래되었다. 따라서 "현대는 시민작가의 손에 의하여 「로만」이 붕괴되는 시대인 것을 알고 위대한 리얼리스트는 이것을 넘어서 「로만」이란 장르 그 자체의 변질과 개조에 노력하여야 한다."[62] 로만개조의 이상의 구체화는 '풍속' 개념과 결합되면서부터이며 당대 소설의 분열상을 극복하는 일이 일차적인 과제가 된다. 경향문학의 쇠퇴 이후 이상, 김남천으로 대표되는 심리(내성, 내향)소설의 경향과 채만식, 박태원 등으로 대표되는 세태(사태, 풍속)소설의 경향으로의 분열상이 노정된다. 최재서의 경우 「천변풍경」과 「날개」를 각각 리얼리즘의 확대와 심화라 표현하였지만,[63] 임화, 김남천의 경우 그것은 조선 사회의 특수한 현상으로서 극복되지 않으면 안될 것으로 여겨졌

---

62) <朝鮮的 長篇小說의 一考察—現代 쩌널리즘과 文藝와의 交涉>, 《朝鮮日報》, 1937. 10. 27.
63) 崔載瑞, <리얼리즘의 擴大와 深化—「川邊風景」과 「날개」에 關하여>, 《朝鮮日報》, 1936. 10. 31~11. 7 참조.

다. 서구와 같이 완숙한 단계를 거치지 않고서 쇠락의 징후를 보인다는 공통된 인식으로부터 출발한다.

그러나 김남천과 임화는 지향점의 차이를 보인다. 임화의 경우 지향점은 서구적인 의미에서의 本格小說이다. 소설사를 검토하면서 얻어진 결론은 소설 분열의 원인이, 사상성—민족주의든 사회주의든—을 상실했다는 것, 그리고 현실에 대한 작가의 태도에서 '생활적인 적극성'이 희박해졌다는 것이다. 그가 말하는 본격소설이란 "성격과 환경과 그 사이의 얽어지는 생활과 생활과의 부단한 연속이 만들어내는 성격의 운명"을 통해 작가의 사상을 표현하는 것이다. 그러나 임화의 본격소설의 지향은 그 스스로 "서구적 의미의 완미한 개성으로써의 인간 또는 그 기초가 되는 사회생활이 확립되지 않는 한, 소설양식의 완성은 기대할 수 없는 것"이라고 함으로써 절망론에 가까와진다.[64] 이러하여 임화는 사실을 재인식할 것과 "실천적으로나 문학적으로나 사실과의 拮抗 가운데로 들어갈" 것을 요구하면서 작가의 '시련의 정신'이 필요하다고 한다.[65] 반면 김남천은 임화의 경우를 '절망론'으로 파악하면서 구체적인 방법론을 탐구한다.

> 나의 「모랄」론의 입장에 의하면 나는 풍속과 세태를 딴 의미에 있어서 인정하고 다시 내성적이라든가 심리적이라고 지칭하는 나의 작품의 경향을 다른 성격으로 추진시켜 양자의 융합을 잡아서 「로만」개조의 방향을 취하야 보는 것이 당면의 방향이다.[66]

---

64) 林和, <最近朝鮮小說界展望>, ≪朝鮮日報≫, 1938. 5. 18~25.
65) 林和, <作家에의 進言狀—事實의 再認識>, ≪東亞日報≫, 1938. 8.24~28.
66) <모랄의 確立—現代 朝鮮小說의 理念>, ≪東亞日報≫, 1938. 9. 18.

그 구체적인 방식으로 제시하는 것이 국내 작가에게서 배운 풍속 묘사와 국외 작가로부터 배운 가족사, 연대기이다.

> 우리는 위에서 풍속을 들고 가족사의 가운데 현현된 연대기로 간다고 말하였다. 그러타면 개인과 집단과의 관계가 전면에 나설 것을 상상할 수 있다. 동시에 사회와 인물을 발생과 생장과 소멸에서, 다시 말하면 전체적 발전에서 묘출하여야 할 것을 추상할 수가 있다. 그러타면 이것을 용납하고 구현할 수가 있는 「로만」 장르가 생겨야 할 것은 자명하지 않은가, 이것이 「로만」개조의 단초가 될 것이다. …… 모랄의 확립, 정황의 전형적 묘사, 생기발랄한 인물의 창조, 지적 관심의 고양—이것은 족히 로만개조의 기본적인 내용이 될 수 있으며 동시에 상실한 소설성을 작히 탈환할 수 있을 것이다.67)

이와 같은 김남천의 '로만개조'의 방향은 임화와는 초점이 다르다. 임화가 마지막에 제시한 '사실과의 拮抗' '시련의 정신'이란 문학보다 문학하는 인간에 초점이 맞추어져 있다. 곧 현실과 끝까지 대립하여야 한다는 의식이다. 문학하는 행위 그 자체가 삶의 방식과 직접적으로 관련된다. 즉 문학적 실천이 현실을 매개로 한 생활 실천의 집중적인 표현이라고 했던 것에서 결코 벗어나지 않고 있다. 반면 김남천의 경우 문제는 철저히 문학적 형상화에 놓인다. 이러한 차이가 기본적으로는 임화가 비평가의 입장에 서 있는 반면 김남천은 작가의 입장에서 말한다는 점에 근거함은 물론이다. 그러나 또 한 가지 지적되어야 할 것은 김남천이 생활 실천을 포기하고 있다는 점이다. 문학적 실천만을 가능한 것으로 놓는

---

67) <現代朝鮮小說의 理論>, ≪朝鮮日報≫, 1938. 9. 18.

것은 임화에게서나 김남천에게서나 동일하다. 그러나 임화와는 달리 김남천에 있어서 생활 실천의 여지는 전혀 존재하지 않는다. 김남천이 「로만」에의 꿈을 가지는 것은 문학에 의탁한 미래지향이다. 「로만」을 통한 미래지향이 생활 실천의 포기와 동시기라는 점은 의미 깊다. 앞에서 보았듯이 생활 실천을 포기함으로써 문학을 문제삼을 수 있었다. 그러므로 그로써 잠재된 정치적 지향성이 문학적으로 전화된 것이 로만개조론이다. 필연적으로 분열의 양상을 드러낼 수밖에 없는 계급사회라는 인식이 분열과 모순이 없는 시대에 대한 지향을 낳았고 루카치로부터 로만을 통한 초월의 가능성을 보았다. 따라서 로만개조의 지향은 이중의 지향이다. 당대 소설의 분열의 극복임과 동시에 시민사회의 소설, 그 자체의 극복인 것이다. 로만이란 장르 그 자체의 변질과 개조에 노력하여야 한다고 할 때 그가 의미하는 바는 바로 시민사회의 극복이다.

모랄과 풍속론을 거쳐서 로만의 개조에 이르는 과정에서 김남천은 한편으로는 리얼리즘에 있어서 주체, 세계관, 현실간의 관계를 올바르게 설정하려 노력하였으며, 또 한편으로는 현 문학상황의 극복과 동시에 「로만」 장르 그 자체를 개조하려는 의지를 보였다. 후자의 경우는 생활 실천을 포기한 상태에서 그것을 문학쪽으로 전화시킴으로써 가능했다. 이 두 경향이 결합된 것이 '풍속묘사, 가족사, 연대기'라는 구체적인 방법론을 가진 '로만개조론'인 것이다. 그러나 모랄—풍속론은 세계관과 현실의 결합에 있어서 기계적인 결합을 보여줌으로써 작가를 중심으로 한 세계관과 현실의 변증법적인 관계를 도식화시키고 말았다. 이러한 도식화는 그의 실제적인 창작에서 명확하게 드러나며 김남천도 이를 의식하고 있다. 자신이 그토록 작가의 관념이 직접적으로 드러나는 것을 회

피하려 했음에도 불구하고 '로만개조론'을 실제로 창작에 적용시킨 「대하」는 실패로 돌아갔던 것이다.68)

「대하」에는 김남천의 한계와, 창작방법론의 한계가 동시에 드러나고 있으며, 김남천도 이를 의식하고 있었다. 그가 발자크적인 것에의 정열, 관찰문학론으로 나아가는 하나의 계기가 「대하」의 실패 속에 놓여 있다고 할 것이다. 본고에서는 소설의 분석을 중심 과제로 하지 않으므로, 간략하게만 살피면서, 한계점을 적출해 보기로 한다. 「대하」에서, 김남천이 제시한 "가족사, 연대기, 풍속묘사"는 박성권 일가의 삶의 과정 속에서 실현된다. 「대하」는 봉건과 근대가 교차하는 개화기라는 공간 속에서 박성권의 치부과정과 그의 서자인 형걸을 중심으로 한 5남매의 삶의 양태를 풍부한 풍속 속에서 보여 주고 있다. 이 소설을 검토하기 위해서는 「대하」 이전의 김남천 소설의 맥을 살필 필요가 있다. 안함광은 김남천론을 쓰면서 「대하」 이전 소설의 경향을 3분한 바 있다.69) 주로 창작집 「소년행」에 수록된 작품을 중심으로 구분한 것인데, 첫째, 분열을 경험하기 이전의 소년의 눈에 비친 훼손된 세계의 모습과 분열없는 삶에 대한 희구, 새로운 세계를 조망하는 「남매」 계열의 소설, 둘째, 성인인 자신에게 눈을 돌려서 자신의 본연의 모습을 보는 「처를 때리고」 등 자기고발류의 소설, 셋째로, 객관 세계의 '스케치'―관찰의 세계―계열의 소설 등 세 부류의 소설이 있다. 여기에 또 하나의 계열이 첨가되는데, '소년'의 눈을 통해서 훼손

---

68) 김남천은 <兩刃流의 道場―내 作品을 解剖함> (≪朝光≫, 1939. 7)에서 「대하」의 결점으로 심리의 현대화, 성격창조의 유약성, 풍속현상의 공식적 배치를 들고 있다.
69) 安含光, 註6)의 글 참조.

된 세계의 모습을 드러내기는 하지만, 새로운 세계의 조망의 모습을 보이지 않는 계열이다. 이 계열은 첫째 계열과 셋째 계열의 소설의 중간형이라 할 수 있다. 「대하」의 경우 첫째 계열과 셋째 계열이 확대되어 통합된 것이라 할 수 있다. 새로운 세계와의 조망은 형걸이라는 인물을 통해서 드러나고 있다. 그리고 그 방식은 탈출이라는 형태를 띤다. 그러나 「소년행」 계열의 소설에서 세계의 훼손은 자본주의적 삶으로부터 파생된 것이다. 곤궁, 그로 인한 性의 판매, 화폐로 인한 인간적 가치의 상실 등으로 훼손된 세계의 모습이 드러난다. 그러나 「대하」에서의 세계의 훼손은 형걸이 서출이라는 것 이외에는 존재하지 않는다. 따라서 그 훼손된 세계로부터 새로운 세계로의 조망도 불투명한 모습으로 나타나며 낭만성을 띠게 된다. 또 하나 문제적인 것은 탈출이라는 방식 자체가 지닌 의미이다. 「탈출」이라는 방식은 「남매」의 경우와 동일하지만 「남매」의 경우보다 훨씬 관념적이며 낭만적이다. 그것은 훼손된 세계에 대한 대결의 양식이 아니라, 회피의 양식이다. 이러한 현실 회피, 탈출의 낭만성이 「대하」가 보이는 첫째 한계가 된다. 둘째 한계는 앞에서 말한 셋째 계열과 관련되는 것으로 「로만」개조론의 근본적인 한계라 할 수 있다. 모랄―풍속론에서 밝힌 바 있듯이, 풍속묘사 설정의 이유는 두 가지였다. 하나는 인물의 육화, 생생함을 드러내기 위해서, 즉 산인물의 창조를 위해서이며, 또 하나는 '풍속'에는 현실세계의 본질이 감각적으로 드러나기 때문이다. 그러나 「대하」 속에서의 풍속의 묘사는 인물의 삶과 깊이 관련되지 않고 있다. 인물이 살아가는 공간, 행위의 장으로서 설정되지 못하고, 단지 배경으로서의 의미밖에 지니지 못하다. 인물과 환경과의 관계는 유기적으로 결합되지 못하고 인물은 환경 속을 통과할 뿐이다. 형걸의 탈출이 관념적인 것도 이 때문이라 할 수 있다. 이에 대해서는 김남천 자신도 '풍속의 공식적 배치'라고 한계를 시인하고 있다. 그러나 가장 큰 한계는, 위의 한계와도 역시 관련이 되고 있는 것으로 작가의 의도가 기계적으로 드러나고 있다는 점이다. 개화기라는 시. 공간의 선택, 부르조아 집안으로서의 박성권 일가의 선택 등을 통해 조선 자본주의 발전의 모습을 보여 주려한 작가의 의도는, 박성권의 치부과정에 대한 간략한 서술로만 그치고 있으며 그럼으로써 자본주의 초기의 인간상을 전형으로써 묘사하고자 한 그의 의도는 실패하고 만다. 이상과 같은 한계는 김남천이 지닌 소설적 역량의 미숙에서 연유하는 것일 수도 있지만(「대하」는 그의 첫 장편소설이다) 좀더 깊이 살펴본다면 모랄—풍속론에서 「로만」개조론에 이르는 창작방법론 자체의 한계에서 연유하는 것이다. 즉 과학적 진리의 감각화로서의 모랄, 풍속에 대한 이해의 관념성 등에 「대하」의 한계가 있다. 관찰문학론은 「대하」가 지닌 한계극복임과 동시에 함께 「포화」에서 드러난 것처럼 무기력한 자기 자신에 대한 절망을 문학론으로서 표출한 것이다. 그리하여 관찰문학론은 '전형'을 통한 현실의 올바른 반영을 취하면서 작가의 세계관, 작가의 사상뿐만 아니라 작가의 체험으로부터 완전히 벗어날 수 있는 문학론의 형태를 띤다.

3. 관찰문학론:주체결여의 리얼리즘

모랄과 풍속론을 통해서 김남천이 획득하고자 했던 것은 세계관과 현실의 연계였다. 항상 그에게 있어 가장 중요한 문제는 작가의 개인적 주관에 의해 현실이 왜곡될지도 모른다는 점이었다. 로만개조에 이르기까지 이에 실패했던 김남천이 나아가는 곳이 관찰문학론이다. 관찰문학론의 기본명제는 '객관에 작가의 주관을 철저히 종속시키는 것'으로 이는 이미 고발문학론에서부터 주장되었었다. 관찰문학론은 이러한 측면이 극대화된 형태라 할 수 있다.

김남천은 "사색은 준비되었다. 인제 그것을 관찰하지 않으면 안된다"[70]라고 하면서 발자크를 통해 관찰문학론에 당도한다. 관찰문학론에서 중심이 되는 것은 '문학인의 사회적 존재방식'과 문학에 있어서의 전형의 문제이다. 체험적인 것과 관찰적인 것의 대비에서 문학가의 사회적 존재방식에 대한 그의 견해가 명징하게 드러난다.

체험적인 태도가 자기도야 및 자기개조를 제1의적인 것으로 보고 따라서 문학을 일개 수단으로 봄에 비해, 관찰적인 태도는 문학 자체를 제1의적인 것으로 봄으로써 오직 문학만을 생존의 이유로 삼는다. 체험적인 태도를 지니는 문학가의 예로서 톨스토이와 춘원을 들 수 있으며, 관찰적인 태도를 지니는 작가로서는 발자크와 벽초를 들 수 있다. 전자의 경우 작품은 개인적인 행동 즉 작가의 체험으로부터 분리할 수 없는 반면, 후자의 경우 개인의 행동을 떠나서도 문학은 존재한다. 작가는 자기 자신을 '無'로 하여 대상에 침잠한다. 또한 전자의 경우 문학을 떠나서는 작가는 도덕가, 사상가로서 존재할 수 있지만, 후자의 경우는 문학을 제외하면 작가는 하찮은 존재에 불과하다. 발자크의 경우 문학을 제거하면 한갓 속물에 지나지 않은 것이다. 더욱 중요한 것은 체험적인 태

---

70) <時代와 文學의 精神—「바르자크的인 것」에의 情熱>, ≪東亞日報≫, 1939. 5. 7.

도의 경우 작가의 주관이 강하게 개입하기 때문에 주관의 변화에 따라서 현실을 마음대로 재단하여 왜곡시킬 가능성이 크지만 관찰적인 태도의 경우 작가의 주관은 아무리 변화하여도 자신을 '무'로 하여 대상 자체에 몰입하는 것이기 때문에 현실 왜곡의 가능성이 작아진다는 것이다.[71] 이와 같은 체험적인 것과 관찰적인 것의 대비에 대해서 절대적으로 체험과 관찰이 대립하는 것은 아니라고 김남천 자신이 말하고 있지만, 이러한 대립에 보이는 김남천의 의식은 명확하다. 문학가는 문학하는 것에 자신의 모든 것을 걸어야 한다는 것, 자기 자신의 전 존재를 걸 수 없는 인간은 문학을 하지 말아야 한다는 것이다. 그리고 이 때 그 문학은 인간을 개조한다든가 또는 무엇을 한다든가 하는 수단이 아니라 그 자체로서 존재하는 것이며, 단지 현실의 본질, 필연성을 주관에 의한 왜곡이 없이 드러내 주는 것일 뿐이다. 문학가에게는 문학적 실천만이 생활실천이라 하면서 생활실천을 버린 것은 1938년 초의 일이었다. 이제 단지 충실한 반영만이 존재하는 것이다. 관찰문학론에 있어 또 하나 중심이 되는 것이 전형의 문제이다. 리얼리즘이 '전형'과 관계된다는 것은 엥겔스를 통해서 확인된 것이다. 김남천은 특히 전형적 성격의 문제에 초점을 맞춘다. 전형적 성격에 대한 탐구에 있어서 김남천은 발자크연구로부터 출발한다. 엥겔스가 말한 '전형적 성격'이라는 것이 무엇인지를 알기 위해서 그 대상이 되는 발자크로부터 김남천은 새로이 출발하는 것이다. 발자크를 연구함으로써 김남천이 확인한 전형적 성격의 내용은 악당과 편집광이었다. 발자크와 셰익스피어 모두가 악당과 편집광을 그렸다면, 악당

---

71) <발자크 硏究 노—트(4) 體驗的인 것과 觀察的인 것―續·觀察文學論>, ≪人文評論≫, 1940. 5.

과 편집광이 전형성과 관련이 있다는 것이다. 이에 고리끼의 언명을 통해 '개괄'과 형상화를 위한 성격적 특성으로서의 악당, 편집광에 대해 보충한다. 그리고 응축과 정수를 성격화의 방식으로 파악한다. 김남천이 과연 전형의 의미를 올바르게 파악하였는가에 대해서는 異論이 있지만,[72] 그가 정확하게 전형의 의미를 파악했다고는 보여지지 않는다. 그에게 있어서는 미르스끼가 말한 바 '사회적 힘의 본질'이 문제되지 않고 있으며, 전형적 성격과 전형적 상황이 함께 논의되어야 한다는 점도 몰각하고 있다. 그러나 이보다 더욱 문제적인 것은 김남천이 다음과 같이 말하고 있다는 점이다.

여기에서 나는 전형적 성격 창조에 있어서의 리얼리스트의 최대의 교훈을 다음과 같이 정식화하련다. 자본주의 사회의 화폐의 위력과 그의 법칙을 폭로하는 데 소설가는 자본주의와 빈궁문학을 택하지는 않았다고! 황금을 기피하고 그것을 경멸하는 「샌님」을 그려서 시민사회가, 그리고 그 사회에서의 화폐의 죄악이 描

---

[72] 이 문제에 대해서는 金允植, ≪韓國近代文學思想史≫(한길사,1984)와 최유찬, <1930년대 韓國리얼리즘론 연구>(연세대 대학원, 1986)의 차이를 보이고 있다.
"…김남천은 이러한 편집광이나 악당이 자본주의가 낳는 전형적 성격임을 고찰하는 데까지는 나아가지 못하고 있다. 다른 말로 하면 김남천에게는 자본주의 사회에서는 개인과 사회가 분리되므로 삶 속에 시가 소멸될 조건 속에 있다는 헤겔적인 시점이 결여되어 있다." (金允植, P.238.)
"그의 속셈은 악당과 편집광이 전형이 되는 이유가 자본주의라는 사회의 특성과 맺어짐으로써 전형이 된다는 것을 강조하기 위한 데 있다. 그러므로 그는 악당과 편집광을 그려서 전형성이 구현되는 것은 각종 인물의 사유와 행동이 그 토대에 화폐를 두고 있는 자본주의 사회의 인간답게 묘출되기 때문이라고 지적한다." (최유찬, P.168)

破된 것이 아니라, 실로 그랑데씨와 같은 황금익애자와 눗칭겐씨와 같은 은행적 악당을 그려서 그것이 비로소 가능하였다는 것을 나는 이곳에서 강조하려고 생각한다.(이것은 속물세계의 속물성을 描破한다고, 속물을 비웃고 경멸하는 신경질적인 고고한 결벽성만을 따라다니는 우리문단의 작금의 소설가와, 그것을 시대사상의 반영이라고 극구 찬양하고 있는 비평의 유행에 대하여도 커다란 교훈이 될 것이라고 생각한다. 그러나 「발자크」의 수법에 의하면 작가는 속물성을 비웃는 인간이 아니라 속물 그 자체를 강렬성에서 구현하고 있는 인물을 창조하는 것이 리알리즘의 定則이었다.73)

'속물성을 비웃는 인간이 아닌, 속물 그 자체를 강렬성에서 구현하고 있는 인물'의 창조가 필요하다는 김남천의 말은 <주인공=성격=사상>의 공식에 대한 그의 거부의 태도와 관련된다. <주인공=성격=사상>이란 사상과 시대정신을 체현한 자, 영웅, 천재, 사상가만이 주인공이 될 수 있다는 논리이다. "소설문학의 사상이나 모랄이란 것은 그러나 주인공으로 나타난다든가 덕목, 도덕률, 설교, 교훈, 연설, 선전 등으로 나타나는 것이 아"74)닌 것이다. 이에 대비되는 것이 <세태=사실=생활>의 논리인데, 이 각각이 체험적인 것과 관찰적인 것에 연결되어 있으며, 후자를 주장함에 김남천이 근거로 하고 있는 것은 마르크스가 라쌀레에게 보낸 편지에 나오는 '주관의 전성기'가 되어서는 안된다는 언표와 엥겔스의 경향문학론이다.

그러나 <주인공=성격=사상>론의 배제가 그에게 있어서도 일반

---

73) <발자크 硏究 노-트(2) 性格과 偏執狂의 問題-「우제니 그랑데」에 對한-考察>, ≪人文評論≫, (1239. 12.), P.83.
74) <世態・事實・生活-「토픽」中心으로 본 己卯年의 散文文學>, ≪東亞日報≫, 1939. 12. 22.

성을 띠고 있는 것이 아니라고 할 때, 즉 "시민사회의 우수한 리얼리스트가 장편소설에서 적극적인 성격을 창조하려 하였을 때는 훌륭한 진리"75)가 될 수 있다고 할 때, 그가 단순히 '주관의 전성기'에 대해 배격하고 있는 것만은 아니라는 것이 드러난다. <주인공=성격=사상>에 대해서 장, 단편을 문제삼지 않고 논해서는 안된다고 말하고 있으나 이보다는 관찰문학론에 이르게 되는 김남천의 감각을 발견할 수 있다. 이러한 점에서 다음과 같은 발언은 주목할 만하다.

> 이제 문학은 사상이나 관념에 대하여 상당한 경계를 하지 않으면 안되게 되었다. 관념에 비하야 생활이 언제나 우위라는 것을 진심으로 깨달아야 할 시기에 이르러 있다. (중략)
> 사상, 관념, 이데올로기의 불신과 붕괴가 치성히 불리워지고 있는 지금 예술가가 의탁할 곳은… 생활 그 자체임을 망각하여서는 아니된다.76) (윗점—인용자)

위의 언급에서 드러나고 있는 것은 단순히 문학의 문제만은 아니다. 오히려 김남천은 이미 형성된 어떤 이데올로기로도 현재를 감당할 수 없음을 말하고 있으며, 또 한편으로 그러한 사상을 갖고 살아 온 자기 자신을 포함한 동류의 인간에게 갖는 불신도 함께 드러난다. 소위 양심적 인간에 대한 거부와 새로운 긍정적 인물유형의 창조에 대한 욕구77)나, 임화의 주인공론에 대해 그토록

---

75) <主人公・性格・思想—「토픽」中心으로 본 己卯年의 散文文學>, ≪東亞日報≫, 1939. 12. 21.
76) 윗 글.

민감하게 반응하는 것 등은 김남천이 사상, 이데올로기라는 데 대한 과민성을 지니고 있음을 보여 준다.

그의 소설 속에서 이러한 그의 의식은 훨씬 뚜렷하게 나타난다. 이러한 면에서 눈에 띄는 작품으로는 단편「길우에서」(≪문장≫ 1939. 7), 장편「사랑의 水族館」(≪조선일보≫, 1939. 8. 1~40. 3. 3)과 중편「俗謠」(≪鑛業朝鮮≫, 1940. 1~5.)를 들 수 있다. 세 작품 모두 지식인 인물을 다룬 것으로 김남천이 생각하는 긍정적 인물과 부정적 인물이 대비되는 작품이다.「길우에서」의 K와「사랑의 수족관」유형의 김광호는 동일한 유형이다. 이들은 과거의 주의자를 형으로 두고 있으며, 그 형의 영향을 받기는 하나 형의 세대와는 다른 세대에 속한다. 그들은 모두 토목기사를 직업으로 갖고 있으며, 사회적 삶에 깊이 관여하지 않는다.「길우에서」의 <나>의 시선으로 나타나는 김남천의 시선은 그들의 삶에 대해 긍정적이다. 세계를 개혁하겠다는 <나>와, K의 형의 사상은 K에 의해서 감상적인 인도주의로 파악되고 있으며 <나>의 의식은 그에 대해 심정적인 반응 이상의 것을 보여 주지 못한다.「사랑의 수족관」은 전적으로 K―김광호―의 시대인데, 작품의 초두에서 김광호의 형의 죽음은 깊은 의미를 지닌다. 한때 사회주의자로 감옥에 갔다 나온 광호의 형은 무기력과 퇴폐적인 생활 속에서 폐병으로 사망한다. 그의 죽음은 그의 시대가 끝났음을 말해 준다. 김광호의 삶에 대한 기본적 태도는 자신이 하고 있는 일에 대한 충실함이다. K와 김광호는 세계의 변혁 가능성에 대해서는 생각하지 않는다. 기본적으로는 통속소설에 불과한「사랑의 수족관」이 지니는

---

77) <現代朝鮮小說의 理念―「로만」改造에 對한 ―作家의 覺書>, ≪朝鮮日報≫, 1938. 9. 18.

또 하나의 의미는 현실의 힘과 함께 인간에 대한 불신을 드러내고 있다는 것이다. 금전과 애욕을 둘러싼 음모 속에서 결국 행복한 결말이 오지만 작가 김남천은 이 행복한 결말에 대해서조차 불신한다. 광호와 재벌의 딸 경희와의 결혼은 온갖 음모에 의한 난관을 뚫고서 성공하지만 그 음모 자체는 밝혀지지 않은 채 끝나고 만다. 광호와 경희의 행복 또한 불확실한 것으로 남는다. 「속요」는 훨씬 직접적으로 김남천 자신과 가까운 인물을 다루고 있는데, 과거 좌익적 문학평론을 하다가 한 번 검거된 후 출판사에서 고서정리를 하고 있는 김경덕, '비평할 시대가 아니라 관망할 시대다' 라고 외치면서 시세를 타서 한 몫 잡으려는 홍순철, 여전히 문학평론을 놓지 않고 있는 남성, 그들은 더 이상 어떠한 가능성도 남기지 않는 인물로서 희화화되며, 김남천이 한가닥 동정을 보이고 있는 남성조차 자신의 삶을 관리하지 못하는 자신의 아내마저 빼앗기는 철저히 무기력한 인물에 불과하다.

관찰문학은 '탈사상의 문학'[78]임과 아울러 자기 자신에 대한 불신의 문학이다. 한편으로는 파시즘의 시대에 문학이 살아남을 수 있는 유일한 길[79]이기도 하지만, 한 인간에게 있어서는 자기 자신의 존재를 거부하는 문학이기도 하다. 셰익스피어적인 개성몰각, 沒主體의 논리도 이와 동일한 것이다. 관찰문학론이 그로서는 필연이었다는 자신의 말은 또 다른 의미에서 보아도 정당하다. 작가가 지니는 사상, 세계관을 그처럼 고정된 그 무엇으로 상정하는 한, 김남천은 군국주의로 치닫는 '사실'의 힘 앞에서 패배할 수밖에 없는 것이다.

---

78) 金允植, ≪韓國近代文學思想史≫, P.246.
79) 金允植, 위 책, P.240.

Ⅳ. 김남천 창작방법론의 특질과 리얼리즘의 귀착점

이상에서 김남천의 창작방법론이 변화하는 과정을 순차적으로 살펴보았다. 1930년대 전반에 걸친 창작방법론의 변화는 정치운동의 문화적 방식이라 할 수 있는 볼셰비키적 문학론에서 출발하여 발자크적 리얼리즘—작가의 주관과 체험을 배제한 몰주체의 리얼리즘에 이르는 양상을 보여 준다. 이는 "사상(이데올로기)에서 비롯하여 리얼리즘에 도달한 길"[80]이며 사상으로서의 문학으로부터 탈사상의 문학에 이르는 길이었다. 이와 같은 변화과정 속에서 드러난 것은 그의 창작방법론에서 작가의 세계관과 현실과의 관계가 문제적으로 되고 있다는 점과, 자신 및 자신을 포함한 일군의 지식인-사회주의를 신봉하고 공산사회의 도래를 꿈꾸면서 세계를 변혁하고자 하였던 소시민 지식인-을 바라보는 김남천의 시선의 변화가 중요한 변수로 작용하고 있다는 점이었다. 이에 대해서는 Ⅱ, Ⅲ장에서 개별적으로 언급하였다. 본장에서는 몇 가지 문제를 중심으로 김남천의 창작방법론의 변화가 드러내는 특징적 양상을 개괄해 보고자 한다.

김남천의 창작방법론의 변화에는 문학관의 변화가 수반되고 있다. '문학이란 무엇인가'라는 질문은 김남천에게는 다음과 같은 밀접히 관련된 두 질문을 포괄하고 있다고 여겨진다. 첫째, 이 시대

---

80) 金允植, ≪韓國近代文學思想史≫, P.241.

에서 문학은 어떠한 역할을 할 수 있으며, 또 해야만 하는가, 이는 사회 속에서 문학이 지니는 의미를 묻는 것이다. 둘째, 문학이란 김남천 자신에게는 어떠한 의미를 지니고 있는가. 우선 첫째 문제에 대해 김남천이 어떻게 생각하고 있는가를 살펴보자. 김남천은 문학에 대해 이중적인 태도를 갖고 있다. 문학은 한편으로는 어떤 진리―이미 인정되어 있는 진리를 전달해 주는 방식이며, 또 한편으로는 객관적으로 존재하는 현실의 본질을 드러내 주는 방식이다. 볼세비키적 문학론, 즉 문학의 임무를 黨의 슬로건을 대중의 슬로건으로 만드는 것으로 규정하는 문학관은 전자의 극단적인 예일 것이다. 이 때 문학은 전체적인 정치적 프로그램의 하나로, 정치의 한 부분으로 된다. 이른바 '해설로서의 문학'[81])으로 존재할 가능성이 매우 크다. 문학과 정치와의 관계에 있어서는 이와는 의미상으로 큰 차이를 보이기는 하지만 모랄론의 입장도 기본적으로는 이와 동일한 선상에 놓여 있다고 할 수 있다. '문학적 모랄'이라는 범주의 설정은 과학에 의해서 인식된 과학적 진리가 문학적 형상으로 전화하는 과정을 설명해 내기 위한 것이다. 즉 '모랄'이란 과학적 개념이 문학으로 형상화되는 과정이다. 현실을 연구하고 관찰함으로써 얻어진 과학적 개념과 문학이 밀접하게 관계되고 있음은 사실이다. 왜냐하면 문학 또한 현실의 본질을 드러내는 것을 본령으로 하기 때문이다. 그러나 문학이 과학적 개념, 이미 만들어진 진리를 단지 감각화하는 것은 아니다. 김남천이 지녔던 또

---

81) 게오르크 루카치 外(황석천 옮김), 《현대리얼리즘론》 (열음사, 1986), pp.115~6 참조. 루카치는 마르크스주의를 너무 직접적으로 일상적 실천적 문제에 적용시킬 때 '해설로서의 문학(Literature-as-illustration)'이 나타나거나, 조사와 선전, 선동의 관계가 역전되어 나타난다고 한다.

하나의 문학관은 바로 이 점에 관련되어 있다. 문학은 현실을 왜곡없이 반영하는 것이라는 생각은 자신의 작품「물」에 대한 옹호에서부터 비롯하여 관찰문학론에 이르기까지 계속적으로 그 양상이 변화된 상태로 드러나고 있다. 고발문학론을 제창하면서 주장하는 '철저한 묘사 반영'으로서의 리얼리즘, 풍속론에 있어서의 현실의 본질이 감각적으로 드러나는 풍속의 묘사, 관찰문학론에서의 주관을 객관에 종속시키는 리얼리즘은 이에 속한다고 할 수 있다. 김남천의 창작방법론은 전체적으로는 전자의 태도에서 후자의 태도로 이전하고 있지만 공시적으로도 드러나고 있다는 점에 그 특징이 있다(모랄―풍속론의 경우가 좋은 예이다).

김남천에게 있어서 문학이란 어떤 의미를 지니고 있는가 하는 두번째 문제를 검토해 보자. 첫째 문제의 논의와도 일정하게 관계를 지니는 이 문제는 식민지시대 지식인인 김남천의 존재방식을 묻는 문제이다. 존재방식이란 본래적인 어떤 것이 아니라, 현실의 객관적 조건에 의해, 그리고 그 조건에 대응하는 인간의 실천에 의해서 규정되는 것이다. 이 문제의 두 극은 정치인과 문학인으로 설정된다. 볼셰비키적 문학론을 제창하였을 무렵의 김남천의 존재방식은 문학인으로서라기보다 정치인으로서의 그것이었다고 할 수 있다. 문학이 정치의 한 보조수단으로밖에 여겨지지 않았다는 점과도 이는 관계되는데, 문학이란 김남천에게 있어서는 삶의 한 방식에 불과한 것이었다. 당시에 작가적 실천이라는 말이 지니는 의미가 문학적 실천―작품행동―의 의미와 그 이외의 여러 실천의 의미도 포함하고 있었다는 점도 참고가 된다. 또 한편의 극단이 문학인으로서의 존재방식이다. 관찰문학론에서 극단적으로 드러나는 이러한 규정은 오직 문학에서만 자신의 삶의 이유를 발견함으로써 문학에 자신의 생의 전부를 거는 존재 방식이다. 문학은 더 이상 삶의 한 부분으로서가 아니라 삶 그 자체로서 존재하며, 여타의 다른 삶의 부분은 전혀 고려되지 않는다.

자신의 삶의 방식, 존재방식의 규정은 자기 자신에 대한 판단과 밀접히 관련지워질 수 있다. Ⅱ, Ⅲ장에서도 계속하여 언급하였지만 창작방법론의 제변화의 근거에는 자신에 대한 불신과 절망이 깊이 내재되어 있다. 마음 깊숙한 곳의 절망과 그 극복의 노력, 자기 위안의 방식으로서의 '문학인'이라는 존재규정, 이러한 둘째 문제를 둘러싸고 있는 변화와 첫째 문제를 둘러싸고 있는 변화가 서로 상응하고 있다는 사실은 흥미롭다. 한 개인이 지니는 문학관의 변화와 자기 존재의 한계 인식 및 그에 따른 삶의 방식의 변화가 상응한다는 것은 김남천이 문학론을 자신의 삶과 분리시키지 않고 있다는 것을 의미한다. 특히 관찰문학론에 있어서 문학인으로서의 존재 규정과 몰주체의 리얼리즘이 결합하고 있다는 것은 의미 깊다.

이상과 같은 문학관에서 보이는 변화는 문학론의 구조 자체에도 영향을 미치고 있다. 곧 세계관과 현실의 분리양상이다. 세계관이란 세계를 전체적, 통일적으로 파악하는 것을 가리키며, 세계에 대한 지적인 파악뿐만 아니라 인간의 존재 및 태도라 할 수 있는 행위·생활·이상·평가 등의 실천적이고 情意的인 태도를 의미한다. 마르크스주의 미학에 있어서는 본질적으로 사회적 기초를 지닌, 현실의 일정한 반영, 설명으로 규정된다.[82] 이 때 현실이란 계급투쟁의 현실이며, 세계관은 대립하는 각 계급의 관계의 반영으

---

82) 로젠타리·누시노프 外(홍면식 역), ≪創作方法論≫(文耕社, 1949), P.23.

로 근본적으로 계급적 성격을 띤다. 모든 세계관은 계급적 세계관이다.[83] 김남천의 문학론의 구조적 특징이 세계관과 현실의 분리 양상이라 할 때, 이 때 역시 세계관은 계급적 세계관을 의미한다. 그러나 본고에서 개괄한 세계관은 각 단계에서 각기 다른 방식으로 표현되며, 김남천도 세계관이란 개념을 명확히 규정하고 사용하고 있지 않다. 예컨대 고발문학론에서 그가 말하는 세계관은 사상으로서의 세계관으로 마르크시즘을 뜻한다. '건전한 사실주의'의 건전한 세계관도 이와 동일한 의미이다. 이때 건전한 세계관은 현실의 올바른 반영의 전제가 될 뿐 아니라 작가가 당파성을 확보할 수 있게끔 해 준다. 그러나 모랄론에서 세계관은 세계직관의 의미로 사용되며 종래의 세계관 개념은 '과학적 진리'라는 용어로 대치된다. 문제는 이러한 용어 사용의 혼동 및 그 차별성보다도 그가 세계관의 개념을 완성되고 고정된 것으로 상정하고 있다는 점이다. 앞에서도 누차 언급하였듯이 김남천은 세계관을 문학 주체가 완전하게 파악하고 체득하지 않으면 안될 사상적 무기, 혹은 문학을 통해서 전달되어야 할 것으로 상정하고 있다. 세계관이 고정된 어떤 것으로 상정될 때 그것은 문학에 반영될, 또는 주체에 의해서 인식될 구체적이며 역사적인 현실과는 관련성이 약화된다. 김남천의 창작방법론에 있어서 세계관과 현실이 상호 연관성을 상실한 상태로 분리되어 나타나는 것은 일차적으로 이 때문이다. 그리고 창작방법이란 세계관과는 무관한 순수한 방법적인 것으로 된다. 세계관이 기본적으로 현실의 반영임은 앞에서 말한 바 있다. 따라서 올바른 세계관이란 현실의 가장 올바른 반영이며, 현실의 본질, 필연성의 인식이다. 세계관은 그 출발을 현실 그 자체에 두

---

83) 위의 책, P.36.

고 있는 것이다. 김남천에게 있어서는 세계관과 현실과의 관계가 역전되어 있거나 무관한 것으로 나타나며 출발점으로서의 현실이 망각되어 있거나 회피되어 있다. 김남천에게는 현실은 한낱 반영될 대상적 차원 이상은 아니다. 다시 말해서 운동하고 있는 場, 주체의 능동적 행위의 장으로서 설정되고 있지 않은 것이다. 그가 말하는 리얼리즘이 현실의 충실한 묘사·반영의 선 이상을 넘고 있지 못한 것도 이 때문이다. 문학관에서 드러난 이중성이 세계관과 현실의 관계 설정에 깊이 침투하여 있다. 이러한 양상에 관여되어 있는 또 하나의 요소가 자기 자신을 바라보는 김남천의 시선이다. 그 눈은 자기 불신의 눈이다. 김남천의 창작방법론의 출발은 자기 자신에 대한 고발이다. 고발되어야 할 자신이란 현실과의 대결에서 패배한 소시민 지식인이다. 고발문학론을 살펴보는 장에서 드러난 것처럼 현실에서의 패배의 원인은 자신의 계급 고유의 소시민성과 사상적 무기인 세계관의 불확고이다. 현재의 자신으로서는 세계를 올바로 파악할 능력이 없다는 인식, 그리고 자신이 지니고 있다고 생각했던 세계관이 현실과의 대치에서 형편없이 패배해 버렸다는 인식이 창작 주체의 위치를 설정할 수 없게끔 하였고 때문에 한편으로 세계관을 획득하기 위한 노력과 또 한편으로 리얼리즘—현실의 왜곡 없는 반영—을 달성하기 위한 노력이 매개되지 않은 상태로밖에 나타날 수 없었던 것이다. 자기 자신의 한계는 운명적인 것으로까지 확대되는데, 운명적이라는 인식은 그 극복의 가능성을 더욱 약화시키고 문학론에 있어서도 주체의 역할은 더욱 축소되어 나타난다. 모랄—풍속론이 바로 이러한 경우에 속한다. 과학적 개념이 형상화될 때 주체가 하는 일은 그 개념에 감각적 의상을 입히는 것에 불과하며, 풍속을 묘사하는 것 이외에는 없다. 결국 이러한 의식이 마지막으로 도달한 곳이 몰주체의 리얼리즘—관찰문학론이다. 김남천의 창작방법론에서 끝까지 창작주체가 문제가 된 것은 그가 작가적 입장에서 사고하고 있음을 보여준다. 문학—리얼리즘이 작가적 입장에서 문제가 될 때, 리얼리즘은 더 이상 사후판단적인 것이 아니라 실제적인 창작의 지도지침으로 된다. 다시 말해서 작가에게 실천가능한 것이 되어야 하는 것이다.

리얼리즘이란 현실의 올바른 반영을 말한다. 즉, 객관적으로 존재하는 현실과 반영된 현실 사이의 근접성을 묻는 것이다. 그러나 이 근접성은 단지 객관적 현실의 한 부분을 그대로 재현함으로써 성립되는 것은 아니다. 리얼리즘이 드러내는 것은 현실의 본질적인 모습이다. 언제나 현상의 배후에 숨어서 현상으로만 나타나는 현실의 본질을 드러내는 것이 리얼리즘이다. 이때 현실의 본질은 모든 예술의 본질이 그러하듯이 감각적 직접성으로 표현된다. 리얼리즘의 특질적 범주는 전형성이다. 전형은 "주어진 사회적 힘의 본질이, 최대의 힘과 날카로움을 지니고 표현하고 있는 바의 것"[84]이며 보편자와 개별자를 유기적으로 통합하는 종합으로서의 특수성의 범주이다.[85] 리얼리즘이 현실의 단순한 모사·재현이 아니라 본질의 감각적·직접적인 드러냄이라 할 때, 비로소 그 본질을 파악해 내는, 즉 일상적 현상적 세계에서 본질적인 것과 비본질적인 것을 구분해 내는 작가의 눈, 세계관이 문제가 된다. 이 작가의 눈은 예술의 형성원리 및 선택원리로서 작용한다.[86] 이제 리얼리

---

84) ミルスキー(熊釋復六 譯), ≪リアリズム≫ (清和書店, 1936), P.18.
85) 게오르크 루카치(홍승용 역), ≪美學序說≫ (실천문학사, 1987), pp.253~64 참조.

즘은 작가의 세계관과 현실 사이의 긴장관계로 드러난다. 엥겔스의 '리얼리즘의 승리'란 작가의 의도와, 결과로서 드러난 작품이 보여 주는 것이 일치하고 있지 않을 때, 그리고 후자가 훨씬 더 현실의 본질에 접근하여 있을 때 성립하는 것이다. 그러나 이것이 결코 올바른 세계관을 지녀야 함을 부정하는 것은 아니다. 발자크의 작품이 드러낸 것은 제한된 현실의 본질이다. 작가의 세계관이 올바르면 올바를수록 작가의 세계관에 의한 현실의 왜곡은 적어지며 그만큼 작품 속에서 표현된 현실의 모습이 객관적 현실의 본질에 근접하게 될 가능성은 커지는 것이다. 물론 올바른 세계관의 확보가 항상 훌륭한 리얼리즘을 가능하게 하는 것은 아니다. 단지 세계관은 작가가 현실을 대함에 있어서 출발의 지침이 되는 것이다. 세계관 또한 현실의 반영이며, 그러한 의미에서 현실은 인식된 현실보다 언제나 풍부한 것이다. 세계관은 현실을 옳게 이해하기 위한 지도적인 선이지 현실을 재단하는 틀은 아니다. 그렇지 않을 때 세계관은 리얼리즘에 있어서 질곡으로 화한다. 김남천의 경우 세계관의 중요성을 인식하고 있었으며 작가의 세계관이 선택원리로서 작용한다는 점도 이해하고 있었다. 그리고 그가 올바른 세계관이 필요함을 역설한 것은 정당한 일이었다. 그러나 그는 세계관이 현실의 반영임을, 그리고 그것이 작가의 실천에 의해 형성되는 것임을 몰각하고 있었다. 다시 말해서 그는 이론—실천의 변증법을 몰각하고 세계관을 고정된 것으로 인식하고 있었다. 세계관이란 인간의 "모든 실천을 따라 항상 새로 형성되고, 영원히 변화하는 산 체계"[87]로서 이해되어야 하는 것임에도 김남천은 그렇게 하

---

86) 게오르크 루카치, 앞의 책, P.21.
87) 로젠타리·누시노프 外, 앞의 책, P.102.

지 못하였다. 올바른 세계관은 이론적인 학습으로써만 가능한 것은 아니다. 이와 더불어 주어진 현실 속에서 그 현실을 올바르게 변혁하기 위해 현실과 대결하려는 치열한 의식과 끊임없는 실천을 통해서만 올바른 세계관은 획득될 수 있는 것이다. 김남천이 그렇게 할 수 없었던 것은 자신이 소시민이라는 인식과 함께 실천이 불가능하다는 것을 인정하였기 때문이다. 그리고 또 하나의 요인은 그의 관념성이라 보인다. 김남천의 관념성은 자기고발에서 현저하게 드러나는데, 자기 자신이 지닌 한계성에 대한 비판, 그리고 그것을 극복해야만 한다는 의지는 매우 강하지만 그 극복의 방식은 현실과 매개되지 않은 의식 내부에서의 투쟁에 불과한 것이었으며 이러한 관념인인 투쟁은 극복의 가능성을 내포하지 않는 것이었다. 고발문학론에서의 현실에 대한 비판의 한 형태로서 제시된 현실의 부정, 혹은 관조적 리얼리즘이나 그 맥을 잇는 주체가 문제되지 않아도 되는 리얼리즘론으로서의 관찰문학론은 이러한 관념성의 필연적인 귀결이라 할 수 있다.

김남천의 창작방법론은 어려운 상황 속에서 가능한, 작가에게 직접적인 도움이 될 창작방법론을 구하려 노력한 결과 얻어진 산물이다. 그러나 이 창작방법론은 자신의 한계와 주어진 현실 상황의 한계를 결코 넘지 못한 것이었다. 김남천이 마지막에 도달한 엥겔스적 리얼리즘이 "주관이나 사상 이데올로기를 가질 수 없는 시대, 파시즘에 직면한 시대에서 상처입지 않고 문학을 할 수 있는 유일한 길"[88]일 수도 있겠지만, '상처입지 않는 문학—리얼리즘'이야말로 관념적인 것이라 할 수 있다. 진정한 의미에서의 리얼리즘은 언제나 정치적인 것일 수밖에 없기 때문이다. 리얼리즘

---

88) 金允植, 앞의 책, P.240.

이 현실의 본질을 문제삼고 현실의 방향성을 드러내야만 하는 것이라면 그것은 왜곡된 현실에 대한 비판이어야 하며, 그런 의미에서 주체를 배제하는 리얼리즘이란 자기 기만 혹은 자기 위안에 지나지 않는 것이다. <소설의 운명>을 출발점으로 하여 1941년 전후에 발표되는 제 평론은 이러한 맥락에서 검토되어야 한다. "차안의 몰락은 확실하지만 건너뛰어야 할 피안의 세계는 나타나 있지 아니하다. 전환기가 가지고 있는 분위기의 하나는 이 피안의 결여에 있지는 아니한가."[89] 루카치의 ≪소설의 본질≫과 <부르조아 서사시로서의 장편소설>을 거의 그대로 요약하여 발표한 <소설의 운명>의 핵심은 위의 인용에 있다. '피안의 세계'의 모습이 보이지 않는다는 김남천의 말은 당시의 검열을 염두에 둔다 하더라도 다음의 말과 더불어 어느 정도의 진실을 내포하고 있다고 판단된다.

> …지구위의 낡은 질서가 물러가고 새로운 질서가 찾아오려는 가장 중요한 역사적 순간……세계사의 전환기에 對하여 하나의 時務의 말도 원리도 그리고 포즈조차 가지고 있지 못하다는 것은 얼마나 부끄럽고 또 슬픈 일이냐.[90]

개인적 절망과 문학을 통한 절망의 극복, 그와 아울러 시대―전환기의 초극이 얼크러져 있는 이 시기의 평론에 대해서는 두 가지 측면에서 논의할 수 있다. 첫째는 그가 어떠한 사상에도 자기 자신을 의탁하지 못하고 있다는 사실이다. 전망이 보이지 않는 시대에서 가능한 것은 몰락되고 있는, 폐기되어야 할 現社會에 대한 비판뿐이다. 그러나 그러한 비판이 작가의 올바른 사상적 태도가

---

89) <小說의 運命>, ≪人文評論≫ (40. 11), P.13~4.
90) <原理와 時務의 말>, ≪朝光≫ (40. 8), P.100.

정립되지 않은 상황에서는 可能性을 볼 수 없는 것임을 고발문학론에서 이미 스스로 인식한 것이다. 그렇다면 '관찰문학론', '작가의 주관·사상 여하에 불구하고 나타나는 리얼리즘'만이 남는다. 둘째는, 그 스스로가 자기 자신이 제시한 '소설의 운명' 자체에 대해 확신하고 있지 않다는 점이다. 새로운 소설의 단초로서의 고리끼에 대한 지향과 조선 소설에 대한 판단의 유예가 드러내는 이중성은 첫째 측면에서 말한 시민사회 말기의 인간성 비판과 엥겔스적 리얼리즘 사이에서 드러나는 이중성과 동일하다. 이러한 이중성은 세계사적 보편성과 조선적 특수성의 문제이다. 조선 사회와 조선의 문화가 세계사적 보편성, 즉 자본주의사회―시민사회의 몰락과 새로운 사회의 도래라는 필연성에 따르게 됨은 물론이나, 시민 사회의 완성을 거치지 않은 데 조선적 특수성이 있다. 이 조선적 특수성의 문제를 해결하지 못한 것이 김남천으로 하여금 '피안의 세계'에 대한 정확한 전망을 갖지 못하게끔 한 것이다. 이러한 김남천의 의식은 「浪費」(≪人文評論≫, 40. 2~41. 2, 미완)에서 그 편린을 보여준다. 「헨리·제임스」를 매개로 표출되는 주인공 이관형의 절망적인 의식, 구라파 문명의 외곽에서 구라파를 동경하다가 구라파의 몰락의 모습에 절망하고 결국 지향점을 상실하는 이관형의 의식은 바로 김남천의 그것이라고 판단할 수는 없지만 「麥」(≪春秋≫, 41. 2)에서 표명되는 이관형의 입장이 김남천의 평론에서 동일하게 반복될 때, 이관형의 사고에 김남천의 의식이 침투하고 있음을 상정할 수 있다. 그렇다면 이관형의 모색이야말로 바로 김남천의 모색이라 할 수 있다. 이제 비로소 '보리의 사상'이 지니는 의미를 검토할 수 있게 된다. '보리의 사상'의 본질은 '猶豫'라고 보인다. 어차피 갈려서 빵이 될 것이라면, 지금 갈려서 빵이 되기보다는 땅에 묻혀서 꽃을 피우겠다는 최무경의 사고, 그리고 그것을 통해 니힐리즘에서 벗어나는 이관형의 사고는 '유예의식', 또는 '살아남음'의 의식이라 할 것이다. 이는 아무 것도 판단할 수 없는 시대의 삶의 방식이다. 「길우에서」, 「사랑의 수족관」, 그리고 「등불」(≪국민문학≫, 42. 3)에 이르는 기본선인 '자신에게 주어진 일에의 충실', '숙련의 아름다움'과 발자크의 리얼리즘이 위와 같은 '유예'의식과 동궤인 것은 물론이다. 「등불」의 말미에서 보이는 다음 한 마디는 파시즘의 시대에 전망을 상실한 지식인의 솔직한 자기 고백이 될 것이다.

…「나는 살고 싶다」[91]

V. 결 론

본고의 목적은 1930년에서부터 1941년에 걸치는 김남천의 문학론(특히 30년대 후반의 창작방법론)의 변화과정을 살펴봄과 아울러 그것을 통해서 30년대를 살아간 한 지식인 작가가 현실에 어떻게 대응해 나가는가를 밝혀내는 것이었다. 1935년 카프의 해산 이후 그가 해결하지 않으면 안되었던 것은 자기 자신의 극복과 아울러 엥겔스의 리얼리즘을 기축으로 한 새로운 리얼리즘을 창작방법론으로 완성하는 것이었다. '리얼리즘의 승리', 세계관과 창작방법의 모순의 가능성이야말로 조선의 작가로서는 '복음'과도 같았던

---

91) ≪國民文學≫ (42. 3), P.125.

것이었다. 엥겔스의 리얼리즘론은 조선 작가에게 있어서 종래의 과도한 정치편향으로부터 벗어날 수 있는 가능성을 부여하였지만 이러한 과도한 정치지향성으로부터의 벗어남이 곧바로 소시민 문학으로 빠져나갈 수 있었음은 조선의 특수성이라 할 수 있을 것이다. 엥겔스가 말한 바 리얼리즘의 승리란 어쩌면 작가의 세계관과 창작방법과의 모순이 아니라 작가의 세계관 자체의 모순일지도 모른다. 누시노프에 따르면 발자크에게서 드러난 모순은 당해 사회의 모순이었다. 시대의 모순과 충돌, 그리고 새로운 힘의 발현이 「인간희곡」이라는 그의 작품을 관철한 것이다. '위대한 리얼리즘의 승리'가 사후적인 판단의 영역에 속하는 것도 이 때문이다. 판단의 영역에서 실천의 지도성의 영역으로, 事後的인 것으로부터 事前的인 것으로 이전해 가는 과정에서, 엥겔스의 '리얼리즘의 승리'를 올바로 파악해야만 하는 난점이 김남천에게 놓여 있었던 것이다. 판단에 있어서 창작 주체는 현실과 작품 사이를 매개하는 위치에 있음에 비해 창작 실천 및 그 지도에 있어서는 주체는 더 이상 매개가 아니라 출발점으로 된다. 예술작품의 판단 기준으로서의 리얼리즘과 창작방법으로서의 리얼리즘의 위상의 차가 여기에 있으며 김남천의 창작방법론은 판단에서 실천으로 넘어가는 과정에서 이 위상차를 극복하려는 노력의 소산이다.

김남천의 창작방법론의 변화과정을 살펴봄에 있어 기준으로 삼았던 것은 작가의 세계관과 문학의 대상으로서의 현실 사이의 관계가 어떻게 드러나고 있는가였다. 이로써 밝혀진 것은 김남천이 그의 창작방법론 속에서 이 관계를 올바르게 설정하려고 노력하고 있으나 실패하였다는 사실이다. 실패할 수밖에 없었던 것은 세계관과 현실을 고정적, 기계적으로 이해하고 있었기 때문이었다. 작가의 세계관과 현실이 모두 동적이라는 것, 그리고 상호 관련 속에서 변증법적으로 규정되어야 한다는 점을 몰각하고 있었던 것이다. 이러한 몰각에는 김남천이 자신을 바라보는 태도, 현재의 자기 자신에 대한 인식이 크게 작용하고 있었다. 이러한 사실을 각 시기별로 요약해 보면 다음과 같다.

카프 해체 이전에는 김남천은 자신을 정치인으로 규정하였다고 보인다. 문학활동은 정치적 프로그램의 일부분으로서만 존재한다. 이러한 자기 규정이 그로 하여금 문학운동의 조직과 문학가의 당파성 및 정치적 실천에 큰 비중을 두게 하고 당대에 논의되던 리얼리즘 즉 현실의 객관적 반영의 측면에는 주의를 기울이지 않게끔 하였다. 물론 여기에는 당대의 새로운 리얼리즘—변증법적 리얼리즘론, 사회주의적 리얼리즘—이 현실의 주체적 상황에 뿌리박고 있지 못함으로써 공소한 논의가 되었으며, 또 전체 운동선상에서의 일탈로 보여질 수 있었다는 계기도 작용하고 있었다. 정치성의 강조와 함께 '현실'에 대한 인식이 드러나고 있는데, '현실'은 「물」을 둘러싼 임화와의 논쟁에서 자기 옹호의 근거로 된다. 준열한 자기비판과 작가의 실천 및 당파성의 강조, '현실' 인식은 이후 그의 창작방법론을 규정하는 중요한 요인이 되었다.

고발문학론의 시기는 혼돈과 모색의 시기이다. 직접적인 계기가 된 것은 외부적 압력에 의한 조직의 해체다. 합법적 차원에서의 예술 운동이 더 이상 가능하지 않게 되었을 때, 정치와 문학 사이에서 자신의 존재 규정이 흔들리는 상황에 처한 김남천은 문학 외적인 자기 수습의 방안으로 올바른 세계관의 확립을 추구한다. 문학론에서는 이러한 동요가 자기비판으로서의 자기고발과 리얼리즘의 모습을 띠고 나타난다. 고발로서의 리얼리즘은 35년 이전의

'현실' 인식이 확대된 형태라 할 수 있다. 그러나 주체, 주체가 획득하고자 하는 세계관 곧 사상성, 그리고 현실은 상호 매개되지 않은 채 분리되어 존재하고, 주체와 세계는 전적으로 거부되어 버리거나 아니면 관조적인 대상의 차원에 머무른다.

모랄-풍속론은 이처럼 분리된 세 부분을 통합하고자 하는 노력이다. 이것이 가능했던 것은 자신의 존재를 명확히 규정했기 때문이다. 즉 문학가의 생활실천이란 곧 문학적 실천뿐이라고 문학가로서 자신의 존재를 규정했다. 이로써 자신을 옭아 매던 작가의 실천의 문제로부터 벗어난 김남천은 문학만의 문제로 돌아와 주체·세계관·현실의 문학적 교섭을 인식론을 바탕으로 한 문예학을 통해 시도한다. 그 구체적인 모습이 모랄과 풍속이라는 매개의 설정이다. 그러나 주어진 것으로서의 세계관을 감각화시키는 모랄과, 현실의 본질을 드러내는 풍속은 역시 서로 분리된 채 존재한다. 로만개조론은 모랄-풍속론을 구체적인 창작방법론으로까지 끌어올려 분열되어 있는 소설의 현상을 극복함과 동시에 문학을 통해 시민사회를 극복하려는 의지의 소산이다. 그리고 그 성과로서 「대하」를 낳았다. 로만개조론은 정치적 지향성이 문학에 의탁된 형태라 할 수 있다. 그러나 이러한 의욕적인 시도에도 불구하고 로만개조론은 모랄—풍속론의 한계를 고스란히 드러내고 있다.

김남천이 고발문학론에서부터 끊임없이 주장해 온 것은 현실을 왜곡없이 반영해야 한다는 것이었다. 현실의 왜곡없는 반영의 추구가 극대화된 형태가 탈사상, 탈체험의 리얼리즘론인 관찰문학론이다. 주체의 개성 몰각을 주장하는 관찰문학론은 김남천이 자기자신의 문제를 의식적으로 제거한 것이다. 이는 한때 사회주의자였던, 자신을 포함한 소시민 지식인에게서 더이상의 가능성을 보고 있지 않음을 말한다. 「속요」에서 보여 준 전향자들의 희화화된 모습이나 「길우에서」「사랑의 수족관」에서 보여 준 새로운 지식인 유형의 모색에서도 이는 확인된다. 결국 김남천은 세계관과 현실의 변증법적 관계를 설정하지 못하고 세계관을 제거함으로써 세계관과 현실간의 딜레마를 벗어날 수 있었던 것이다. 그리고서 그가 도달한 곳은 「등불」에서 드러나는 '소시민적 생활'에의 안주와 시대에 대한 판단의 유예, 그리고 그로부터 연유하는 '살아남음'의 의식이다. 루카치를 끌어들인 것은 전환기를 맞이하면서 어떠한 방식으로든 전환기를 극복해야만 한다는 의지의 소산이지만, 로만개조론에서 이어진 그 극복의 의지 또한 세계사적 보편성과 조선적 특수성과의 사이에서 관찰문학론의 "주관·사상 여하에도 불구하고 나타나는 리얼리즘"으로 귀착될 수밖에 없었고 이러한 리얼리즘이야말로 판단유예의 사상, '살아남음'의 논리와 동궤에 속하는 것이다.

이와 같은 변화의 과정 속에서 상호 밀접하게 관련되어 있는 세 특징을 발견할 수 있다. 첫째, 김남천이 문학을 보는 관점이 이중적이라는 점을 들 수 있다. 즉 문학을 이미 확정된 진리를 전달하는 수단으로 보거나 아니면 현실의 객관적 묘사로 보고 있다. 이 두 문학관 사이의 간극은 또 하나의 특징인 세계관과 현실 사이의 괴리로 나타나고 있다. 마지막으로 들 수 있는 특징적인 모습은 극도의 자기집착과 그에 따른 자기기만, 혹은 자기위안의 모습이다. 자신에 대해 솔직하다는 것, 그리고 그에 따르는 자기비판의 치열성은 실천적 행위가 따르지 않는 관념적인 것인 한, 결코 자기 자신을 극복할 수 있는 발판이 되지 못하며, 오히려 자기위안이 되기도 하는 것이다.

그러나 이상과 같은 김남천의 한계가 곧 그의 모든 노력을 전적으로 무화시키는 것은 아니다. 그가 자기 자신의 문제로부터 결국은 벗어나지 못하였고 또 문학에 대한 사고도 비변증법적이며 기계적이었다 하더라도, 그리고 그의 노력이 성공을 하지 못하였다 할지라도, 작가로서 당대의 상황에서 최대한으로 가능한 창작 방법론을 추구하였다는 점, 그리고 그 지향점이 실천적 리얼리즘이었다는 점은 마땅히 평가되어야 한다. 오늘날 우리에게 있어서 중요한 것은 그가 달성한 리얼리즘이 어느 수준이었는가, 혹은 그가 당대 세계 문예이론의 한 봉우리를 이루고 있던 루카치를 어느 정도 소화해 냈는가 하는 점에 있는 것이 아니라, 그가 얼마나 성실하게 자신에게 주어진 상황에 대응하고, 그 극복을 위해 얼마나 노력하였는가 하는 점에 있는 것이다. 김남천에 대한 새로운 조망의 가능성도 바로 여기서 찾아져야 할 것이다.

자아와 현실세계의 대결의 소멸
—1939년 중반~해방 전

문 영 진

1. 자아의 은밀한 욕망 —〈이리〉, 〈T일보사〉 등

김남천은 1939년 중반에 발자크에 대한 연구에 들어갈 즈음해서, <이리>(1939.6), <장날>(1939.6), <T일보사>(1939.11) 등의 작품을 통해서 그의 성격이론을 구체화하게 된다.

<이리>는 '나'와 신문기자인 박군이 자신이 취재한 기사를 이야기하는 형식으로 되어 있다. 이 소설은 액자소설 형식으로, 액자내부는 단순한 사실의 서술이 아니라 상세한 묘사가 포함되어 있다. 이를 보면 액자는 작가가, 그 자신이 구상한 '성격'에 대한 구상을 펼쳐 보이고 그것에 대한 주석을 달기 위한 장치로 이해될 수 있다. 전체구조는 영화를 보고 나오는 대목, 박군과의 만남, 박군이 들려주는 이야기(內話), 그 이야기에 대한 논평 등의 네부분으로 이루어져 있다. 내화는 다음과 같은 내용이다. 돈에만 집착하는 권명보는 서대문 뒷골목의 슬럼가에 거점을 두고 시골처녀들을 윤락

가에 팔아먹는 인신매매조직의 일원이다. 그는 시골에서 올라온 16,7세의 처녀를, 호색에 주로 관심이 있는 서상호에게 데리고 간다. 원래 처녀아이들은 서상호의 차지가 된 후에 윤락가에 팔아 넘겨졌었다. 그런데 예외적으로 이번 처녀에 대한 권의 단호한 요구를 서상호는 자기영역의 침범으로 느끼게 되고, 둘은 싸움을 벌이다, 칼부림을 하여 쓰러진다. 이같은 내화는 완전히 외화에 둘러싸여 있는데, 외화에서 서술자(작자의 현재의 자아의 모습일 것이다)는 '악이라던가, 선이라던가, 그러한 모랄이 개입될 여지가 없도록 우선 강렬한 걷잡을 수 없는 성격의 매력 — 그렇게 나는 막연히 생각해 보는 것이다.'[1]라고 말하고 있다. 이 말은 작품전체의 성격을 규정하는 말이라고 보아도 틀리지 않을 것이다.

이 작품에서 다음과 같은 몇 개의 특징이 추출될 수 있다. 첫째, 영웅주의, 이것은 일찍이 최재서가 지적했듯이 '현대인의 피곤한 심경'의 반영으로 '강렬성에 대한 탐미'[2]에 다름아니다. 파시즘의 폭압에 직면하여 그것에 대한 민중의 대응이 미약할 때, 피곤하거나 불안·절망에 빠진 중간계급의 선택이 거꾸로 파시즘의 적극적 수락으로 갈 수가 있다.(이러한 허무주의가 드러난 것으로 <현대의 여성미>(1940.1)가 있다.) 이것은 이 시기의 그의 소설평에서 왕왕 보이는 허무주의에 대한 경고의 태도와 모순되는 것인데, 이 다음 단계에 적극적인 친일의 표현인 <순직>(1940.7)이 오게 된다. 둘째, 민중이 대상화되어 나타난다. 물론, 이같은 소설에서, 끌려온 처녀에게 동정적 시선을 가진다면 소설구조가 부자연

---

1) 이리, 조선작품연감, 인문사, 1940, p.200.
2) 최재서, 성격에의 의욕(1939.10), 최재서평론집, 청운출판사, 1964, p.294.

스럽게 될 것이다. 그러나 이 소설에서 영천시골에서 올라온 처녀 언년이는, '논에서 흙과 두엄 속에 썩느니보다도 한번 눈부시게 찬란한 도회지에-이렇게 동경이라고 하기엔 너무도 어처구니 없는 고무풍선 같은 바람을 안은 계집이기엔 틀림없었다.' 3), '지금 겨우 탄력이 생기려는 어린 계집의 몸뚱아리'4) 식으로 묘사하고 있다. 작가는 지금 언년이를 경멸어린 눈으로, 혹은 불건강한 관점으로 대상화시키면서 오직 성격 '창조'에만 관심이 쏠려 있고, 왜 언년이가 지금 여기에 오게 되었는지에 대한 관심 같은 것은 거의 없다. 있다 하더라도 위에서 보듯이 도회지 생활에 대한 동경 때문에 무작정 상경한다는 식으로 상투적으로 개인의 심리 차원에서 그 원인이 서술된다. 그리고 언년이가 보기에 '눈부시게 찬란한 도회지'는 작가의 눈에는 영화 '페페 르 모코'에 나오는 외국의 거리에 비해서는 '빈약하고 단조로운 이 서울거리'5)로 비친다. 민중에 대한 멸시·대상화와 민족 허무주의가 한 몸으로 나타남을 확인할 수 있다. 이 소설은 결국 작가와 비슷하게 피곤함에 빠져 있을지도 모르는 독자의 의식을 마비시키는 통속소설에 다름아니다. 작품의 맨 마지막에 가서 인신매매조직이 경찰에 잡힌다는 것을 밝히고 있는 점6)을 보아 이 소설이 일제의 식민지 지배의 현실을 호도하고 있음을 감지할 수 있다. 또 액자소설적 장치의 이용으로 외화에서, 자신들의 행위를 '현대인의 피곤한 심경'7) 이라고 규정

---

3) 같은 책, p.206.
4) 같은 책, p.208.
5) 같은 책, p.201.
6) 외화에서, 박기자가 '그들이 모두 끌려왔다'고 말하고 있다. 같은 책, p.215.
7) 같은 책, pp.215~6.

하는 것은 작가가 앞에서 보여준 것에 대한 책임회피, 혹은 자기 합리화·기만에 다름아닙니다. 바로 이 다음 부분에서 앞의 영화의 주인공 여자(카쯔바)와의 사랑은 현대의 피곤한 부르조아의 심경을 반영한 것이라 말하면서도 작가 자신은 그것과 똑같은 태도에 빠져 버리는 것이 그것이다. 그가 창조한 <낭비>에서의 문난주, <사랑의 수족관>의 은주 등은 카쯔바와 똑같은 인물이라 해야 할 것이다.

<장날>도 서두성의 강렬한 성격을 드러내기 위해서 극적 장치를 도입하고 있으나 소설로서는 실패작이며 서두성은 살아있는 인물이 아니라 '차라리 엘리멘트의 뭉치'[8]라고 하는 편이 타당할 것이다. <T일보사>도 이와 별반 다르지 않다. <T일보사>는 시골에서 상경한, 우스꽝스런 인물인 김광세가 신문사에 입사해서 주식으로 돈을 벌고 신문사의 경영난을 바로잡아 드디어는 부사장이 되어 성공한다는 이야기를 다루고 있다. 우선 이 소설의 세계는 자아가 세계의 형편을 고려하지 않고 자신의 의지를 마음먹은 대로 성취해 가는 민담적인 세계에 접근한다. 성공에 대해 편집광적인 집착을 가진 인물이 자신의 욕망을 추구하는 이야기로, 주인공의 우위에 입각한 현실과의 대결이 이루어지는데, 이같은 일은 리얼리티를 요구하는 소설세계의 내부에서는 쉽사리 가능한 것이 아니다. 그래서 구성적으로 우연이 남발되고, 또 중편에 달하는 분량임에도 불구하고 소설공간은 대단히 폐쇄적인 것으로 나타난다. 그런 부분을 보완하려고 작가는 편지형식도 사용하고 있다.[9] 편지는 자기의 생각·의지를 독자에게 토로하기에 알맞은 방법으로 소설세

---

8) 최재서, 앞의 책, p.295.
9) T일보사, 인문평론, 1939.11, p.151 이하의 K군에의 편지.

계 안의 다른 요소들과 밀접한 연관이 없이도 가능한 것이다.

다음 이 초인적인 성취를 이루어내는 인물은 사상이나 '모랄'이 없는 인물이다. 다만 세계에 대해서 복수하는 심정으로 초인적인 자기성취를 하는 데 몰두해 있는 인물이다. 그래서 성공해서 통쾌하게 주위 사람들에게 복수하는 내용이다. 이것은 '물논쟁'에서 받은 수모 등과 같은 현실에서의 패배를 상상적인 공간에서 복수하려는 작가의 자아의 은밀한 표현으로 볼 수 있다. 이러한 <T일보사>는 결국, 짧지 않은 길이에도 불구하고, 그 내용으로 그려진 세계는 인식적 가치가 별로 없는 통속소설의 수준을 넘어서지 않는다. 이 소설은 작가가 더 이상 소시민에 대해서도 희망을 두지 않음을 보여주고 있다. 소시민의 삶조차도 쉽지 않다는 것은 <기행> 등에서도 드러나는 것으로, <미담>에서 작가는 성실하게 생활하면서 소박한 성공을 꿈꾸던 박왈수의 실패를 그린 바 있는데, 이제 그 세계가 완전히 환멸로 바뀌었음을 보여주고 있다.

> 사람에 따라서는 자자영영히 생업에 종사해서 수만금을 이루운 성공의 주인공도 없지 않았고, 인내심을 가지고 색기를 쳐서 그 놈을 길러 재계의 한 모퉁이를 차지한 미담의 주인공도 없지는 않았다.[10]

관찰문학론의 창작구상과 일치하는 것으로 판단되는 이들 작품들은, 첫째, 윤리가 거세된 세계라는 점, 둘째, 추상적인 인간이 등장한다는 점, 셋째, 파시즘의 한 징후인 영웅주의를 드러낸다는 점, 마지막으로 정통적인 소설양식이 아닌 소설양식의 해체의 징후를 드러내 보이고 있다는 점 등으로 특징지워진다.

---

10) 같은 책, P.189.

이들은 결국 작가의 자아와 현실세계의 대결이 거세된 데에 근거하고 있는데, 현실에서 패배한 작가의 자아의 욕망을 상상적인 공간에서 펼쳐보이는데 근거한 것임을 확인할 수 있다. 이들은 소시민의 은밀한 욕망의 대리 실현의 모습으로 파악 할 수 있다.

2. 훼손되지 않은 자아의 재등장 — 〈경영〉, 〈맥〉

일제 파시즘시대에 국민 총동원체제로 전환되기 직전의 공간은 당시 작가들에게 괴로운 선택을 강요했던 시기였다고 할 수 있다. 이 시기가 '암흑기'와의 접경지대인데, 1940년을 전후한 이 시기에 김남천은 〈경영〉(1940. 10)과 〈맥〉(1940. 11) 두 작품을 남겼다.

이 둘은 흔히 전향소설의 범주에서 논의되었던 것인데, 이 시기에 와서까지 전향소설을 썼다는 점에 김남천다운 특징이 있다. 그 자신쪽에서 보면 관찰문학론에서 덮어두는 식으로 '해결된' 주체의 문제가 다시 제기되었다는 점에서, 그리고 문학사적으로 볼 때는 파시즘시기의 소시민의 생존방식을 진지하게 질문했다는 점에서 각별한 의미를 갖는다고 할 수 있다. 〈경영〉, 〈맥〉은 둘 다 최무경의 의식의 각성을 그린 성장소설의 일종이라 볼 수 있다.

〈경영〉은 무남독녀 외딸인 최무경이 사상운동을 하다가 피검된 자신의 애인 오시형을 위해서 노력을 하는 데서 시작된다. 그를 위해서 아파트 사무원으로 취직을 하고, 옥바라지, 보석운동을 하고, 출감하는데 마중을 간다. 그녀가 마련해 놓은 아파트에 오시형은 잠깐 들렸다가 그의 아버지를 따라 평양으로 가 버린다. 20년 동안 자기를 위해 수절했던 어머니도 개가를 한다. 최무경은 아무도 믿을 사람이 없다고 보고 자기 자신을 위해 살기로 한다.

우선 이 소설에서 김남천의 다른 작품들에 비해서 상당히 소설의 내용의 풍부함과 구성의 능숙함을 확인할 수 있다. 물론 이것은 <사랑의 수족관>이나 <낭비>, <세기의 화문> 등 본고에서는 거의 다루지 않은 작품들이 보여주는 소설적 풍부·능숙함과는 구분되어야 한다. 형상의 가치를 염두에 둔 관점에서, 현실을 구체적으로 드러냈다는 의미에서 그렇다는 의미이다. 또한 이 소설에는 맹목적 열정이나 동물적 인간 등 병적인 인간의 모습이 눈에 띄지 않는다. 차분한 소설적 내용을 통해 최무경이 인간적으로 성숙해 가는 것을 그린 점에서, 이 소설은 김남천의 작품 중 <맥>과 더불어 예외적인 것이라고 할 만하다. 고립된 자아도 아니고 적대감이나 분노에 찬 인물도 아니다. 안정된 인물이 차분하게 벌이는 이야기인 것이다. 특히 무경이가 시형과의 관계를 통해서 어머니와의 관계에 대한 깨달음에 이르는 대목은 감동적이라 할 수 있다. 어머니와 딸의 운명에 작가가 상당히 주의를 쏟음으로써 여타 소설에서는 보여지지 않는 소설 공간이 획득되었다. 시형이 주고 간 시계나 아파트에 피어 있는 수국 등 소도구를 통하여 인물의 내면과 외부세계를 잘 연결시킨 점을 소설이 대단히 능숙해졌음을 보여주는 증거라 할 것이다.

> 그때로부터 이년 가까이, 이 묵직한 회중시계는 주인의 품을 떠나서, 언제나 무경의 핸드백 속에서 시간의 흐름을 가르키고 있었다. 이 장침과 단침은 대체 몇천번이나 반뜩반뜩한 훤판을 달리고 돌았든가. 초침이 한초한초씩 시간을 먹어 들어 가는 소

리를 물끄러미 듣고 앉았다가 그는 시계를 가만히 제의 얼굴에다 부비어 보았다. 차가웁다. 그러나 가슴 속에선 눌으고 참았던 감정이 포근히 끓어올라서, 이내 그의 볼편의 체온은 '크롬' 껍질을 따끈하게 데우고 만다. 가슴을 복바치는 울렁거리는 혈조를 가라앉히기 위해서 그는 한참이나 낯을 침대에 묻고 가만히 엎데어 보았다.

어머니에게 저희의 관계를 승인시키기에 얼마나 애가 씨었는가[11])

이 장면은 기다리는 감정에 녹아들어가 있고 그 기다림은 다시 무경의 삶에 대단히 중요한 의미를 가지고 다가오게 된다. 초기 공장소설 이래로 그의 소설에, 인물의 감정에 혹은 운명에 밀착되지 않은 배경의 묘사가 많이 나왔었는데 비로소 인물과 배경이 통일된 모습을 보게 된다.

다음 오시형은 어떤 인물인가. 사상운동을 하다가 전향해서 출감을 한 인물이다. 이 인물은 자신의 전향동기를 '영웅심리'와 '고독'[12])이라고 고백하고 있다. 이 인물은 작가의 자아의 현실적인 계기를 포함하고 있다. 그런데, 이 인물은 일정한 거리를 두고 외적 묘사로 일관해서 처리되고 있으며 완전히 대상화된 채로 나타난다. 작가는 이 인물의 전향의 사상적 근거를 다원사관에서 구했는데,[13]) 작가 자신은 정작 3개월 후에 발표한 <전환기와 작가>(1941. 6)에서 다원사관을 긍정하고 있다.[14]) 이 같은 점은 서로 모순되는 대목이다. 즉, 무경이로 표현된 훼손되지 않은 자아가 현실

---

11) 경영, 문장, 1940.10, p. 16.
12) 같은 글, p. 45.
13) 같은 글, pp. 33~4.
14) 전환기와 작가, 권영민, 위의 책, p. 382.

의 자아를 지금 비판하고 있다는 것을 알 수 있게 된다. 작가의 행동상의 모순을 이로서 반성하려 한 흔적이 보인다. 그런데 이 비판은 너무나 차가운 자기 멸시의 모습을 하고 있다. 작가가 자신의 자아를 긍정하지 못하기 때문이다.

다음 최무경의 거취가 문제된다. 최무경은 의식의 성장을 경험하는 한편 어머니의 세계와 애인의 세계에서 떨어져 나옴으로써 고독감을 경험하게 된다. 그래서 '방도, 직업도 인제 나 자신을 위해서 가져야겠다'고 결심한다. 인물은 세계를 향해 열려 있지 못하고 여전히 폐쇄적인 인간관계 속에 갇혀 있음을 보게 된다. 이것은 그의 다른 소설들과 별로 다르지 않은 점이다.

<경영>이 무경의 기다림과 배신감, 새출발의 다짐이라는 구조를 가진다면 <맥>은 어머니가 시집을 간 후 오시형과 재판이 끝난 후 절연을 하면서, 새로운 인물인 영문학자 이관형을 만나서 모색을 하다가 결국 동경으로 공부하러나 가볼까 하고 생각하는 대목에서 끝을 맺고 있다. 허무주의적인 지식인 이관형의 등장으로 인해서 오시형에 대한 사상적 비판이 이루어지고, 무경이는 혼자서 책을 읽고 공부를 하면서 스스로 서 나가게 된다. 그리고 유명한 보리의 비유가 이야기되면서 땅 속에 묻혀 있기를 바란다고 한다. 이 점을 파시즘하의 생존논리로 보아 무방할 것이다.

<경영>, <맥>의 주인공 최무경은 김남천의 해방 전 소설에서 어떤 맥락의 인물로 설정되었는가. 이 인물은 인생에서 패배를 경험하지 않은 순진한 처녀이다. 훼손되지 않은 자아를 간직한 인간을 열망한 작가 김남천의 원망의 표현일 것이다. 즉 이것은 김남천의 자아의 전이일 것이다. 이 인물의 입장에서 전향자인 오시형을 비판한다는 데서 이 소설의 특징이 있는데 이 점은 아직도 그

가 주체의 문제에 집착하고 있는 모습을 보여준다. 결국 탈사상의 문학은 자기부정되고 있는 것이다. 물론 이러한 자기부정은 지속적인 것이 아니고 일시적, 점적인 것으로 남는다. 그러나 <맥>, <경영>의 충실한 구체성을 가지고 있다는 점에서 이 문제를 고민한 작가의 모습을 읽을 수 있다. 맨 마지막에 '어디로 갈까'하는 장면은 <남매>, <무자리>, <대하> 등에서 나온 탈출의 장면과 같은 맥락의 것임을 알 수가 있다. 무경은 <남매>의 봉근이와 같은 부류의 인물임을 알아 차릴 수 있다. 아직 생활실천에의 지향이 남아 있을 당시(1937. 3)에는, 가령 '남매류'의 소설에서처럼 민중에 대한 기대를 걸었지만 그의 기대는, 고발-모랄론에서 검토한 바에 따르면 더 이상 소시민에조차 나타나지 않았었다. 그런데 관찰문학론에서 시도한 <이리>, <T일보사>의 실패에서 보듯이 더 이상 다른 계급에서도 바람직한 모습을 구할 수가 없었던 것이다. 몸은 현실의 지배계급의 흐름 쪽으로 따라가지만 마음 한 가닥에는 미련이 남아 있는 것, 이것이 <경영>·<맥>의 세계가 아닌가 한다. 그리고 별다른 대책이 있는 것도 아닌, 이러한 탈출의 감행은 작자의 현실에 대한 불만의 표현이면서 다른 한편으로는 현실 자체의 생활에 대한 주관적 거부 즉, 낭만주의적 거부의 모습을 갖는 것이라고 생각된다.

반고호의 보리의 비유와 파시즘하의 생존방식인 살아남기의 논리는 현실적으로 적극적인 의미는 주어지지 않는 것이라 생각된다. 이 점과 관련해서 당대 비평가의 '이 두 작품은 예술성과 통속성이 혼탁되어 있다'는 비판을 음미해 봐야 할 것이다.[15]

---

15) 임화, 여실한 것과 진실한 것, 삼천리, 1941. 3. p.251.

3. 일상적 소시민으로의 복귀 — 〈그림〉, 〈등불〉 등

  이들 작품들은 앞장의 작품들과 시기상으로 얼마간 중복되나, 김남천의 해방 전 창작활동의 마지막에 해당하는 작품군이다. 이 부류에 속하는 작품으로는 <어머니 3제>(40. 11), <그림>(41. 2), <오듸>(41. 4), <등불>(42. 3), <구름이말하기를>(42. 6~11) 등을 들 수 있다. 이들은 세 부류로 다시 나눌 수 있다. <그림>, <오듸> 등 서정적 회고체 소설, <어머니 3제>처럼 민담적 세계를 보여주는 소설, 그리고 수필에 가까운 <등불> 등이 그것이다.
  우선, 서정적 회고체 소설인 <그림>은 단지 어린 시절에 대한 회고로 이루어져 있는 데 불과하다. 맨 마지막의, 최소한의 소설적 장치라 할 수 있는 '그러나 내가 화필을 들어 캄봐스를 향할 때마다'라는 부분은 작가 자신의 이야기임을 감추기 위한 이상의 의미를 갖지 않는다. 그런 점에서 <오듸>는 <그림>보다 앞 단계라고 할 수 있는데 이는 액자적 회고의 구조라고 할 수 있다. 친구를 만나 술을 마시고 얘기하다 옛날 자기의 주일학교 제자였던 기생을 만나서 옛날 박진사댁 얘기를 내화(內火)로써 회고하는 이 소설은 '나'가 전향자라는 점에서 작자의 현재의 자아의 모습과 유사하다. 여기에서 술먹고 떠들고 얘기하는 부분이 외화라면 그 외화는 박진사 이야기인 내화를 감싸고 있다. 이 소설은 기생 창엽이에 대한 기억과 박진사댁 몰락의 추억 등 두 개의 사건이 중심으로 되어 있다. 내화 부분은 한 편의 소설로도 될 수 있었을 법한 이야기가 단지 이야기 수준에 머무르고 만 것으로 귀결된다. 이들 서정적 소설은 작자의 자아가 세계와 일상적인 차원 이상에서는 전혀 관계를 맺으려 하지 않기 때문에 생긴 세계관의 한계의 산물이다. 객관적 현실세계가 악화되면서 작가의 현실에 대한 관련 양상이 현저히 좁아진 데서 이 같은 소설 아닌 소설이 생겨난 것이다.

둘째, <어머니 3제>는 태권이란 소년의 성장, 장성한 후에 마을 사람들 앞에서 하는 연설, 마을 사람들로부터의 존경, 그리고 마지막에 체포되는 광경들의 병치로 이루어진 소설이다. 소설에서 태권의 부모는 소상인에서 자산가로 성장하는 모습을 보여 주는데, 이것은 허구적인(지극히 예외적인) 모습일 따름이고, 일제 경찰에 잡혀가는 모습에서도 태권을 잡아가는 경찰을 담담한, 그저 이웃집 아저씨 같은 모습으로 그리고 있다. 작자의 체험적인 요소가 이 두 소설에 잠복해 있지 않을까 생각된다.

<등불>은 내용상으로 보아 작자의 해방 전 최후의 작이라 할 수 있는 작품으로(시기적으로 해방 전 최후작은 1943. 1에 발표된 일본어 작품인 <或る朝>이다.) 완전히 일상적 소시민으로 복귀한 작품이다. 현실의 모든 것을 받아들이고, 완전히 위험이 사라져버린 이 보호관찰 대상자인 자기를 '보호관찰'하는 기업가를 통하여 취직을 하게 되는(이는 완전 전향이다) 서술자, 즉 작자는 자기의 과거의 모든 문학활동을 부정하고 상업세계에 대한 선망의 마음을 토로한다. 숙련의 아름다움, 직업의 윤리 등이 강조된다. 이어서 가족에 대한 발견이 이루어지면서 아직껏 가족이 나를 위해 희생을 했던 것처럼 앞으로 내가 가족을 위해 (문학 활동 등을) 희생하겠다고 한다.[16] 완전히 일상적, 소시민적 세계로의 복귀가 이루

어진다. 이에 비해서 해방 전 한글로 발표된 작품 중 마지막 작품인 <구름이 말하기를>은 무엇이 되든 간에 진실하고 성실하게 산다는 것이 옳다고 믿는 전직 우체국 직원인 웅호가 주인공으로 등장하는 소설이다. (웅호의 누이는 담홍이란 기생으로 구조상 <남매>류 소설과 유사한 점이 있다.) 취직을 위해 노력하다가 어렵게 취직을 하고 기독교에 경건하게 귀의했을 즈음해서 연재가 중단되었다. 웅호의 의식은 완전히 주관적 관념론의 세계로 되어 있으며 웅호에게 있어 친일 따위는 별 관심도 없는 일로[17] 그려져 있다. 김남천이 마지막에 허무주의(영운)와 주관적 초월 사이에서 방황하는 모습을 볼 수 있다.

이리하여 현실 세계와의 대립이 사라지면서 소설 양식은 해체되게 된다. 작가가 현실에 대해서 도덕적 관련을 맺지 않으면 소설은 쓰여지지 않을 것이다.[18] 이러한 것은 <或る朝>을 분석함으로써 확인될 것으로 생각된다. 이렇게 해서 일제 말기의 소설은 그 해체의 한 모습이 드러나게 된다.

---

16) 김동환, 「1930年代 韓國轉向小說研究」, 서울대 석사학위 논문, 1987, pp. 55~72. 참조.
17) 일제의 싱가포르 함락 기념 축제를 바라보는 서술자의 의식은 대단히 밝고 유쾌한 것으로 그려져 있음을 볼 수 있다. 구름이 말하기를, 조광, 1949. 9, pp.151~2. 5장 '祝勝의 밤' 부분 참조.
18) '루카치가 말했듯이 소설은 작자의 윤리가 작품의 미학적 문제가 되는 유일한 장르이다.' L. 골드만(조경숙 역), 소설의 사회학을 위하여, 청하, 1982, p. 19.

통속소설, 차선의 의미
— 김남천의 『사랑의 수족관』論

강 진 호

1.

　근대문학사에서 1930년대 후반기는 20년대 이래 문단을 주도했던 프로문학이 일제의 탄압으로 쇠퇴하고, 그것을 계기로 다양한 분화가 일어난 시기이다. 임화의 '본격소설론', 김남천의 '로만개조론' 등 카프 계열의 이론적 탐구나, 김기림, 최재서, 김환태 등 '해외문학' 전공자들이나 이상, 박태원 등 '구인회' 작가들의 모더니즘, 주지주의, 인상주의 등의 소개는 바로 이러한 변화를 단적으로 말해주는 것이다. 그리고 실제 창작에서도 민족주의 계열의 역사소설이나 김말봉, 박계주의 통속소설, 염상섭, 채만식, 김남천 등의 가족사 연대기소설, 박태원, 李箱의 실험적 소설 등으로 다양한 분화가 이루어진다. 이런 의미에서 35년에서 41년까지는 문학사의 중요한 전환기라고 할 수 있다.

　이 시기 들어서 이러한 변화가 일어난 것은 무엇보다도 30년대 중반 이후 전 세계를 강타한 파시즘의 맹위와 그로 인한 작가적 신념의 급격한 붕괴에서 원인을 찾을 수 있다. 이광수 등이 문학에서 지식인의 사회적 사명감을 강조했던 것은 무엇보다 근대사회를 향한 강렬한 지향성을 갖고 있었기 때문이다. 작가를 '목민(牧民)의 성직(聖職)'이라 주장하고, 문학의 사회적 효용성을 강조했던 것은, 말하자면 낙후한 우리 사회가 하루 빨리 근대화되어야 한다는 믿음에 바탕을 둔 것이며, 그러한 신념에서 이들은 문학보다는 사회를 우선시했던 것이다.

그런데 30년대 초반 이후 세계적인 파시즘의 창궐을 목격하면서 문인들은 더 이상 근대세계를 지향해야 할 것으로 인식하지 않게 된다. 근대사회란 파시즘에서 한계가 드러났듯이 단계적으로 진보하는 것이 아니라 오히려 초극해야 할 대상으로 파악된다. 또 프로작가들은 자본주의의 필연적인 몰락을 주장하면서 사회주의를 표방했지만, 자본주의는 붕괴하는 것이 아니라 오히려 파시즘이라는 또 다른 "강적(强敵)"을 낳았고 따라서 30년대 초반까지 문인들의 사고를 규율했던 사회 진화에 대한 믿음은 급격히 붕괴된다. 그로 인해 당대 문인들은 근대성 자체를 회의하고, 주체의 제한된 체험 속에 칩거하며 사회나 역사의 문제를 외면하는 것이다.

이 시기 들어서 통속, 대중소설이 문단을 지배하게 된 것은 작가들의 이러한 변화와 관계 있다. 당대를 합리적으로 설명할 세계관이 와해되고, 민족의식이나 사회적 신념이 약화되면서 그 공백을 상업주의가 파고든 것이다. 30년대 중반 이후 상업주의가 널리 확산되면서 일간지들은 이전의 계몽성을 버리고 앞을 다투어 상업주의적 경쟁에 돌입했으며, 본격적인 기업화를 추구하기 시작했다. 그로 인해 신문소설은 전과는 달리 급격한 통속성을 띠게 되어 상업성과 타협하느냐 아니면 그것과 분리하느냐 하는 기로에 봉착하는데, 박계주, 김말봉의 『순애보』 『밀림』 『찔레꽃』 등이 문단을 강타했던 것은 이런 사실과 관계된다. 이들은 스스럼없이 통속작가를 자처했고, 또 그러한 공언 대로 대중들의 폭발적인 인기를 누리고 있었다. 이런 상황에서 프로작가들은 대중성의 실체에 주목하지 않을 수 없게 되고, 점차 통속소설에 눈을 돌리게 되는 것이다. 그리하여 대중문학을 부정하기만 했던 임화마저도 그것의 의의를 인정하는 상황에 이르게 된다.[1]

김남천이 통속소설인 『사랑의 수족관』을 창작했던 것 역시 이와 같은 프로측의 변화된 시각을 반영한 것이다. 김남천은 이 시기 들어서 고발문학론-모랄론-풍속론-관찰문학론 등 일련의 창작방법론을 모색하면서, 다른 한편으로는 『대하』(39)를 통해서 개화기 이래의 근대사를 재조명하고 있었다.[2] 그는 한 때 카프를 주도했던 인물이고, 「공장신문」(31) 「공우회」(32) 등을 통해서 리얼리즘에 남다른 심혈을 기울였던 작가였다. 그렇지만 시대가 급변하여 사회적 신념을 유지할 수 없게 되자, 더이상 당파성이나 계급문학만을 고집할 수 없는 상황에 이른 것이다. 소설의 입지가 점차 좁아지고, 특히 문학의 사회적 효용성을 무시하는 이른바 순수문학이나 통속·대중소설이 범람하는 현실에서 그는 새로운 창작적 변신을 꾀하지 않을 수 없었고, 그것이 바로『대하』를 비롯한 『사랑의 수족관』으로 나타난 것이다.

이 글은 이러한 배경을 지닌 『사랑의 수족관』의 의미를 살피는 데 목적이 있다. 이경희와 김광호의 사랑 이야기라고 할 수 있는

---

1) 임화, 「통속소설론」, 『문학의 논리』, 학예사, 1940.
2) 여기에 대해서는 이상갑의 『1930년대 후반기 창작방법론 연구』(고려대 박사논문, 1994) 참조.

이 작품은 당시 유행했던 김말봉 류의 통속소설과 별 차이점이 없는 듯이 보이지만, 실상은 작가 특유의 문제의식이 개입되어 있다. 리얼리즘을 고수하며 현재보다는 미래의 가능성을 그리고자 했던 작가가 그 시선을 당대 현실로 돌렸고, 그것을 통해서 "현대의 성격"을 문제삼고 있는 것이다. 따라서 이 작품에 대한 이해는 이전과는 다른 김남천의 변화된 모습과 그것을 통해서 말하고자 한 바가 무엇인가 하는 점이다. 이를 통해서 우리는 이 시기 김남천의 현실에 대한 시각과 그 변화 양상을 이해할 수 있을 것이고, 아울러 이기영이나 한설야 등과 구별되는 김남천의 독특함을 발견하게 될 것이다.

2.

『사랑의 수족관』은 1939년 8월 1일에서 다음해 3월 3일에 걸쳐 『조선일보』에 연재된 장편소설이다. 39년 1월에 출판된 『大河』가 김남천의 첫번째 장편이라면, 이 작품은 두번째 작품인 셈이다. 시기상으로는 8개월 남짓한 시차를 두고 있지만, 두 작품은 성격이나 내용 면에서 적지 않은 차이점을 보여 준다. 『대하』가 개화기를 배경으로 인물의 성장과 몰락을 통해서 당대의 역사적 의미를 묻고 있다면, 『사랑의 수족관』은 "삼십 전후의 젊은이들이 공통적으로 가지고 있는 고민 감격 흥분 갈등 초조…이러한 현대의 성격을 숨김없이 냉정하게 가혹하게 그리어 보"[3]겠다는 의도를 담고

---

3) 작품 연재 광고, 「현대의 성격을 진열한 김남천 작 사랑의 수족관」,

있다. 이렇듯 서로 다른 의도로 인하여 『대하』에서는 역사적 성격을 드러내기 위한 시대적 풍속과 사건이 주목되며, 『사랑의 수족관』에서는 이념을 잃고 방황하는 당대 젊은이들의 소시민적 삶이 문제시되고 있다.

이 작품에서, 30년대 전반기와는 다른 작가의 변화는 무엇보다 작품의 중심을 차지했던 의식분자가 등장하지 않고 대신 그의 죽음으로 작품이 시작된다는 점이다. 작품 서두는 과거 정치운동에 관여했던 김광준이 급성폐렴으로 사망하고, 그를 대신하여 평범한 소시민 청년이 주인공으로 등장하면서 시작되는데, 주목할 점은 이러한 변화가 단순한 생물학적 세대교체만을 의미하는 것은 아니라는 점이다. 광준은 이념을 위해서 젊음을 불태웠던 인물이지만, 상황이 돌변한 현재 더 이상 그러한 행동을 하지 못하고 죽음에 이르는데, 거기에는 급격한 사회적 변화가 가로놓여 있다.

> 광준이가 이 세상을 살아가는데 신념과 가치를 완전히 일허버리게 되기는 아마도 작금 양년간이 아닌가 하고 생각되엇다. 공교롭게도 그때부터 광호는 통히 집에 부터 잇질 못하고, 사뭇 출장으로 날을 보냇다. 잠깐잠깐 다니러 온 때엔 형을 본적도 잇섯스나 형제간의 애정조차 일흔 사람처럼 그들은 아무 말도 나누지 안헛다. 그때부터 형은 몸을 방탕하게 가졋는지 알 수 업다.[4]

불과 몇년 사이에 시대가 급변했고, 그로 말미암아 가치관과 신념을 잃게 된 광준은 점차 방탕한 생활에 젖어들고 급기야 삶의 의미를 상실한 정신분열자로 전락한 것이다. 따라서 광준의 죽음

『조선일보』, 1939, 7.31.
4) 김남천, 『사랑의 수족관』, 『신문연재소설전집』, 깊은샘, 1993년판, 8면. 이후 작품 인용은 이 책에 의거한다.

은 "사상을 가졌던 사람이 사상을 잃어버리면서" 성격분열자가 된 전형기 이후의 상황을 상징적으로 말해주며, 마치 과거 프로운동에 몸담았던 지식인이 외부의 탄압으로 좌절, 몰락하는 형국이다.

그런데 형의 참담한 죽음에 대해서 동생 광호는 "예찬"에 가까운 생각을 드러내는데, 이를테면 형 친구들은 현재 하나같이 속물로 변했지만 형은 끝까지 지조를 지켰다는 것이다. 형의 친구들은 지난 시절의 "혈기나 의기"를 모두 버리고 지금은 "각인각색 다양한 직업을 갖고 생활을 갖고 그리고 그만큼 자기의 가치를 새로이 발견"하여, 말하자면 변화된 현실에 순응하여 속물적으로 살아가고 있다. 그러나 "형은 끗까지 신념"을 지켰으며, 그런 태도가 결국 현실에 적응하지 못하고 죽음을 초래한 것이긴 하지만 매우 고귀하다는 게 광호의 생각이다.

이런 생각을 지닌 광호는 '은어(銀魚)'로 비유되어 작가의 긍정적 의도를 대변하는데, 그렇다고 형처럼 이념에 대한 열렬한 믿음을 갖고 있는 것도 아니며, 사회운동을 하는 것도 아니다. 단지 부어(鮒魚, 붕어)들이 사는 혼탁한 세상에서 자신의 가치와 신념을 지키려는 존재로 그려져 있다. 또 송현도처럼 주변 사람들을 이용하여 입신을 도모하지도 않으며, 갑부의 딸인 이경희에 대해서도 비굴하거나 이용하려는 태도를 보이지 않는다. 더구나 그는 이전의 「처를 때리고」(37) 등에서 보이던 속물적이고 소시민적 삶에 대한 부끄러움이나 자굴감을 전혀 갖고 있지 않으며, 오히려 주어진 처지를 담담히 수용하는 것이다. 이런 점에서 광호는 전형기 이후의 암울한 현실을 수용하면서, 새롭게 형성된 김남천 소설의 새로운 주인공이라 할 수 있으며, 『사랑의 수족관』은 결국 이런 광호를 중심으로 전개되는 한 편의 멜로 드라마라 할 수 있다.

이 작품이 이전과 구별되는 또 다른 점은 통속소설의 서사원리를 따르고 있다는 점이다. 속물들의 이기적 욕망과 갈등을 작품의 근간으로 삼고 있다는 점, 그리고 그것을 그리는 과정에서 권선징악(勸善懲惡) 식의 통속적 주제와 우연성이 남발되고 있다는 점에서 이런 사실은 드러나는데, 우선 흥미로운 점은 각 인물을 그 성격에 따라 은어, 부어, 열대어 등에 비유하고 그 활동공간을 수족관으로 제시하고 있는 점이다. 고래(鯨魚)로 비유된 이신국은 작은 물고기들을 잡아먹는 먹이사슬의 최상층에 존재하는 친일재벌이며, 칼치(魛魚)로 제시된 송현도는 작은 물고기를 잡아먹으면서 교묘하게 생존을 도모하는 기회주의자이고, 열대어(熱帶魚)로 비유된 은주는 화려한 생활과 치장을 중시하는 속물이며, 은어(銀魚)로 제시된 광호와 경희는 그런 혼탁한 흐름에 맞서는 인물들이다. 이처럼 작가는 긍정적 인물과 부정적 인물을 물고기의 생태와 결부지어 평가·제시함으로써 인물의 진지한 성격보다는 오히려 통속적 흥미에 치중하고 있음을 보여 준다. 이를테면 인물에 대한 생동감은 떨어지고 대신 정해진 운명을 쫓는 단순한 행동과 사건에 서술의 초점이 모아지는데, 여기서 작가는 당대를 진지한 고민이 사라지고 대신 타락하고 속물화된 인간들이 지배하는 세계로 보고 있음을 확인할 수 있다.

작품의 통속성을 두드러지게 하는 요소는 무엇보다도 삼각연애구조이다. 이 작품이 발표 직후 상당한 인기를 누렸던 것은 이러한 사실과 관계되거니와[5], 통속적 삼각구조는 흔히 상반된 성격의

---

[5] 이 작품은 40년 11월 인문사에서 발간되었는데, 초판을 낸지 보름만에 매진되었고, 재판 또한 다 팔릴 정도였다고 한다.(「출판부 소식」, 『인문평론』, 1941,2)

두 인물을 사이에 두고 한 인물이 선택의 기로에서 방황하면서 일어난다. 이때 선택의 대상이 되는 두 인물은 인간의 양면성을 대변하면서 독자들의 호기심을 자극하는데, 선인 대 악인, 긍정적 인물 대 부정적 인물의 대립이 그 전형적인 경우이다. 이런 유형화된 삼각구조가 『사랑의 수족관』에서는 모두 세 개가 등장하는데, 하나는 주인공 이경희를 둘러싼 송현도와 김광호의 삼각형이고, 둘은 김광호를 둘러싼 이경희와 강현순의 삼격형, 셋은 이경희의 서모이자 아버지 이신국의 첩인 은주를 둘러싼 이신국, 송현도의 삼각형이다. 육체적 욕망과 재산을 중심으로 서로 얽히고 얽힌 이 삼각관계에서 작가가 주목하는 것은 첫번째인데, 두번째는 김광호를 향한 강현순의 일방적인 짝사랑이라는 점에서 밀도가 떨어지며, 세번째는 이신국이 첩과 송현도의 관계를 전혀 눈치채지 못하고 있다는 점에서 두 인물 간의 대립·긴장은 일어나지 않고 있다. 따라서 작품의 중요한 축은 첫번째 삼각구조이고, 그것이 바로 작품의 흥미를 돋구는 원천이 된다.

이경희를 중심으로 벌어지는 첫번째 삼각구조에서, 주인공 이경희는 여느 통속소설의 주인공처럼 미모와 학식, 아울러 인도주의적 성격까지 두루 갖춘 인물로 제시된다. 그녀는 대흥 콘체른을 경영하는 갑부 이신국의 장녀로, 아버지의 도움으로 자선사업을 계획하고 있으며, 아버지의 비서 송현도와 혼담이 오가는 상태이다. 그렇지만 그녀는 속물적이고 출세지향적인 송현도에게 불만을 갖고 있으며, 그것이 토목기사 김광호를 만나면서 심한 갈등으로 발전한다. 이러한 성격에서 경희는 통속소설의 주인공으로서 갖추어야 될 기본조건을 두루 갖추고 있음을 알 수 있는데, 예컨대 미모와 재력, 그리고 학식까지 겸비하여 누구나 호감을 갖기 마련인

유복한 여인이다.

한편 강원도 출신의 고학생이자 자수성가한 인물인 송현도는 이신국의 신임을 바탕으로 이경희와 결혼하려는 생각을 갖고 있다. 그는 이경희를 물질적 대상으로 생각하는데, 이를테면 대재벌의 장녀라는 점, 따라서 그녀와의 결혼은 엄청난 부를 가져다 주리라는 계산에서 그녀에게 접근하는 것이다. 이런 목적을 성취하기 위해서 그는 수단과 방법을 가리지 않는데, 예컨대 그는 지극히 부도덕하고 퇴폐적인 인물이다. 이경희를 사랑하면서도 그녀의 서모격인, 즉 아버지 이신국의 첩인 은주 부인과 정부(情夫) 관계를 유지하며, 광호에 대한 모함을 서슴치 않는 것이다.

이 세 인물을 중심으로 작품이 전개되는데, 이 과정에서 주목할 점은 인물의 성격이 지극히 고정된 형태로 제시된다는 점이다. 이러한 고정화가 작품의 작위성을 강화시키는 중요한 요소가 되거니와, 특히 이경희를 둘러싼 여러 인물들은 전형적인 선인 대 악인으로 등장한다. 송현도는 양심과는 거리가 먼 파렴치한이며, 은주는 광호가 자신의 사위가 될지도 모른다는 사실을 알면서도 그에게 육체적 쾌락을 요구하는 등 음부의 전형적인 모습을 보여준다. 반면 김광호와 이경희, 강현순만이 이들에 맞서는 선인의 모습으로 제시된다. 이런 고정화된 성격으로 인해서 이들의 행위는 자연스러움을 잃게 되고, 작가의 의도대로 정태적인 성격만을 드러내는 것이다. 통속소설의 전형화된 구조가 선·악 두 인물간의 대립·갈등을 통해서 이루어지는 것이라면 이 작품은 그런 도식에 고스란히 부합되는 것이다.

여기서 특히 독자들의 호기심을 끄는 것은 경희를 손에 넣기 위한 송현도의 교묘한 술책과 그것을 극복하는 과정이다. 송현도는 이경희가 김광호와 점점 깊은 관계에 빠지자 두 가지 계책을 꾸미는데, 하나는 파락호 신일성을 동원하여 광호가 토목사기사건에 연루되었다는 거짓 정보를 퍼뜨려 만주로 쫓아 내는 것이고, 다른 하나는 정부인 은주를 동원하여 광호가 음탕한 인물이라고 모함하는 것이다. 첫번째 사건은 신일성을 동원하여 이루어지는데, 신일성은 뚜렷한 직업없이 배회하면서 중개업에 간여하기도 하는 한량이다. 그는 강현순의 먼 아저씨 뻘되는 인물이면서도 그녀를 교외로 유인하여 겁탈하려 하는 등 부도덕한 행동을 일삼는 파렴치한이기도 하다. 송현도는 이 신일성을 신문기자로 변장시켜, 김광호가 사기사건에 연루되었다는 거짓 정보를 퍼뜨리고 마침내 그를 만주로 쫓아 내는 데 성공한다. 한편 은주는 송현도와 정부관계를 맺고 있으면서도 김광호를 유혹하여 육체적 쾌락을 추구하는 등 음탕한 모습을 보이는데, 그녀는 그런 사실을 역으로 이용하여 김광호가 자기를 유혹했다고 경희에게 무고(誣告)하는 것이다. 그리하여 경희는 이들의 의도대로 점점 광호를 멀리하고 급기야 송현도와의 결혼 결심을 굳히기에 이른다. 이를테면 악인의 음흉한 의도가 관철되고 그로 인해 선인이 몰락하는 형국이다.

그런데 문제는 이 위기의 순간에 돌연 강현순이 등장하여 광호에 대한 오해를 풀어준다는 점이다. 즉 현순은, 경희와 광호의 현재 상태를 정확히 알지도 못하면서, 두 사람 사이에 오해가 개입되었을지도 모르니 그것을 확인해 보라고 충고하는 것이다. 이러한 암시를 계기로 송현도에게 기울어졌던 경희는 결정을 보류하고 돌연 광호를 찾아 만주로 떠나는 것이다. 여기서 작품의 갈등은 절정에 달하지만, 문제는 그것이 독자들의 통속적 호기심에 부합하는 작위성에 바탕을 둔 것이라는 점이다. 선인이 위기에 몰리고 헤어날 수 없는 상황에 처하자 돌연 구제자가 등장하여 위기를 해소하는, 그로 인해 마치 고대소설과 같은 권선징악식의 통속물로 전락하는 것이다. 강현순은 위기에 빠진 주인공을 구해주는 구원자인 셈이며, 그녀의 구원으로 잠시 방향을 잃었던 주인공의 운명은 다시 본궤도로 진입하는 것이다. 이런 맥락에서 보자면 이 작품은 일련의 시련과 갈등을 통해서 주인공의 사랑이 실현되는 전형적인 통속소설이며, 특히 작품의 개연성을 무시하면서까지 선인의 승리를 보여 주려 한다는 점에서 독자들의 기대에 한껏 부응하고 있음을 알 수 있다.

이 작품이 당시 독자들로부터 상당한 호응을 얻었던 것은 이러한 통속적 구조와 그것이 제공하는 흥미 때문일 것이다. 리얼리즘을 고수했던 김남천이 통속물을 쓰게 된 이유도 궁극적으로는 이러한 대중성을 염두에 둔 것이라고 할 수 있다. 리얼리즘 소설이 임화의 지적처럼, 작가의 의도와 현실과의 괴리를 좁히지 못하고 한계에 봉착했을 때, 그것을 돌파하려는 한 방법으로 작가는 통속적 제재를 취했고, 그것을 통해서 다시 독자와의 접촉을 시도한 것이다. 그렇지만 이러한 방법은 언급한 대로, 지극히 안이하고 작위적인 것이라는 점에서 한계를 지적할 수 있다. 통속성은 대중성과는 달리 독자들의 인식지평을 확장하는 것이 아니라 오히려 미몽과 환상을 제공하기 때문이다.

통속소설이란, 합리적 서사구조와 인물의 진지한 고민을 바탕으로 문제를 해결하는 것이 아니라, 독자들의 통속적 취향에 부합하여 사건을 전개하는 것이다. 따라서 그것은 임화의 지적처럼, 의도와 환경의 분열을 극복해 줄 진정한 방법이 될 수 없을 뿐만 아니라, 리얼리즘 소설이 나가야 할 올바른 방향이라고도 할 수 없다.

일련의 창작방법론을 통해서 리얼리즘의 위기를 타개하려 했던 김남천의 입장에서 통속소설의 창작이란 결코 최선의 길이라고는 할 수 없을 것이다. 그것은 최선이라기보다는 차선의 의미를 갖는 것이고, 드러내고자 하는 의도 역시 사회적 신념이 충일했던 시절에 비해서 약화된 것일 터이기 때문이다. 그렇다면 이러한 무리수를 두면서까지 김남천이 의도했던 바는 무엇인가 하는 점이다.

3.

작품에서 작가의 의도는 이경희와 김광호를 통해서 드러나는데, 특히 탁아소에 대한 김광호의 태도 변화를 통해서 암시된다. 김광호는 이경희가 계획하고 있는 탁아소 운영에 대해서 처음에는 매우 부정적인 생각을 갖고 있었다. 부르조아의 자기위안이라는 것, 그러한 자선사업으로는 전혀 사회문제를 해결할 수 없다는 점에서 광호는 이경희의 계획에 동의하지 않았던 것이다.

> 사실 저는 처음 자선사업의 가치나 의의를 인정할만한 정신적 준비를 가지고 잇지 못햇습니다. 노골적으로 말하자면 안하면 안햇지 자선사업은 못하리라 생각햇습니다. 그것은 마치 중태에 처한 문둥병 환자에게 고약을 붙이고 잇는 거나 가튼거라고 생각되엇서요.[6]

이러한 생각은, 마치 근본적인 변혁을 주장하면서 현실 타협적

---

6) 김남천, 『사랑의 수족관』, 앞의 책, 36면.

인 개량주의를 부정하듯이 상당히 단호한 것이라고 할 수 있다. 자선사업을 통해서 사회 문제를 해결하려는 것은 기껏 임시방편의 미봉책이거나 아니면 사회적 결벽성을 자위하는 수단에 불과하다는 것이다. 그렇지만 광호는 점차 비판적 견해를 철회하면서 이경희의 자선사업을 인정하게 되는데, 즉 그것을 "차선의 의미"로 수용하는 것이다. 예컨대 이경희가 아니고 다른 어떤 사람이 자선사업에 손을 댔다면 자신은 그것을 인정하지 않았을 것이지만, "이경히가 손수 그것을 시작한다고 나섯슬 때 나는 그것을 그러케 처치해 버릴 수는 업섯서요. 가능한 한도 내에서 최선을 다하는 것", 즉 "최소한도의 선이라도 안하는 것보다는 하는게 낫다"(앞의 책, 39면)고 생각하는 것이다. 말하자면 모든 것이 침체된 현실에서 최소한의 선이라도 행하는 것이 안하는 것보다 낫다는 점에서 경희의 자선사업을 인정하는 것이다.

그런데 여기서 주목할 사실은 만일 이경희가 아닌 다른 사람이 자선사업에 손을 댔다면 결코 인정하지 않았으리라는 것이다. 여기서 광호의 논리적 모순을 발견하게 되는데, 이것이 작품의 중요한 의미를 구성하거니와, 즉 자선사업 자체를 완강히 부정하던 광호가 유독 경희가 한다는 이유만으로 그것을 인정하는 것이다. 경희는 광호의 이러한 모순을 지적하면서 "애매"하다고 말했을 때, 광호는 그것을 인정하기라도 하듯이 "논리가 폐기되고 새로운 비약이 차자오는 과정이올시다."라고 답하는데, 말하자면, 이것은 논리의 차원이 아니라, 일종의 비약이라는 점이다. 광호의 이러한 태도에서 작가의 고민을 엿볼 수 있거니와, 그러면 과연 이러한 모순을 감수하면서도 그것을 인정하는 이유는 무엇인가 하는 점이다. 그것은 다음 경희의 말에서 그 실마리를 발견할 수 있다.

신념이란 처음부터 마련되어 잇는건 아니겟지오. 어느 것이고 열을 가지고 실천하는 가운데서 그것은 생겨나는 것 가타요. 제의 하는 행동과 사업의 한계성만 명확히 인식하고 잇스면 자선사업도 또는 그보다 더 소극적인 행동도 무가치하지는 안흘겁니다. 마음 속에 "에아·포켓"을 안고 다니는건 견딜 수 업는 일이 아니여요? 그건 무엇으로든지 메워야 할 것으로 생각되어요. 반드시 그것을 메우는 유일의 행위가 자선사업이라는건 아니겟지오. 그러나 신념만 확립될 수 잇다면 사람의 마음의 진공상태만은 면할 수 잇겟지오.[7]

광호의 생각을 우회적으로 표현한 이 부분에서 주목할 점은 마음 속의 "에아·포켓" 즉 공기주머니를 채우기 위한 사업이 곧 자선사업이라는 것이다. 이를테면 무엇이든 현실과의 관계를 맺어야 한다는 점, 그런데 그것은 자신의 처지에 합당한 것이어야 한다는 사실이다. 자선사업이 사회의 근본문제를 해결할 수 없는 것은 분명하지만, 이경희의 경우 대재벌의 후원을 받고 있다는 점에서 실현 가능한 행동이며, 그것을 통해서 궁극적으로 정신의 공허를 해소하고 새로운 신념을 획득하게 되리라는 것이다. 이는 단편 『물』(33)에서, 주인공(혹은 작가)이 감옥이라는 최악의 상황에서도 신념을 잃지 않고 투쟁을 전개했듯이, 상황이 암울할수록 그런 행동은 더욱 필요하다는 것이며, 그것이 바로 신념을 유지하는 방법이라는 것이다.

『사랑의 수족관』을 통해서 김남천이 의도했던 것은 이러한 사실과 관계된다. 진공상태에서 정신분열자로 살다가 죽음에 이르는 형이나, 자신의 지위를 바탕으로 개인적 욕망만 충족하려는 송현

---

7) 앞의 책, 39면.

도와는 달리 현실적으로 가능한 일을 통해서 사회와 관계를 맺는 일, 그것이 곧 암흑기 청년들이 취할 수 있는 최선의 방식이라는 것이다. 김광호가 토목기사인 자신의 직업에 남다른 애착을 보였던 것도 이런 맥락에서 이해할 수 있다. 경도제대를 졸업한 인텔리이자 토목기사인 광호는 냉정하고 성실한 성격과 직업에 대한 강한 자부심을 갖고 있다. 낙후한 산촌 구석구석을 측량하고 산업의 토대를 마련하는 토목은 근대화의 상징이며, 그래서 그는 남다른 엄밀성과 냉정한 태도로 직업에 임하는 것이다. 광호의 이러한 태도 역시 모든 것이 침체된 현실에서 어떤 일이든 자신의 정열을 쏟고, 그것을 통해서 새로운 신념을 마련하려는 행동이라고 할 수 있다. 당시 이기영이 농촌문제를 통해서 '노동'의 신성한 의미를 발견했던 것이나, 한설야가 도스토예프스키의 『지하생활자의 수기』를 인용하면서 고향 함흥으로 낙향한 사실 등을 염두에 두자면[8], 김남천의 이러한 태도 역시 암흑기를 버티는 시대 타개책인 셈이다. 그리고 바로 이 점이 이기영이나 한설야와 구별되는 김남천의 독특함이기도 한 것이다. 즉 추상적 이론이나 신념을 배타적으로 견지한 것이 아니라, 변화된 현실을 인정하고 실현가능한 차선책을 탐색했다는 점, 그리하여 이념분자를 제거하고 대신에 김광호라는 건실한 청년을 등장시켜 작품을 이끌게 하고, 그의 행동을 통해서 현실에 대한 새로운 관계를 모색케 한 것이다.

이 작품이 전체적으로 통속적인 제재를 다루면서도 일정한 의미를 갖는 것은 이와 같은 김남천의 문제의식이 깊게 개입되어 있기 때문이다.

---

[8] 이 시기 한설야에 대해서는 졸고, 「1930년대 후반기 한설야 소설과 리얼리즘」(『현대소설연구』, 1994,8) 참조.

4

 작품이 독자들로부터 외면받는다면 그것은 결코 좋은 작품이라 할 수 없을 것이다. 문학의 사회적 의미는, 창작과정 상의 현실 반영문제를 차치하고라도, 무엇보다 독자와의 교섭을 통해서 실현되는 것이다. 독자들의 다양한 기대와 욕망을 일정하게 반영하면서 작품은 그들의 실존적 인식을 심화시켜 주어야 한다. 문학의 대중성은 부정적인 것만은 아니며, 오히려 작품의 구체적 토대인 셈이다. 문제는 독자들이 갖게 되는 인식과 감동의 질이라 할 수 있다. 여기서 대중성의 방향이 어디를 향하고 있는가에 따라서 작품은 통속소설로 전락하기도 하고 본격소설로서 미적 가치를 평가받기도 하는 것이다. 이를테면 대중들이 갖고 있는 일상적 욕구, 관심 등에 바탕을 두면서 그들의 인식 지평을 확대하는 것이 참된 소설이라면, 통속소설은 독자들의 기대지평을 비현실적이고, 환상적인 방법으로 왜곡하는 것이다.
 이런 견지에서 보자면 『사랑의 수족관』은 30년대 중반 이후 점차 독자들로부터 멀어지고 있던 프로 측의 위기를 극복해 보려는 작가의 의도를 일정하게 반영한 것이라고 할 수 있다. 리얼리즘 지향의 소설이 임화의 지적처럼, 작가의 의도와 현실과의 괴리를 좁히지 못하고 한계에 봉착했을 때, 그것을 돌파하려는 한 방법으로 통속적 제재를 취했고, 그것을 통해서 다시 독자와의 접촉을 시도한 것이다. 발표 당시 이 작품이 상당한 인기를 누렸던 것은 이런 의도가 주요하게 적중했음을 말해 주는 것이다. 작가는 이러한 대중성을 바탕으로 주의자가 더 이상 활동할 수 없는 상황에서 차선책이 무엇인가를 진지하게 묻고 있는 것이다. 이경희의 사회사업과 그것에 대한 김광호의 태도 변화를 통해서 이러한 의도는 구체화되거니와, 성격분열자로 전락한 광준처럼 무기력하고 덧없는 생활을 할 것이 아니라, 자신의 처지에 맞는 적절한 사회활동을 찾아서 실천해야 하며, 그것이 바로 마음 속의 '에어·포켓'을 채우고 새로운 신념을 마련할 수 있는 방법이라는 것이다.

이 작품이 나름의 의미를 갖는 것은 이러한 문제의식이 작품을 관류하고 있기 때문이다. 그렇지만 그 한계 역시 분명한 것이라 할 수 있는데, 우선 남녀간의 이를테면 애정문제를 서사의 기본원리로 설정하고 있다는 점이다. 그런 관계로 선인이 승리하고 악인이 패배하는 권선징악식의 주제를 갖게 되며, 아울러 계몽적 주제 역시 하나의 장식물로 전락하게 된다. 다음으로, 김광호를 비롯한 젊은이들의 문제 의식이 지극히 피상적이라는 점이다. 광호가 만주의 광대한 건설현장에 매료되는 장면에서 알 수 있듯이, 토목사업은 근대화를 상징하는 것이면서 동시에 일제의 침략정책을 의미하는 것이기도 하다. 철도와 교량의 건설이란 침략의 교두보를 마련하는 것이고 거기서 보람을 느낀다는 것은 일제의 침략정책을 묵인하는 것이다. 그렇지만 광호는 그런 부정적인 측면을 문제삼지 못하며, 단지 주어진 일에 최선을 다할 뿐이다. 이런 점에서 작품이 제시하는 전망은 지극히 비관적이라고 할 수 있고, 그런 점에서 이기영이나 한설야의 그것과는 구별되는 것이다. 즉 광호는 "기술에서 일단 눈을 사회로 돌리면 폐시미즘(悲觀主義)에 사로잡힙니다."(1939, 11.1)라고 말하는데, 이는 과학이라는 가치중립적 세계는 신뢰하지만, 사회 현실에 대해서는 어떠한 전망도 갖고 있지 못함을 말해 주는 것이다. 그리하여 형 광준과는 달리 사회적 열정을 보이지 못하고 무기력한 생활을 하며, 궁극적으로 암흑기 현실을 인정하고 순응하는 태도를 보이는데, 이는 배타적 신념을 바탕으로 미래에 대한 꿈을 잃지 않았던 김남천의 입장에서 보자면, 타협이고 순응인 것이다.

결국 『사랑의 수족관』은 진지한 사회적 고민이나 열정이 사라진 시대를 배경으로 당대 젊은이들의 고민과 갈등을 포착하려 했으나, 흥미 위주로 흘러 젊은이들의 깊은 고민을 제시하지 못하고, '최소한의 선'이라도 실천해야 한다는 작가의 약화된 신념만을 보여 준 작품이라고 할 수 있다.

새로운 세계에 대한 열망과 그 한계
— 김남천의 「大河」論

정 호 웅

1

1953년 8월 김남천(1911~1953)은 조선 인민의 이름으로 처형되었다. 성천을 껴안고 흐르는 비류강의 본류인 대동강, 당대의 유수한 명문 평양고보의 모포를 자랑스레 번쩍이며 미래에의 가슴벅찬 꿈을 키웠던 대동강, 그 강변에 자리잡은 모란봉 극장 지하실에서였다. 20년대 후반에서 남북분단이 확정되는 48년에 이르기까지의 문학사 전개 한복판에 임화와 함께 언제나 있었던 문제적 인물, 세계대공황·일본의 군국주의화·만주침략·중일전쟁·세계대전·해방, 그리고 분단으로 이어지는 비극적 역사 전개를 오로지 문학을 통해 '민사(悶死)에 가까운 성전(聖戰)'을 치르듯 온몸으로 감당했던 치열한 한 정신의 최후였다. 더구나 북로당과 남로당의 헤게모니 쟁탈전의 와중이었으니 허망한 죽음이었다.

비정한 역사의 수레바퀴에 압살당해 육신은 스러졌지만, 그러나 작품은 남는 법이다. 고투의 산물들, 90여 편의 평론·두 편의 장편을 포함하여 40여 편의 소설, 두 편의 희곡 등 방대한 분량의 작품들이 있어 한 뛰어난 재능의 성실한 삶과 그가 앞장서 열어나갔던 문학사의 한 시기를 증언해 주고 있다.

필자는 이 글에서 김남천의 대표작인 장편 「대하」를 분석하고자 한다. 1939년 인문사 장편소설 전집 기획의 하나로 출판되었는데 50년이 지난 지금에도 같은 예를 찾기 어려운 전작출판이라는 점에서 작가의 만만찮은 패기를 확인할 수 있거니와 당대로부터 30년 전인 개화기를 무대로 설정함으로써 '현재의 전사(前史)'를 그린다는 진정한 의미에서의 역사소설을 겨누고 있음으로 해서, 당대와 절연된 역사적 과거를 무대로 삼아 역사의 낭만적 사사화(私事化)에 빠져 들었던 이 시기 범람한 삼류 역사소설들에 정면으로 도전하는 문학사적 패기 또한 읽어 낼 수 있다. 뿐만 아니라 이 작품은 해방 전 김남천 문학의 결산이자 동시에 38년을 전후한 평단의 초점이었던 장편소설론에 대한 작품으로서의 유일한 자각적 대응이라는 점에서도 주목할 만한 의의를 지닌다. 또한 이 작품과 마찬가지로 여러 대에 걸친 가족사를 중심에 놓고 있는 작품들, 예컨대 염상섭의 「三代」, 채만식의 「태평천하」 등과의 대비를 통해 서로간의 차이를 밝힘으로써 각자가 대표하는 문학적 경향의 성격을 정립하는 데 기여할 수 있으리란 기대도 가질 수 있다.

2

 분석에 앞서 이 작품의 이론적 토대가 되었던 로만개조론과 거기에 이르기까지의 과정에 대한 이해가 필요하다. 비평가이자 작가였던 김남천은 당대 문단의 타개를 위한 일련의 문학론을 계속해서 제시하면서 동시에 그것을 창작에 실제 적용하는 독특한 작업을 병행해 나갔다. 스스로,

 내가 쓰는 평론이라는 것을 읽는 이는 그 평론이란 것이 대부분 문학적 주장이나 창작상 고백인 때문에 작품을 보는 데 여러 가지로 참고가 될 것이라고 나는 생각하고 있다. 주장하는 것과 떠나서 내가 작품을 제작한 적은 거의 한 번도 없었고 또 나의 주장이나 고백을 가지고 설명하지 못할 작품을 써본 적도 퍽 드물다.[1]

라 말할 정도로 김남천에 있어 비평과 창작은 긴밀하게 연결되어 있었다. 양자는 서로를 이끌어내고 점검하는, 한 몸체에 달린 두 손이니만큼 상호조명 없이는 어느 한 쪽의 성격도 정확하게 파악하기 어렵게 되어 있다. 「대하」의 이해를 위해선 로만개조론에 대한 검토가 선행되어야 하는 것인데, 이를 효과적으로 행하기 위해서는 거기에 이르기까지의 과정에 대한 이해가 또한 앞서 필요한 것이다.
 「임화에 관하여」[2]에서 본격화되는 김남천의 비평활동은 창작방

---

[1] 「양도류의 도장」, 《조광》, 1939. 7, pp.281~282.
[2] 《조선일보》, 1933. 7.

법론에 집중되어 있다. 프로문학은 주지하듯, 창작에 대한 지도성을 뚜렷이 내세운 비평의 주도하에 펼쳐졌는데 프로문학비평사는 일련의 논쟁사이며 그 핵심은 20년대 후반의 '내용과 형식'론에서 촉발되어 40년대 초에까지 이르는 창작방법론이었다. 그 이름과 내용은 달랐지만 그것은 통틀어 리얼리즘론이었다. 현실의 변혁을 겨누는 것이 프로문학이기에 객관적 현실의 지향적 반영을 문제삼는 리얼리즘을 떠나서는 애당초 가능할 수 없었던 까닭이다. 당연하게도 김남천의 창작방법론 또한 리얼리즘론이었는데 그 전개과정은 단순하지 않다. 자신의 문학과 문학사를 동시에 열어나가는 피투성이 고투의 과정이었기 때문이다.

그 처음은 당대 프로 문단을 이끌던 일급의 시인이자 비평가인 카프 서기장 임화와의 정면으로 맞붙은 '물논쟁'에서, 거칠지만 명료하게 표출되었다. 1931년 조선공산주의 협의회 사건에 연루되어 카프 맹원 중 유일하게 실형을 산 김남천은 출옥 후 감옥생활의 경험을 그린 단편 「물」3)을 발표하였다. 참을 수 없는 극도의 목마름 앞에 자랑스런 사상범인 '나'가 겪는 갈등을 핍진하게 그려낸 작품이다. 이를 두고 임화는 '심후(沈厚)한 경험주의', '심각한 생물학적 심리주의'만 흐르는, 계급적·당파적 견지를 결여한 우익적 편향의 작품이라 일축해 버렸는데 이에 김남천이 맞섰던 것이다. 김남천의 논리는 문학가의 개인적 실천과 작품실천을 동일선상에서 파악해야 된다는 것, 왜냐하면 작품을 결정하는 것은 작가이며 작가를 결정하는 것은 어떤 혹자의 이론보다도 그 실천이기 때문이라는 것이다. 임화는 이에 대해 다시 그것이 "이론과 실천의 관계 일반으로서 예술가의 실천과 작품의 창조과정을 직선적으

---

3) ≪대중≫ 1933. 6.

로 척도"하고자 하는 경험주의적 오류임을 지적하였는데 작가의 개인적 삶과 문학의 관계를 단선적으로 파악하는 김남천의 거친 논리에 대한 날카로운 비판이다. 그런데 김남천은 자신의 오류를 인정하면서도 자기 주장을 굽히지 않았다. 자신의 오류를 인정하면서도 또한 끝내 그 주장을 철회하지 않는다는 이 기묘한 역설은 도대체 무엇을 뜻하는가. 세 가지를 들 수 있겠다. 하나는 감옥살이 경험에 대한 자부심. 카프 맹원으로서는 유일한 경우였으니 이제 갓 스물의 열혈청년 김남천이 대단한 자부심을 가지는 것은 자연스럽다. 또 하나는 프로문학의 속성과 관련된 소시민적 실천지상주의 및 이를 떠받드는 조급주의. 현실 변혁을 위해 복무한다는 이념이 지나치게 강조되면 형상적 인식이란 문학의 특수성이 몰각되고 작품은 구호성 이념을 실어나르는 한갓 수단으로 전락하고 만다. 초기 프로문학의 형상성 미달의 생경함 또는 내용편중성은 이와 무관하지 않다. 김남천의 경우는 이보다 더 나아간 것인데 작품이 프로문학의 기본 전제를 벗어나 비계급적·우익적 편향에 기울었음을 인정하면서도 끝끝내 감옥 경험(개인적 실천)을 내세워 굴복하지 않았던 것이다. 그러니까 김남천은 작품이 아니라 작품 이전을 놓고 논쟁을 벌이는 아이러니를 연출하였던 셈인데, 이같은 사고 아래 소시민적 조급주의가 작용하고 있었음은 자명하다. 다른 하나는 보다 본질적이며 그런 만큼 문학사적 의미를 띠고 있는 것인데, 다음 인용의 윗점 친 부분에 은밀히 잠겨 있다.

> 그리고 작가의 정치욕이 아직 쓰러지지 않고 그의 속에서 고민이 용솟음을 치고 상극과 모순과 갈등이 성급하게 반성되고 뒤범벅을 개는 속에서 "**비평과 작품과 작가적 실천을 연결시키라**"는 독단은 모든 파탄을 각오하고 또 모든 논리를 상실하는 위험

한 지대에 서서도 오히려 자기의 주장을 고집하였던 것이다.
 그리고 이 상극과 고민에서 헛되이 자기를 피난하였을 때 작년 1년간의 박회월의 문학적 업적의 형해가 있다.4)

(강조-인용자)

 독버섯처럼 자라나는 자기 내부의 모순과 갈등으로부터 넘어섬을 위해 비평과 작품과 작가의 개인적 실천을 단선적으로 파악하라는 독단을 내세웠다는 것이다. 우리 문학사에서는 보기 드문 것이다. 그러니까 생리적 욕구와 그로 인한 고통에 굴복하는「물」의 주인공이 파악한 소시민적 안주에의 이끌림이 이 시기 김남천의 내면을 온통 뒤흔들고 있었다는 것인데 문학의 당파성·정치성에의 복무란 스스로의 신념을 지키기 위한 것이기에 모든 파탄을 각오하고 또 모든 논리를 상실하는 위험을 무릅쓸 수 있었던 것이다. 이렇게 본다면 작가의 개인적 실천에 대한 강조가 주체, 즉 세계관의 확고한 정립을 의미한다는 사실이 분명히 드러난다. 논쟁 과정에서 김남천이 조직의 이름으로 자신의 '세계관의 불확고'를 적발하여 비판해 줄 것을 강력하게 요청한 것의 의미가 이로써 명백해진 셈이다. 여기서 또 하나 주목해야 할 것은 김남천이 의식하고 있었는지는 불분명하지만 작가의 개인적 실천 또는 세계관의 확고한 정립에 대한 강조가 그 자신에만 국한되지 않고 문학사의 맥점에 가 닿고 있다는 점이다. '물논쟁'이 전개되었던 때(1933~1935)는 세계대공황으로 벽에 부닥친 일본 자본주의의 활로를 열기 위해 1931년의 만주사변을 전초전으로 한 중국 침략이 이미 시작되었고 군국주의의 서글프던 통제가 일본 국내는 물론이거니와 그 식민지인 조선과 대만을 옥죄어 들던 시기이다. 일본에서와 마

---

4)「창작과정에 대한 감상」, ≪조선일보≫, 1935, 5.

찬가지로 조선 내 제반 진보적 사회, 사상 운동에 대한 탄압이 거세어진 것은 당연한데, 카프 내부에도 전향의 조류가 은밀히 생성되어 움돋고 있었다. 때마침 소개된 사회주의 리얼리즘을 방패로 운동의 전위에서 후퇴하려는 일단의 투항주의적 움직임은 물론이거니와 카프의 지도성을 비판, 부인하고 소시민적 일상성의 세계로 물러나 안주하려는 경향조차 자라나고 있었다. 그같은 경향은 곧바로 현실로 나타나 혹자는 "얻은 것은 이데올로기요 잃은 것은 예술이다"라는 구두선을 내걸고 잃어버린 예술을 찾아 귀환하고, 또 혹자는 '비애의 성사'를 나와 휴머니즘의 세계로 나아갔다. 급기야는 조직이 해체되고 대부분은 범속한 소시민적 일상성의 세계로 함몰해 갔다. '물논쟁'에서 표명된 김남천의 논리를 넘어선 어거지는 이같은 혼돈상황에 휩쓸려 들기 직전의 프로문학계에 대한 강력한 비판의 의미를 머금고 있었던 것이다. 1934년에 발표된 「창작방법에 있어서의 전환의 문제」 이후 김남천이 조선적 현실과 조직의 중요성을 강조하고 사회주의 리얼리즘의 이론가인 킬포친의 "진실을 그려라"란 표어가 정치적 당파성의 배제가 아님을 힘주어 지적하는 데서 그같은 사정을 똑똑히 확인할 수 있다.

그러나 조직은 해체되었고 김남천 또한 다른 동료들과 마찬가지로 주체의 심각한 동요에 직면하였다. 이에 자기 분열과 모순 극복을 위한 주체 재건의 필요성이 시급한 과제로 대두되었는 바 자기고발의 정신이 그것이다.

자기고발의 정신은 자기고발론, 모랄론, 풍속론, 로만개조론, 관찰문학론으로 이어지는 '물논쟁' 이후 김남천 창작방법론의 등뼈를 이루었다. 자기 내부의 소시민적 자의성과 우유부단성을 넘어서기 위한 자기고발의 정신 제창은 객관적 현실과의 구체적 관련 속에서의 자기 점검과 비판 없이 책에서 읽은 추상적 관념에 전적으로 폐쇄되어 있던 프로문인들의 근본을 무찌르는 통렬함을 지니고 있었다. 그러나 그것은 너무 협착하여 변명, 자조나 신변잡사 영역을 벗어나기 어려운 성격의 것이다. "이 땅의 리얼리즘 문학을 이끌고 나아가"겠다는 포부를 지닌 김남천이 '私小說과 情死'를 할 수 없는 노릇, 고발문학론이 제출되었다. "일체를 잔인하게, 무자비하게 고발하는 정신, 모든 것을 끝까지 추급하여 그곳에서 영위되는 가지각색의 생활을 뿌리째 파서 펼쳐 보이려는 정열"이 이끄는 문학이다. 이같은 정신, 정열 앞에 공식주의도 정치주의도, 민족주의자도 사회주의자도, 시민도 관리도 소작인도 가차없이 까발겨져 철저히 모사·반영된다. 김남천은 그같은 고발정신에 의한 적나라한 모사·반영의 창작방법을 리얼리즘이라 생각했다.

위에서 살핀 바 자기고발론과 그것을 포함한 고발문학론은 그러나 리얼리즘이라 하기는 어려운 창작방법들이다. 작가 내부의 소시민성을 고발하는 사소설적 성격의 전자는 두말할 여지조차 없거니와 후자 또한 몇 가지 문제점으로 인해 그러하다. 무엇보다도 고발되는 현실을 유기적으로 통합하여 전체성의 차원에까지 고양시키는 데 필수적인 일정한 시각, 곧 세계관의 역할에 대한 인식이 결여되어 있다. 반영되는 현실 전체를 통합하는 세계관의 결여는 작품을 쇄말잡사의 무질서한 진열장으로 만들 터이다.

따라서 새로운 단계로의 전진이 불가피했다. 불퇴전의 탐구정신을 소유한 김남천이었기에 더 나아갈 수 있었다. 모랄과 풍속 개념을 매개로 한 새로운 단계이다. 모랄이란 무엇인가.

이러므로 도덕·「모랄」의 문학적 관념은 도덕률이나 도덕감정도 아니고 또한 혹정(或定)의 습관 습속뿐만도 아니고 이러한 모든 현상을 그것 자체로서 파악하려고 하는 하나의 인식의 입장을 말한다.5)

 이렇게 규정되는 모랄의 배후에는 그러므로 사회와 역사에 대한 합리적인 과학적 인식, 작가와 일반 대중과의 생활상 관련이 놓이게 된다. 한갓 개인의 도덕률 차원과는 엄격히 구별된다는 것이다. 모랄 개념이 이렇게 규정될 때 그것은 풍속과 밀접한 관련을 가진다. 풍속이란 사회의 생산기구에 기초한 인간생활의 각종의 양식에 의해 결정되는 것으로 물질적 토대에 기반한 공통적인 사회현상이며 사회기구의 본질이 육체화된 것을 의미한다. 그러니까 작가가 개인의 사적 틀 속에 폐쇄되지 않고 사회와 역사, 그리고 일반대중과의 폭넓은 관련 속에서 객관적 현실을 인식하고, 그것을 풍속을 통해 형상화하는 것이 모랄·풍속론의 핵심인 것이다. 여기에 이르면 객관적 현실의 전체성 파기와 관련된 리얼리즘론이 엉성하나마 나름의 모습을 갖추게 되었다. 그러나 여전히 문제점은 남는다. 무엇보다도 인식과 형상화를 동시적인 것으로 파악하지 않고 전후적인 것으로 파악하고 있다는 사실이 두드러진다. 문학을 형상적 인식이라 정의할 때 양자는 동시적이며 변증법적 관련 속에 자리한다. 작가의 머리 속 구상이 앞서는 법이지만 형상화 과정에서 그것은 폐기되거나 수정되며 때로는 본래의 구상을 훨씬 넘어서는 풍요로운 경지를 확보하게 되기도 한다. 문학을 다른 인식 형태와 구별지우는 것은 형상성이지만 그것은 인식과 동시적으로 파악되는 성격의 것이다. 인식과 형상화를 전후적인

---

5) 「일신상의 진리와 모랄」, ≪조선일보≫, 1938. 4. 22.

별개의 것으로 파악할 때 도식화가 초래됨은 팔지의 사실이다. 김남천의 많은 작품들이 풍부한 형상성을 결여하고 있음은 이에서 비롯된 것일 터인데 그의 체질이 작가라기보다는 오히려 비평가 쪽에 더 가까왔음을 여기서 확인하게 된다.

모랄, 풍속론을 통해 리얼리즘론의 지평을 확장하였지만 추상적 원칙의 제시 수준에 그치는 것이어서 실제 작품창작에는 큰 도움이 되기 어려웠다. 로만개조론이 제출된 것의 배경 중 하나는 이것이었다. 이 시기 평단에서는 소설성의 상실과 그 회복을 둘러싼 논의가 중심을 이루었는데 여기서도 임화와 김남천이 맞섰다. 임화는 당대 소설을 세태소설과 내성소설로 나누고 그같은 분열의 원인을 '적극성의 상실', '말하려는 것과 그리려는 것과의 분열'이라 진단하였다. 일급의 비평가 임화의 실로 날카로운 통찰이라 하겠는데 김남천 또한 이에 동의하였다. 그러나 "전체주의를 경계하면서 생기발랄한 통일된 적극성을 창조하기는" 지극히 어려운 일, 임화가 본격소설에의 지향을 내세우며 작가들에게 '시련의 정신'이 필요하다고 강조했으나, 작가인 김남천에게는 대단히 곤란한 주문이었다. 당대를 배경으로 그같은 성격 창조가 어렵다면 과거로 거슬러 올라갈 수밖에 없다. 가족사연대기 소설이 이에 구상되었던 것이니 이를 용납하고 구현할 수 있는 새로운 로만의 모색이 뒤따르는 것은 당연하였다. 로만개조론의 또 하나의 배경은 이것이었다.

「대하」는 이같은 로만개조론에 의거하여 쓰여졌다. 김남천은 과거를 무대로 삼음으로써 상실한 소설성, 곧 "과학적 합리적 정신에 의한 個와 社會의 모순의 문학적 표상"을 회복할 수 있으리라 기대했다. 과연 그러했던가? 작품을 검토할 차례이다.

3

작품의 경개 파악을 위해 안함광의 적절한 요약을 인용하겠다.

제1장은 박성권을 기축으로 하고, 새로운 요소인 세 개의 인물 (그 중에서도 뚜렷한 인물은 박형걸이다)을 최전선에 내세우는 한편, 방계적으로는 부수적인 제인물들의 등장을 통하여 각양한 모양과 다채한 정조의 세계를 보여 주면서 있다. 제2, 3장에서는, 차자 형선이의 결혼을 중심으로 한 그 당시 풍속의 전개와, 에피소드적 인물인 최관술을 통한 과도기적 시대의 특질을 보여주고, 제4장에서는, 서자 형걸이의 내외적인 일상적 울분이, 형선이의 결혼을 매개로 하여 촉발되어지는 과정과 이것이 부수적인 모-티프가 되어 삭발하는 과정과, 제6, 7장에서는 그러한 울분과 공허감과 걷잡을 수 없는 정열이, 마침내 막서리 「쌍네」라는 대상에로 쏟아지는 세계가 있는 한편, 형걸이 대봉이 칠성이네 아낙 등의 제인물을 통한 「자전거」의 活寫로서, 단일한 지방적 접촉에서 전적인 사회적 접촉에로 옮아가면서 있는, 당시의 시대적 특질이 그려져 있다. 제8, 9, 10장에는 「쌍네」를 중심으로 한, 형준이 형걸이의 내면적 마찰에서 그들 성격의 차이가 나타나 있고, 박성권에 대한 박이균의 굴복을 통하여는, 봉건주의의 붕괴와 초기자본주의의 대두라는 새로운 시대적 사실이 개성적으로 묘사되어져 있다. 제11, 12, 13장에서는, 이러한 시대의 문화면의 대변자이었던 기독교의 사조가, 문교사라는 인물을 통하여 초기 계몽운동의 형태로 나타나는 한편, 당해 시대의 경제적 특질면은, 「中西」라는 인물에 의하여 대변되어지면서 있다. 14장에서는 전도차로 갔을 때와 빌미를 얻은, 기생 부용이와 형걸이와의 춘정 삽화와, 두칠이네 부부생활의 전환을 통하여, 자유노동자라는 일군의 사회가 형성되어지면서 있는 시대적 배경을 보여주고, 15장에서

는 단오놀이를 계기로 하여, 이 작품에 나타났던 초기상업주의의 원시적 요소의 제인물, 中西, 박리균, 칠성이 등의 등장이 있고, 운동회를 통하여는, 신시대의 문화면을 전주하는 동명학원 건아들의, 비겁과 패배를 모르는, 억세인 약동의 세계가 있다. (중략) 형걸이란 소년이, 상술한 바와 같은 인생의 극단까지를 경험하면서, 이 구석 저 구석 몸을 잠거보았으나, 외적으로 몰리고 내적으로 솟아오르는, 울분과 공막감을, 또한 어쩐다는 수는 없었다. 이러한 가라앉지 않는 마음을 부둥켜안고, 춘정적 본능이 사주하는 대로, 기생 부용이를 찾던 형걸이가, 문득 그 문전에서 부친 박성권을 발견케 되는 것이 제 의의적인 모-티프가 되어, 專心 시대의 여명에로 심경이 전환되어 진다는 곳에서, 이 작품 「大河」 말부 16장과 더불어 끝을 맺는다.[6]

이렇듯 「대하」는 16장으로 구성되어 있다. 대하장편의 첫머리(1부)에 지나지 않는 미완의 작품이기에 이것만은 온전한 평가에 이를 수 없음은 물론이다. 그러나 주인공(형걸)의 등장과 성장과정 그리고 새로운 출발로 이어지는 하나의 자족적 체계를 갖추고 있으며, 궤멸지경에 처한 소설의 혈로를 열고자 제출된 로만개조론을 일정하게 수용하고 있기 때문에 비록 제한적일 수밖에 없지만 의미 있는 논의를 기대해 볼 수 있다.

작품의 무대는 평안도의 작은 고을 성천, 중심된 시간 배경은 1907년에서 1910년까지 3년간이다.[7]

이 고을에 10여년 전 이주해 온 밀양 박씨 집안의 가족사가 중

---

6) 안함광, 「문학의 주장과 실험의 세계」, ≪비판≫, 1939. 7.
7) 이 작품이 역사적 사건을 거의 지나치고 있다는 점에도 불구하고 1910년 8월 29일에 있었던 한일합방에 대한 언급이 전혀 없음을 미루어 1907년에서 1910년까지로 추정해 볼 수 있다. 작품 마지막, 주인공이 집을 떠나는 날이 오월 초여드레라는 사실도 우리의 추정을 뒷받침한다.

심축을 이룬다. 작품의 이해를 위해, 작가의 의도대로 집안의 연대기를 따라가 보자.

1대인 박성권의 조부는 지방 아전으로서 온갖 부정한 방법으로 재산을 모은 인물이고, 2대인 박순일은 주색과 아편에 빠져 재산을 탕진하고 마는 인물이다. 그러니까 박성권의 가계는 조선조 지배질서 맨 아래 계단에 위치하였던 중인 최하층 신분에 속하는 셈이다. 지방 아전에서 의·역관에 이르기까지 그 내부에 많은 층위가 존재했지만 양반계층 및 상·천민계층과 구별되는 중간계층으로 존재했던 조선조 중인계층은 그 독특한 위상과 신분적 질곡으로 인해 일반적으로 몇 가지 공통된 성격을 지녔던 것으로 분석된다. 첫째, 계층적 중간성으로 인해 객관 현실의 전체적 동향을 빠르고 정확하게 파악할 수 있었다. 행정실무의 역할을 도맡았기에 이런 측면은 더욱 강화되었을 터인데, 양반계층이 주자학적 체계에 폐쇄되어 급속하게 변모하는 조선조 후기의 객관현실에서 점차 멀어져 갔던 것에 대비되어 더욱 두드러지는 점이다. 둘째, 계층적 중간성은 또 한편 기회주의적 속성을 배양했다. 가운데서 균형을 취하기 위해서는 불가피했다 하겠는데 이 계층 출신인 염상섭의 '도회의식(韜晦意識)'이란 자기진단은 이와 무관하지 않다. 유리하면 떨쳐 나아가고 불리하면 움츠러 물러서는, 빈틈없는 현실주의의 부정적 측면인 셈인데 이 계층의 한계를 근본 규정하는 것은 바로 이것이다. 셋째, 정치적 상층으로의 진출이 철저히 봉쇄당했기 때문에 그같은 결핍을 부의 축적을 통해 보상받고자 하는 속성을 지녔다. 예컨대 "吏雖廉潔 終無顯榮 利重於名 故吏多貪汚"라는 중인 스스로의 진단이 있다. 넷째, 또한 신지식을 적극 수용함으로써 그같은 결핍을 보상받고자 했다. 양반계층에 비해 주자학 이데올로기로부터 상대적으로 자유로웠기 때문일 터이다.

조선조 중인계층의 이같은 성격은 조선조 사회가 여러 내부 모순의 심화·분출로 무너져 내리던 19C, 이 계층이 역사전개를 주도하는 상승계층으로 부상하는 추동력으로 작용한다. 축적된 부와 지식, 그리고 날카로운 현실감각을 바탕으로 역사의 전면에 솟아올랐던 것이다. 박성권의 조부는 사회·제도의 혼란을 틈타 치부하는 부정적인 모습으로만 나타나 있는데, 아마도 이는 작가가 이 계층의 역사적 위상에 대해 전혀 자각적이지 못하였기 때문일 터이다. 지방 아전계층이 위에서 열거한 중인계층의 일반적 성격을 두루 충분히 지니고 있었다고는 할 수 없겠지만, 그럼에도 그같은 신분적 위상이 격렬한 변동과정 상에 놓였던 조선조 말의 동향과 어떻게 관련맺고 있으며, 그것에 규정된 선대의 역사가 어떻게 후손들과 접맥되는가에 대한 고찰이 아쉬운 것이다.

그리하여 1대와 2대는 다만 과거의 한 삽화로서 가족사의 첫머리에 장식적으로 배치되는 데 그치고 말았다.[8]

3대인 박성권은 갑오농민전쟁을 틈타 치부한 인물이다. 군대를 상대로 한 장사, 군수품 운반업 등에 종사함으로써 일시에 재산가가 되고, 이를 밑천삼은 돈놀이로 재산을 크게 늘려 쇠락한 집안을 부흥시켰으며, 돈의 힘으로 참봉 소리까지 듣게 되었다. 돈에 대한 강렬한 욕망, 이를 뒷받침하는 넘치는 정력과 냉혹하고 악착같은 성격을 지닌 이 인물을 통해 작가는 봉건사회의 해체와 새로운 사회-돈이 지배하는-의 도래를 드러내려 한 것으로 보인다.

---

8) 박성권의 탐욕스러운 성격과 기민한 현실주의를 그 계층적 속성과 관련시켜 이해할 수도 있겠지만 양자의 관련성은 작품 속에 전혀 나타나 있지 않다.

그러나 작가의 이같은 의도는 그의 강렬한 성격이 작품 끝까지 일관되지 못하였으며 돈에 대한 지극한 욕망이 한갓 고리대금업자의 그것에 국한되었다는 점 때문에 충분한 성공을 거두었다고는 하기 어렵다. 기골이 장대하고 얼굴 생김이 비범한, 이미 외모에서 남다른 인물, 전쟁터를 쏘다니며 돈벌이에 목숨을 걸 정도로 대담한 성격의 소유자, 채무시일을 어기면 집이고 토지고 사정없이 뺏아챙기는 '포악하고 아구통 센' 성격의 그가 작품 후반부로 가면 처첩과 자식들, 집에서 부리는 하인들을 원만히 다스리는 너그럽고 자상한, 그러면서도 위엄있는 가장으로, 의젓한 고을 유지로 변모하며, 끝까지 고리대금업자에 머무를 뿐 돈이 지배하는 새로운 시대, 초기 자본주의(상업자본주의)의 시대에 적극 대응하지는 못하는 것이다. 이같은 사실은 박성권 또한 변하는 사회현실과 관련, 역동적으로 파악되지는 못하였음을 의미한다.

다음 4대에 이르면 다섯 명의 자식들이 등장한다. 본처 소생의 3남 1녀와 서자 1명으로 구성된 4대의 인물들이 성장하며 소설 전개는 본격화된다. 이 중 이미 청년으로 성장한 형준, 형선, 형걸 세 사람이 작가의 집중 조명을 받고 있는데 각각의 개성적인 성격을 통해 이 집안의 앞날이 예고된다. 다시 안함광의 분석을 인용해 보자.

> 형준이는 사업욕과 실리주의의 일면을 계승하여 실업적인 방향에로 발전할 소지가 보이고, 형선이는 착실한 보수성의 일면을 계승하여 선량한 소시민의 경지에 주저할 素成이 보이고, 형걸이는 과단성의 피를 받아, 시대의 前線을 걷는 사회적 인물로 활동하게 될 것 같다. 이렇게 각 방면에서, 사회를 개성적으로 대변시킴에 의하여 전체적인 시대의 특질을 부조적으로 형상화하려고

하였다고도 할 수 있다.[9]

물론 명료하지는 않다. 그럼에도 이렇게 정리해 놓고 보면 작품의 포석이 분명해지는 셈이다. 이 중에서도 중심은 서자인 것이다. 서자의 굴레, 아버지를 닮아 범상치 않은 외모와 고집 세고 왈패스러운 남성적 성격, 여기에 기독교와 신식교육기관에 의한 근대적 교육의 영향 등이 복합적으로 얽히면서 소설 후반부의 중심인물로 솟아 오른다.

> 형걸이의 마음 속에 이루어진 결심, 그것은 막연하기는 하나, 오늘 밤 안으로 이 고장을 떠나서 평양으로든가, 새로운 행방을 잡아 보자는 것이었다. 그는 몇 시간 뒤에 평원도로를 향하여, 방선문 밖 신작로를 걸어 나갈 것을 상상하며, 문우성 선생이 기숙하고 있는 예배당으로 병대처럼 뚜벅뚜벅 걸어갔다.

작품 끝머리 형걸의 가출 결심 부분이다. 작가는 이 새롭게 성장하는 진취적인 인물을 주인공으로 개화기 이후를 그리고자 하였으리라. 형걸의 가출 결심을 마지막으로 작품은 더 이어지지 못하였지만 작품 분석을 통해 추정해볼 수는 있다. 「대하」 1부에 내재해 있는 형걸의 진로는 어떤 성격의 것인가. 이를 밝히는 것은 곧 이 작품의 참 주제를 드러내는 것이다.

작품 「대하」는 형걸의 진로가 '돈'이 더욱 더 지배적인 가치로 군림하게 되는 세계의 한복판을 지나가게 될 것임을 분명히 보여준다. 고을의 당당한 유지로 부상하는 박성권을 두고,

---

[9] 안함광, 앞의 글, p.73.

진사, 초시도 많고, 생원, 좌수, 참봉 이밖에 아전의 경력을 가진 이가 한둘이 아닌데, 차함 참봉 박성권에게 부회장의 명예직이 떨어지게 된 것은, 시세가 벌써 어이된 것을 말하는 증거이기도 하나, 한편 돈의 힘을 무언중에 설명하는 좋은 재료로도 될 것이다.

라 설명하는 데서 그것은 명료하다. 박성권의 부상을 통해 표출되는 돈이 지배하는 사회로의 변화, 그 변화의 한복판을 형걸은 서자의 멍에를 짊어지고 걷는다. 그 멍에로 인해 자본주의화의 표상인 박상권의 부로부터 일정하게 소외된 채, 생래적으로 덧씌워진 서출의 멍에가 급격한 현실의 변화, 그것을 반영하며 또 한편으로는 선도하는 새로운 교육과 합하여져 봉건적 신분질서의 타파라는 시대이념을 강렬하게 표출한다. 그같은 시대이념이 실제의 현실 속 생활들의 의식변화로, 그리고 적서차별이라는 봉건적 신분질서의 한마디에 무게중심을 두고 그려지고 있다는 점에서 몇몇 지식인의 계몽적 변설로 그것을 드러내었던 신소설이나「무정」등과는 구별된다. 이렇게 본다면 박형걸은 자본주의화의 표상인 아버지 박성권의 비정상적이고 때로는 비인륜적이기조차 하며 고작해야 고리대금업자에 지나지 않는 천민자본가적 성격을 덧붙여 생각한다면「대하」1부에 내재되어 있는 형걸의 진로는 비교적 분명해지는 셈이다. 그것은 한편으로는 점점 강화되어 갈 자본주의적 질서에 대한, 다른 한편으로는 세찬 도전에도 불구하고 쉽게 청산되지 않는 여러 봉건질서에 대한 줄기찬 도전의 길일 것이다.

그렇다면 같은 가족사 소설인「삼대」,「태평천하」와「대하」의 관계는 어떠한가.「삼대」가 이미 확고하게 정착된 자본주의적 질서에 순응하지만 그러나 필연적으로 몰락할 수밖에 없는 식민지

조선의 한 중산층 집안의 운명을 그렸다면, 「태평천하」는 그같은 노예적 순응주의의 일그러진 내면상을 그렸다. 다같이 허무주의의 독소에, 정도의 차이는 있지만, 감염되어 있는 것인데 염상섭과 채만식의 이후 작품세계와 행로에서 이는 뚜렷이 증명된다. 이에 비할 때 「대하」는 형성기 조선 자본주의의 천민적 성격을 이에 맞서는 적극적 성격의 인물과 대비시킴으로써 그 근본을 무찌르고자 하였다는 점에서 크게 차이가 난다. 「대하」의 문학사적 의미의 하나는 이것이다.

4

우리는 앞에서 「대하」가 로만개조론에 의지한 작품임을 밝힌 바 있다. 로만개조론의 핵심은 잃어버린 소설성 곧 "과학적 합리적 정신에 의한 個와 社會의 모순의 문학적 표상"의 회복에 관한 것이다. 김남천은 "사회와 인물을 발생과 생장과 소멸에서, 다시 말하면, 전체적 발전에서 묘파"함으로써 그것이 가능하다고 생각했고 가족사연대기를 그 형식으로 제안했던 것이다. 지금까지의 소략한 논의에서 김남천의 그같은 의도가 작품 「대하」에서 어느 정도 실현되었음을 확인할 수 있었다. 그러나 한계도 분명하다. 이미 지적했듯 이 집안의 계층적 위상에 대한 인식이 불충분하여 이로 인해 가족사를 일관하는 이념(가문의 특징적 정신 또는 성격)이 분명하지 않다는 점 등. 이 밖에도 여러 가지를 지적할 수 있다. 무엇보다도 봉건적 토지소유관계에 대한 인식이 전무하다는 것. 작가는 당대를 봉건사회의 해체기로 인식하고 그것을 역사의 발전법칙에 따르는 필연적인 귀결로 파악했다. "역사의 필연성을 폭로하는 것은 문학사의 사명"10)이라는 생각으로 「대하」에서 그같은 해체의 양상을 그리고자 하였다. 그럼에도 「대하」에 포착된 해체기의 양상은 토지소유관계가 중심인 당대의 경제적 토대와는 거의 무관하다. 박성권은 지주이지만, 땅에 대한 그의 집착만이 강조될 뿐, 소유와 생산관계와는 전혀 동떨어져 있으며, 절게살이를 하다 막서리로 한 등급 올라서는 두칠의 변모도 토지문제의 시각 밖에서 그려질 뿐이다. 이같은 인식의 문제점으로 인해 갑오농민전쟁조차도 돈벌이의 무대로만 파악될 뿐 그 역사적 성격은 전혀 간과되고 말았다. 이 작품에는 땅과 관련된 지주와 농민이 한 사람도 등장하지 않는다는 판단이 가능한 것이다. 이같은 문제점으로 인해 「대하」는 김남천이 로만개조론에서 제출했던 토대에 의해 규정되는 풍속의 묘사라는 명제에 멀찍이 못미치는 작품이 되고 말았다.

우리 소설사에서 토대의 규정성에 대한 인식이 비롯되는 것은 20년대 중반 이후의 경향소설에서이다. 이기영, 한설야 등 경향작가들의 작품에서 그같은 인식의 형상적 실현양상을 확인하는 것인데 「대하」는 경향소설의 이같은 전통에서 벗어나 있다. 「대하」 뿐만 아니라 김남천의 작품세계 전체가 그러한데 이는 그가 경향문단의 중심 이론분자라는 사실과 정면으로 배치되는 기묘한 아이러니이다. 체험을 떠나서는 성립될 수 없는 창작의 특수성이 새삼 두드러지는 사실이다.

또 하나의 문제점은 국권 상실의 위기가 최고도로 높아졌던 당대의 급박한 상황이 거의 포착되지 않고 있다는 것이다. 작품의

---

10) 「시대와 문학의 정신」, 《동아일보》, 1939. 5. 7.

배경인 1900년대 후반, 조선은 식민지화로 이어지는 급경사의 내리막길을 속수무책으로 굴러내리고 있었다. 청, 러, 미, 영 등과의 세력 각축에서 승리한 일본이 조선 지배의 고삐를 틀어쥐고 마지막 숨통을 죄어들던 위기의 시대가 당대였다. 이같은 위기상황의 어떤 편린도 「대하」에서 찾아볼 수 없으니 기이한 느낌조차 들 정도이다. 예컨대 이 작품에서 큰 비중을 차지하고 있는 신교육의 내용은 신분 철폐, 적서차별 철폐, 노비제 폐지, 미신 타파, 조혼 철폐 등 제도, 관습의 차원에 머물러 이 시기 교육의 강한 애국계몽적 성격을 완전히 빠뜨리고 있다. 형걸을 중심으로 한 소년들의 진취적 기상이 무게중심을 잃은 한갓 낭만적 분위기로만 느껴짐은 이 때문일 터이다.

지금까지의 살핌에서 분명하듯, 「대하」는 그 이론적 근거인 로만개조론의 내용을 제대로 소화하지 못한 작품이다. 「대하」의 여러 가지 문제점은 곧 김남천의 한계를 드러내는 것인데 이는 이후 그가 꿈꾸었던 새로운 소설에 대한 또 다른 구상이 한갓 몽상의 차원을 벗어나지 못한 것과 밀접하게 관련되어 있다. 김남천은 「소설의 운명」(1939) 등 일련의 글들에서 루카치의 소설론에 근거하여 새로운 소설 양식의 획득을 꿈꾸었다. 그 새로운 소설 양식은 "새로운 피안의 발견"이란 말에서 분명하듯 새로운 시대의 도래에 대한 꿈과 맞물린 것이다. 그러니까 김남천은 새로운 시대에 대한 유토피아적 열망을 '소설의 운명'론을 통해 피력하였던 것이다.

그러나 새로운 것에 대한 꿈꾸기가 한갓 몽상에 그치지 않고 실현 가능한 것이 되려면 객관적 현실의 뒷받침이 있어야만 한다. 새로운 시대와 그에 대응하는 새로운 소설양식을 꿈꾸는 작가에게서 요청되는 것은 그같은 객관적 현실의 총체적 관련에 대한 치열한 탐구의 정신일 터인데, 김남천의 경우, 앞에서 살폈듯 여러 가지 문제점을 지니고 있었다. 요컨대 그의 유토피아적 열망은 객관적 현실의 총체적 인식에 뒷받침받지 못한 한갓 몽상일 뿐이었다. 그같은 몽상은 '경악할 만한' 성격의 것이긴 하지만, 또한 뿌리 없는 꿈꾸기의 차원을 멀리 벗어난 것이 아니었기에 쉽사리 추락할 수 있는 "전혀 놀랄 만한 것이 못 되는" 것이기도 하였다. 실제로 이후 작품 「등불」(1942)에서 우리는 '살아 남기'의 세계로 추락한 김남천의 정신을 확인하는 것이다.

「대하」는 긍정적으로 평가해야 할 측면을 여러 모로 풍부하게 지닌 이 시기의 문제작이다. 그럼에도 토대와 상부구조의 규정적 관련성을 문제삼는 경향소설의 전통에서 일탈함으로써 결정적 파탄에 봉착하고 말았다. 경향문학의 지도적 이론가인 김남천의 이같은 파탄은 무엇을 의미하는가. 경향문학 전반의 근본 한계를 확인하게 된다.

〈대하〉와 〈동맥〉에 나타난 개화 사상과 개화 풍경

김 외 곤

Ⅰ. 소설의 위기와 가족사 연대기 소설의 등장

프롤레타리아 문학 단체였던 카프(KAPF)의 해산은 현실을 자신의 문학적 토대로 삼고 있던 식민지 시대 현실주의 작가들에게는 큰 충격이 아닐 수 없었다. 그들은 카프 제2차 검거 사건(전주 사건)으로 인하여 감옥 안에서 전향을 강요당하였고 출옥한 뒤에도 자신이 지녔던 사상에 대한 포기를 요구받았기 때문이다.[1] 그리하여 일상적 삶으로의 적응 내지 생활 방편의 마련이라는 과제가 그들의 목전에 놓여졌던 것이다. 강렬한 변혁 의지를 내세운 마르크스주의라는 사상을 가지는 것이 불가능했을 때 작가들은 이전과 같이 현실을 파악하고 형상화할 수 없었다. 그 결과 그들이 할 수 있는 일이란 일상 생활의 단면을 그려내거나 자신의 내부에로 빠져 들어가는 것뿐이었다. 이런 문단적 상황을 전형적으로 반영하

---

[1] 김윤식, "1930년대 후반기 카프 문인들의 전향 유형 분석," ≪한국 현대 현실주의 소설 연구≫(문학과 지성사, 1990) 참조.

는 것이 이른바 '현실주의 논쟁'으로 불리는 <천변풍경>과 <날개>를 둘러싼 논쟁이다. 최재서의 평론으로 촉발된 이 논쟁은 전형기에 처한 조선 소설계의 방향에 대한 논쟁으로도 볼 수 있는 바, 이는 곧 소설 개조론으로 이어지게 된다. 당시 소설계가 처한 상황을 타개하고자 노력한 비평가 임화는 세태 소설에서 보이는 외향(外向)과 심리 소설에서 보이는 내성(內省)이 동시에 발생한 것을 두고, "작가의 내부에 있어서 말하려는 것과 그리려는 것과의 분열"2)에서 말미암은 위기라고 정확하게 진단한 바 있다.

> 현실을 있는 대로 그리면 작품 가운데 선 작가가 인생에 대하여 품고 있는 희망이란 게 살지 못할 뿐만 아니라, 오히려 암담한 절망을 얻게 되는 것이다. 그러므로 자연 작자의 생각을 살리려면 작품의 사실성을 죽이고 작품의 사실성을 살리려면 작자의 생각을 버리지 아니할 수 없는 『띄렘마』에 빠지는 것이다.3)

그렇다면 이러한 위기의 근본적인 원인은 무엇이었으며, 그 타개책으로는 어떤 것이 제출될 수 있었던가? 이에 관해서는 임화의 견해가 그 중 뚜렷한 것으로 보인다. 그는 위기의 원인을 시대의 이상과 현실이 너무나 큰 거리로 떨어져 있는 것에서 찾아냄으로써 소설의 위기는 곧 '현실 자체의 분열상의 반영'이라고 간주한다. 다시 말해 임화는 일본 군국주의라는 현실적인 폭압에 그 원인을 두고 있었던 것이다. 결국 그는 고민 끝에 이런 소설계의 상황을 극복해 나갈 진로를 제시하게 되는데, 그것은 다름 아닌 본격적 고전 소설로 돌아가는 것이었다.4) 한편 백철도 소설의 위기

---

2) 임화, "세태 소설론", ≪문학의 논리≫(학예사, 1940), p.346.
3) 같은 책, p.347.
4) 민경희, <임화의 소설론 연구>(서울대 석사 논문, 1990) 참조.

를 감지하고 그 타개책을 강구하다 종합문학론에 도달하게 된다.5) 그러나 이런 타개책들은 작가들에게 새로운 전망을 가져다 주지 못했는데, 그만큼 작가들은 자신을 둘러싼 생활 현실에 의해 강하게 압박받고 있었기 때문이다.

임화나 백철 못지 않게 소설 개조의 방향을 모색하고 고민한 또 한 사람의 문학자로 김남천을 꼽을 수 있다. 자기 고발 이후 끊임없이 창작 방법론을 모색하여 왔던 그인지라 소설의 위기에 대해서도 깊은 관심을 보이게 된다. 그는 비평가로서뿐만 아니라 창작을 꾸준히 해온 소설가였기에 누구보다도 민감하게 소설의 위기를 감지할 수 있었고, 또한 이에 대해 심각하게 고민하지 않을 수 없었다. 바로 여기에서 우리는 임화나 백철 등의 비평가들과는 달리 그만이 갖고 있던 고민이 무엇인가를 알 수 있다. 즉 그에게 있어서는 다른 비평가들처럼 소설이 나아가야 할 방향을 제시하는 것으로 임무가 완수되는 것이 아니었다. 여러 평론에서 누차 밝힌 바대로 작품과 주장(비평)의 관련을 필수적인 것으로 생각해 왔던 만큼 그는 창작을 통해 몸소 실천해야 한다는 과제를 안고 있었던 것이다. 주장과 작품 중에서 전자가 잘 드러난 글로는 "현대 조선 소설의 이념"6)이 있다. 이 글에서 김남천은 당대 소설의 위기에 관한 임화의 분석에 대체로 동의하면서, 그 위기를 '소설성의 상실'이라고 표현한다. 이 때 소설성이란 "과학적 합리적 정신에 의한 개(個)와 사회의 모순의 문학적 표상"7)이다. 그러나 김남천은

---

5) 이에 대한 자세한 연구는 권영민, ≪한국 민족 문학론 연구≫(민음사, 1988), pp.321 - 322.
6) 김남천, "현대 조선소설의 이념", ≪조선일보≫ 1938. 9. 10 - 18.
7) 같은 글, 1938. 9. 17.

소설성의 상실로 말해지는 이 위기를 타개하기 위한 방법의 면에 있어서는 임화 등의 의견에 찬성하지 않는다. 왜냐 하면 그의 판단으로는 임화나 백철이 제안한 방법은 구체적 논책을 결여하고 있어서 "좀처럼 작가들의 이해를 얻기가 곤란하지 않은가 우려"[8) 되었기 때문이다. 이처럼 그가 비평가들의 논리를 반박할 수 있었던 근거는 그 자신이 작가의 자리에 서 있었기 때문인데, 1930년 대 말의 작가들이 처한 상황이란 김남천의 다음 고백에서 잘 드러난다.

> 사회와 개인이 극도로 분열되고 육체와 두뇌가 승려의 시체처럼 분리된 현대 사회에 사는 우리들 작가는 시민 사회의 상향기나 산업 자본주의의 상승기의 작가에 비하여 확실히 불행한 것임에 틀림없다. 전체주의를 경계하면서 생기 발랄한 통일된 적극적 성격을 창조하는 우리들로서 지극히 힘든 일이 아닐 수 없기 때문이다.[9)

이 글에서 보듯, 사회와 개인이 분열된 현대 사회에서 섣불리 소설성을 회복하려는 시도가 자칫하면 전체주의에로 빠져 들 수 있다는 것을 김남천은 극도로 경계하고 있다. 이로 미루어 볼 때 그는 이미 '성격과 환경의 조화'로 요약되는, 소설계의 위기 타개를 위한 임화의 논리나 종합 문학론을 주장한 백철의 논리가 가지는 한계를 인식하고 있었던 것으로 보인다.

그렇다면 전체주의에 빠지지 않으면서 소설성을 회복할 수 있는 로만 개조의 방향은 어떠한 것인가? 김남천에 의해 해결책으로

---

8) 같은 글, 1938. 9. 13.
9) 같은 글, 1938. 9. 13.

제시된 것이 바로 '풍속 개념의 재인식과 가족사와 연대기에의 길'이다. 이 방법은 풍속 개념을 문학적 관념으로 정착시켜 가족사 속에 받아들이면서 연대기를 현현시키는 것으로 설명된다. 이 방법이 어떤 결과를 가져다 주는가에 대해서, 그는 도덕에 속하면서 사상적 본질을 갖는 풍속을 가족사 속에 받아들이면 우리 작가는 넓은 전형적 정황을 묘사할 수 있다고 답한다. 또한 연대기로서 파악하면 정황의 묘사에 합리성과 과학적 정신이 보장되며, 이것은 곧 작가의 지적 관심 내지 야심을 높여 현대인에 대한 새로운 발견까지도 가능케 해줄 것이라고 말한다. 이와 같이 소설의 위기 타개를 위해 제시된 가족사 연대기 소설은 전체주의에 의한 피해를 입지 않으면서 개인과 사회의 관계를 제대로 그려 낼 수 있다는 점, 다시 말해 전향이 강요되는 상황에서도 소설성을 회복할 수 있다는 점에 그 핵심이 놓여져 있었던 것이다.

이제까지 우리는 1930년대 후반의 소설이 맞이한 위기와, 그 위기에서 소설을 구해 내기 위한 여러 주장 가운데 특히 김남천의 것으로서 가족사 연대기 소설의 대두 과정을 살펴보았다. 그 이론은 한편으로는 전향의 강요라는 폭압에 대항한 프로 문학 출신 비평가의 활로 모색이었으며, 다른 한편으로는 전체주의를 경계하면서 현실의 총체적 형상화를 추구한 현실주의 작가의 힘겨운 노력으로 볼 수 있을 것이다. 이제 그 주장을 구체화한 작품을 살펴볼 차례가 되었는데, 그 작품이 다름 아닌 <대하>와 그 2부인 <동맥>10)임은 두말 할 필요도 없다고 하겠다. 그렇다면 이러한

---

10) <대하>에 대한 최근의 연구로는 다음과 같은 것들이 있다.
　　정호웅, "<대하>론:새로운 세계에 대한 열망과 그 한계", ≪문학정신≫, 1990. 3.

가족사 연대기 소설의 핵심은 어디에 놓여 있는 것일까? 최근의 한 연구11)는 1930년대 후반에 씌어진 일련의 가족사 연대기 소설을 '가족 내적 교양 소설'로 규정하면서 '풍속'의 의미를 적극적으로 평가한다. 그러나 여기서 말하는 교양 소설의 개념을 자세히 살펴본다면 이런 주장이 조금의 문제점을 가졌음을 알 수 있게 된다. 교양 소설이란 "한 인간의 내적 외적 형성 과정을 처음부터 어느 정도 개성이 성숙할 때까지 심리학적 일관성을 가지고 추적하며, 폭넓은 문화 영역 내에서 환경적 영향과 지속적으로 대결하는 가운데 현재의 소질이 형성되는 과정을 묘사하는 소설 유형"12)으로 규정된다. 이처럼 교양 소설의 핵심이 현실과 대결하면서 이루어지는 한 인간의 성숙 과정을 보여 주는 것임을 염두에 둔다면, 어린 주인공의 성장 과정을 중점적으로 다루고 있는 <봄>이나 <탑> 등과는 달리 <대하>와 <동맥>의 경우는 주인공 형걸의 내적 외적 성숙이 작품의 일관된 주제로 자리잡지 못하기 때문에 교양 소설로 규정하는 것은 다소 무리가 있는 것이다. 더구나 형걸이 미완인 제2부 <동맥>에 가면 거의 중심부에서 사라지게 되는 것도 이 점을 증명한다고 하겠다. 가족사 연대기 소설의 핵심은 오

오양호, "김남천의 <대하>론", 《동서문학》, 1990. 5.
송하춘, "1930년대 후기 소설 논의와 실제에 관한 연구", 《세계의 문학》, 1990. 가을.
 이 가운데 정호웅과 송하춘의 글은 김남천의 창작 방법론과 관련하에서 작품을 분석하고 있으며, 오양호의 글은 제2부인 <동맥>을 언급하고 있어 특징적이다.
11) 김동환, "1930년대 후기 장편 소설에 나타나는 '풍속'의 의미", 《관악 어문 연구》 제15집, 1990, pp.92-94.
12) W.Beutin und Andere, 《독일 문학사》, 허창운 외 공역(삼영사, 1988), pp.247-248.

히려 다음의 인용에서 추출할 수 있을 것으로 생각된다.

> 우리가 가족사 소설이라고 부르는 제작품은 가족제도를 옹호한다든가 배격한다든가 하는 사회학적 관심에서 씨워진 것이 아니라 한 크로니클(연대기)로서 어떤 한 가족의 역사를 삼세대 사세대에 긍(亘)하여 취급하려는 것이다. 엄밀하자면 그들을 「가족사 연대기 소설」이라 불러야 할 것이다.—(중략-인용자)—
> 그 사회의 대표적인 자본가 가족을 취급하면서 사회 정세와 더부러 융성 절정 몰락의 과정을 밟는 한 가족 자체의 운명을 그리려 하였다.[13]

위의 인용에서는 가족사 연대기 소설이 어떤 한 가족의 역사를 그린다는 점과 그 가족의 역사가 사회의 변화와 밀접한 관련을 가진다는 점이 뚜렷하게 드러난다. 결국 가족사 연대기 소설이란 풍속을 수용하여 이루어진 전형적 상황의 묘사 위에서 한 가족의 운명의 형상화를 통해 사회 전체의 모순 관계를 보여주는 데 그 핵심이 놓여 있다고 하겠다.[14] 이로 본다면 가족사 연대기 소설은 개인 대신 가족이 등장할 뿐, 사회의 모순 관계를 개인의 운명이라는 형식을 빌려서 보여 주는 장편 소설의 개념[15]에서 크게 벗어나는 것이 아니라고 할 수 있다. <대하>와 <동맥>의 배경이 개화

---

13) 최재서, "현대 소설 연구(二), 토마스·만 『붓덴부로-크 일가』", 《인문평론》, 1940. 2, pp.113-115.
14) 토마스 만의 《부덴부로크 일가》의 경우 한자 동맹에 속한 독일의 어느 도시에서 벌어지는 한 가족의 흥망 성쇠를 그리고 있는데, 실상 그것은 신흥 경제 세력의 등장으로 인한 구(舊) 경제 세력의 몰락의 역사와 다름 없는 것이다. 이병준, <Thomas Mann의 《Buddenbrooks》 연구>(서울대 석사 논문, 1984), p.3, p.47.
15) 루카치, "부르조아 서사시로서의 장편 소설", 《소설의 본질과 역사》(예문, 1988), p.76.

기로 설정된 것 역시 그 시대가 격렬한 사회 변동의 시기였던 만큼 가족사 연대기 소설의 한 특징으로서 사회의 모순 관계를 뚜렷이 드러낼 수 있었기 때문으로 생각된다. 가족사 연대기 소설의 핵심적 성격이 이러할진댄 작품의 평가는 한 가족의 역사가 얼마나 사회 전체의 모순을 잘 드러내고 있는가에 초점을 맞출 수밖에 없는 것이다. 이는 앞에서 말한 소설성의 회복과 거의 같은 의미를 지니는 것이라고 하겠는데, 이 때 사회의 모순 관계에 대한 형상화는 일반적으로 현실주의 소설이 지향하는 현실의 올바른 형상화와 별개의 것이 아니라고 할 수 있다. 그러므로 작품에서 소설성의 회복을 점검하는 작업은 곧 작품이 이룩한 현실 형상화의 수준을 살펴보는 것이라고 하겠다. 한편 이와 관련하여 김남천이 지니고 있는 작가 의식을 비판하는 것 또한 이 글의 목적의 하나이다.

Ⅱ. 과도기로서의 개화기와 그 풍경

《대하》는 인문사에서 기획한 전작 장편 소설의 제1권으로서 1939년 1월에 출판되었고, 1947년 백양당에서 재간된 바 있다. 그렇지만 이것은 제1부일 뿐 완결된 작품은 아니다. <대하>에 뒤이어 작가는 잡지 《조광》에 '전재(全載) 중편 창작'임을 명시하고 <개화풍경>이라는 작품을 발표한다. 이 작품에서 주목되는 점은 끝에 "작가 왈(曰), 이것은 <대하> 제2부 <동맥> 중의 일절이다." [16]라고 부기해 놓은 점이다. 이로 미루어 볼 때 작가는 <대하>라는 제목으로 나온 부분이 많은 문제점을 가지고 있음을 인식하고 <동맥>으로 제목을 고쳐서 제2부를 집필하였음을 알 수 있다. 그러나 제1부에 뒤이어 씌어졌을 제2부 <동맥>이 정작 첫 부분부터 연재된 것은 해방 공간에 이르러서인데, 잡지 《신문예》2호(1946. 7)와 3호(1946. 10)에 실린 것이 그것이다. 이 잡지는 4호부터 《신조선》이라는 이름으로 개제를 하지만 제2부는 계속 연재되어 1947년 6월 개제 5호로 잡지 발간이 중단될 때까지 6회분이 발표된다.17)

먼저 나온 <개화 풍경>은 자료 조사 결과 <동맥>의 4회와 5회에 해당되는 것이었다. 하지만 여러 잡지를 옮겨 가며 발표된 제2부 역시 미완으로 끝나고 마는데, 이로 인해 전모를 파악할 수 없는 이 작품에 대한 연구는 처음부터 일정한 한계를 지닐 수밖에 없다고 하겠다. 그러나 비록 연재 도중 잡지의 운명과 함께 중단되었을지라도 제2부는 상당히 중요한 의미를 지닌다. 왜냐하면 거기에는 제1부에서 부분적으로밖에 다루어지지 못했던 개화 사상의 실체가 어느 정도 구체적인 모습으로 드러나기 때문이다. 여기서 개화 사상의 실체라 함은 구체적으로 기독교 사상과 동학(천도교) 사상 사이의 대립이 가지는 의미를 말하는데, 이에 관해서는 뒤에서 자세히 다루기로 한다.

---

16) 《조광》, 1941. 5, p.382.
17) 《신조선》 개제 3호(1947.4.)를 제외한 모든 호에 실렸으며, 특히 개제 1호(1947.2.)에 적혀 있는 "문단뿐 아니라 사회 전반의 절찬을 받은 김남천씨의 전작 장편 <대하>의 제2부는 수천만 독자가 고대했음에도 불구하고 끝끝내 왜정하에선 발표되지 못하고 해방 후에야 비로소 햇빛을 바라게 되는 것인데 ······"라고 편집자의 설명은 이 작품이 식민지 시대에 씌어졌음을 뒷받침한다.

<대하> 제1부의 중심 내용은 박성권으로 대표되는 새로운 계급의 대두 과정과, 박성권의 서자 형걸의 형상을 통한 적서 차별에 대한 반항 등으로 표상되는 근대 의식으로 요약될 수 있다. 전자는 봉건제가 해체되고 자본주의가 발흥하는 과도기를 배경으로 한 것인 만큼, 아전의 후손인 중인 박성권의 치부 과정을 통해 어느 정도 그 특징이 보여진다. 조선 사회 내부의 자생적인 근대화 운동이 외세로 인하여 정당한 발전의 길을 차단당하자 민중적 차원에서 이를 돌파하고자 한 것이 갑오 농민 전쟁이다. '척왜양이(斥倭洋夷)'에서 드러나듯 자주적인 성격을 지닌 이 전쟁과 뒤이어 벌어진 외세끼리의 조선에 대한 주도권 쟁탈전인 청일 전쟁 와중에서 박성권은 치부의 발판을 닦게 되는데, 여기서 그의 본질적인 성격이 드러난다.

> (가) 아버지의 삼년상을 치르고 나서 얼마 않 지내 곧 갑오년란을 맞았다. 그 때에 박성권은 수물을 넘어서 세네 살, 혈기가 넘쳐 흐르는 한포락이었다. 모두가 산곬으로 강원도로 피란들을 갈 때에, 이 때야말로 대장부가 한번 활약할 시기라고, 박성권은 처자를 피란가는 친척에게 부탁하고 자기 혼자 집에 남았다. 자산, 순천, 평양, 중화, 황해도에까지 내왕하며 병대를 상대로 장사를 하얐다. 농토에서 떠난 대담한 많은 농군들이 이 때에 군수품 운반에 종사하얏는데, 대부분 그 보수를 은전으로 받었다. 이 은전을 성권은 살 수 있는 턱까지 엽전으로 사서는 남몰래 땅속에 묻어 두었다.[18]

> (나) 좋은 밭이나 논이 날 때마두, 은값이 센 것을 보면 조곰조곰 은전을 팔어서, 남의 눈에 들지 않게 토지를 샀다.
> 　한편 돈노이를 무섭게 하얐다. 기일에 딜어놓지 못하면 집이고

---

18) 김남천, ≪대하≫(인문사, 1939), P.4.

> 토지고 사정없이, 다꾸아드렸다. 집 시세는 얼마 보잘 게 없으
> 므로 대개 토지를 잡었다. 세간이 아직 넉넉하고 땅떵어리나
> 갖이고 있는 집이라면, 일년만에 이자를 꼬아매고 꼬아매고 하
> 야, 이삼 년 안팎에 원금보다 이자가 몇곱이 되게 만들었다.
> 그의 재산은 눈 우에 굴리는 눈덩어리처럼 불어나갔다.19)

온 나라 안의 민중이 전쟁의 환란(患亂) 속에서 고통받고 있을 때, 군인을 상대로 장사하면서 일신상의 부(富)만을 도모하는 작태를 보여 주는 (가)를 통해 박성권의 이기적이며 반민중적인 면을 볼 수 있게 된다. 또한 그 전쟁이 민족의 운명을 외세에 넘겨 주는 중요한 것이었음을 고려한다면 그가 얼마나 반민족적이었는가도 알 수 있다.

한편 (나)는 박성권이 막대한 부를 소유하게 되는 과정을 보여 주는데, 그것이 단지 돈이나 토지에 대한 집착으로 나타날 뿐 자본주의 초기의 상업 자본가로 되는 과정의 필연성이나 자본가적 의식의 형성 과정은 결여되어 있다.20)

바로 이 점에서 그의 자본가로의 변모 과정이 고전적 의미에서의 이행이 아니라 파행적이라는 것이 명확해지며, 우리는 여기서 자발적 근대화 과정이 가로막힌 근대사의 잘못된 방향 하나를 발견하게 된다. 그는 돈의 위력은 알았을망정 근대적이고 합리적인 자본가의 성격은 갖지 못했던 것이다. 이는 그의 의식면에서도 뚜렷이 나타난다. 즉 중인 출신의 별로 변변치 못한 집안이면서도 가문의 항렬을 귀중히 여겨 아이들의 이름을 그에 맞춰 새로 짓기

---

19) 같은 책, p.9.
20) 졸고, ≪1930년대 한국 현실주의 소설 연구≫(서울대 석사논문, 1990), pp.33~34.

도 하고 선대의 무덤을 명당에 모시고자 노력하기도 한다. 또한 첩을 거느렸으며, 성격 탓에 겉으로 드러내지는 않았지만 알게 모르게 서자를 차별하기도 했던 것이다. 형걸의 처로 정해 놓은 정보부를 정실의 생산인 형선이와 혼인시키는 것 등이 이를 뒷받침한다. 이런 박성권에게서 새 시대의 추동력인 근대성에 대한 자각을 찾는다는 것은 애초부터 불가능한 것이며, 새로운 계급의 진취성마저도 찾아보기 힘들다고 하겠다. 오히려 위에서 언급한 그의 여러 가지 행동은 신분 상승을 과시하기 위한 봉건적 허위 의식이라고 규정할 수 있을 것이다.

박성권의 치부 과정과 함께 주목할 만한 부분으로는 박리균 형제의 몰락이 있다. 그들 형제는 자신들의 조상 중에 열녀가 있었음을 자랑으로 여기는 등 봉건적 유교 이념과 도덕에 충실한 인물들이다. 그러나 생활력이 없는 그들은 박성권이라는 신흥 자본가의 대두 앞에서 여지 없이 무너질 수밖에 없었다. 박성권에게 두 집 문서를 갖다 맡기고 돈을 꾸어 와서 새로이 여관업을 해보고자 하나 결국 몰락하고 마는 그들의 운명에서 봉건적 지배 계층이었던 양반의 몰락과 새로운 계급의 대두를 볼 수 있는 것이다. 바로 이 점에 이 작품이 지니고 있는, '과거를 현재의 전사로서 생생하게 그리는 것'으로 규정되는 역사 소설적 성격이 있다고 하겠다.[21]

봉건적 의식에서 탈피하지 못한 박성권과는 달리 앞서 언급한 근대 의식의 하나로서 적서 차별에 대한 반항을 보여 주는 인물은 그의 서자 박형걸이다. 그는 '시대 정신의 구현된 성격으로 발랄하야 전통의 파괴자, 가족 계보의 이단자를 청소년에서 구하되, 서

---

21) 이 점에 대한 자세한 논의는 같은 글, pp.32~34 참조.

자 학도로 할 것'[22])이라는 의도하에서 작가가 설정한 인물이다. 형걸은 서출이라는 점을 언제나 가슴 속에 지니고 있으며, 얼마간 그것에 대해 반항하기도 한다. 그의 반항이 분출되는 가장 큰 계기는 자신의 결혼 상대로 예정된 정보부가 동갑나기 형인 형선과 결혼하게 되는 사건이다.

> 농말을 하면서도 형걸이는 좀 언짢았다. 시간이 늦어진 것은 아니나, 여느때보다 늦게 온 것은 사실이고, 또 늦어진 까닭이 형선이의 장가든다는 데 있었다는 것도 부인할 수 없는 사실이기 때문이다.
> 「그런 게 아니라, 내가 결심한 게 하나 있넌데, 넌두 나하구 가치 하자.」
> ―(중략―인용자)―
> 「너 인제 이걸 잘라버리자.」
> 그리고는 빙그레 웃으면서 머리채를 만저보았다.
> 「지금 난 깍운 못백여낸다.」 대봉이는 여느때 없이 얼골 우에 난색을 나타낸다.
> 「난두 내 오마니 때문에 못깍구 뒀넌데 오늘은 결심했다. 쓸데없넌 걸 붙여둘 리가 하나투 없구, 매사에 방해되는 놈을 달아둘 턱이 하나투 없구, 또 이가 끄리구 구질구질하다. 자 인제 난 깍는다.」
> 「우리 청년학도는 용기가 있어야 된다. 엣다 나두 깎았다.」[23])

여기에서 보듯 서자로서의 설움이 삭발을 감행하도록 만든 주요인이었음이 뚜렷하다. 이러한 적서 차별에 대한 울분과 반항은 자기 집안의 막서리인 두칠의 아내 쌍네에 대한 정욕으로 쏟아지기도 하고, 기생 부용에 대한 춘정으로 쏟아지기도 한다. 이러한

---

22) 김남천, "작품의 제작 과정", ≪조광≫(1939. 6.), p.154.
23) 김남천, ≪대하≫(인문사, 1939), pp.83~84.

그의 행동은 이성에 의한 판단보다는 본능에 가까운 감정에 의해 지배되고 있다. 그러므로 그가 비록 적서 차별을 느끼고 있다 할지라도 그것이 철폐되어야 한다는 정도에까지 그의 의식이 도달하지 못하고 있는 것이다. 이런 연유로 인하여 그가 제1부 끝부분에 "막연하기는 하나, 오늘밤 안으로 이 고장을 떠나서 평양으로든가, 더 먼 곳으로던가 새로운 행방을 잡아보자는"[24] 의도로 고향을 떠나게 될 때, 그에게서 발견되는 새로운 계급의 진취성은 모호할 뿐 뚜렷하게 근대적인 것으로 인식되지 않는 것이다. 그의 적서 차별에 대한 반항이 논리적인 거점을 확보할 수 있는 가능성을 제공받는 것은 동명 학교 교사 문우상에 의한 감화에서이지만, 그러나 그것 역시 가능성에 머물고 만다.

한편 <대하>의 가장 큰 성과 중의 하나는 개화기 문물의 제시라고 해도 과언이 아닐 것이다. 이 작품에는 그만큼 개화기의 풍속이 풍부하고 생생하게 재현되어 있기 때문이다. 그 대표적인 예로 꼽을 수 있는 것이 형선이의 혼례 장면, 칠성이가 평양에서 사온 자전거에 대한 대봉이를 비롯한 청년들의 호기심, 단오를 즈음한 운동회 풍경, 근대식 동명 여관의 개관, 일본인 나카니시(中西) 상점의 진기한 물건, 제2부에서의 야소 교회 낙성식 등이다. 이 가운데서 단오를 즈음한 여러 장사꾼들의 모습은 초기 상업주의의 한 단면을 보여 준다는 점에서 의미를 지니는 것이다. 이것은 또한 박리균 형제가 신흥 자본가의 등장 앞에서 몰락해간 것과 나란히 조선 사회의 근대 사회로의 진입을 보여 주는 것이기도 하다.

---

24) 같은 책, p.396.

Ⅲ. 사상적 갈등을 통해 본 신세대의 진취성

<대하> 제1부가 개화기의 과도기적 성격, 즉 봉건적 지배 계층의 몰락과 신흥 자본가의 등장 과정 및 형걸로 표상되는 신흥 계급의 적서 차별에 대한 항거를 보여 주는 데 강조점이 놓여 있었다면, 제2부 <동맥>은 신흥 계급의 진취성의 발로로서 정신사적 측면의 하나인 사상 비판을 그 중심부에 놓고 있다.

그 사상 비판이란 표면적으로는 야소교(기독교)와 천도교 사이의 갈등으로 드러난다. 주지하다시피 개화기는 근대화와 반외세 자주 독립이라는 두 가지의 과제를 동시에 해결해야만 했던 시기였다. 이 시기의 사상이란 조선 말기의 민족적 위기를 극복하고자 모색하던 과정에서 등장한 척사파와, 동학파, 개화파의 사상을 말한다. 서양을 배척하는 데 있어서는 척사와 동학이 일치되었으나 반봉건이라는 측면에서 둘은 대립적이었고, 반봉건에 있어서는 동학과 개화가 일치되었으나 서양을 배척한다는 면에서 대립적이었다. 이러한 세 세력간의 이해 관계의 상충이 결국은 외세에 굴복하는 결과를 가져오게 된다. 러일 전쟁을 전후하여 이들은 양상을 달리하게 되는 바, 개화파를 제외하면 모두 내면화의 과정을 걷게 되었던 것이다. 척사파는 의병 운동에 주력했으나 일제의 탄압으로 악화 일로에 접어들게 되고 동학은 내분되는 과정에서 드러나듯 현저히 개화쪽으로 기울어진다. 개화파는 이런 이유로 한층 복잡해지면서 애국 계몽 운동으로 나타난다. 이 운동은 근대적 민족주의에 입각한 자유 민권의 확립을 목표로 하는 것이었다.[25]. 한편 이 운동이 지닌 외세에 대한 저항 의식과 독립 자강이라는

강렬한 성격은 ≪서사건국지≫나 ≪경국 미담≫ 등의 번역과 ≪이태리 건국 삼걸전≫, ≪애국부인전≫, ≪을지문덕≫ 등의 창작을 통해 드러난 바 있다.26) 이로 미루어 볼 때 애국 계몽 운동이 당시의 사상계에서는 어느 정도 진취성을 지니고 있었다고 할 것이다. <동맥>에서 다루고 있는 사상적 대립도 바로 이러한 애국 계몽 운동의 두 갈래인 야소교(기독교)와 천도교간의 갈등이다.

제2부에서 소설의 중심부에 놓이는 인물은 박형걸이 아닌 동명학교 생도 홍영구이다. 그는 박성권의 처남인, 이 고을 동학 대교구장 최관술로부터 전도받은 터였다. 홍영구를 중심으로 벌어지는 사상적 갈등은 야소교 장로회의 교회 낙성식이 있던 날 동학교도인 그에게 낙성 축하연의 일부인 웅변 대회에 참가해 달라는 부탁이 들어오면서 비롯된다. 그 대회에서는 홍영구에 앞서 같은 학교에 다니는 기독교도 이태석이 "종소래를 들어라"는 제목으로 연설을 하기로 되어 있다. 이태석의 논지는 주로 미신 타파를 골자로 하는 것이었는데, 그 중 일부를 살펴보면 다음과 같다.

> 우상을 섬긴다는 것은 재물을 기우려 소와 도야지를 잡고 장고를 울리며 제금소리에 마추어 춤을 추고 지랄을 버리는 것만을 이름하는 것이 아니라, 비록 한 접시의 소금이나 한 방울의 맹물일지라도 그 정신과 생각에 있어서 조금도 다름이 없겠습니다.
> -(중략-인용자)-
> 이러한 잘못된 생각은 입으로 개화문명을 부르짖는 사람들의 거동에서도 흔히 볼 수 있는 것으로, 수많은 도중을 이끌고 민중

---

25) 개화기의 사상적 면모에 대해서는 김윤식, "한국 민족주의와 근대 문학", ≪한국 현대 문학사론≫(한샘, 1988.) 참조.
26) 권영민, "개화기 애국 계몽 운동과 민족 문학의 인식", ≪한국 민족 문학론 연구≫(민음사, 1988), p.31.

생활의 향상과 단결을 도모한다는 종교도로 앉어 아직도 그러한
미성한 태도를 취하고 있음을 목도케 되는 것은, 진실로 진실로
일대 유감사라 아니할 수 없음네다.27)

이태석의 논지는, 개화를 부르짖으면서도 여전히 청수를 떠놓고
빈다든가 혹은 부적을 태워 청수에 타서 마시면 그것이 선약이라
만 병이 다스려진다고 믿는 동학의 주술적 성격을 비판하고자 함
에 그 중심이 놓여 있다. 이 점은 동학교도인 홍영구 역시 개화
사상이나 과학 사상을 받아들인 동학이 왜 그런 미신적 요소를 없
애지 않았는지를 의심하는 만큼 상당히 근거 있는 비판으로 보여
진다. 즉 동학의 근대성은 그만큼 철저하지 못했던 것이며, 바로
이 점에 개화기의 중심적 사상 가운데 하나인 동학의 한계가 있었
던 것이다. 한편 홍영구의 기독교 사상에 대한 비판은 그것이 우
리 고유의 것이 아니라 서양의 것이라는 데 초점이 모아진다. 기
독교의 약점 중의 하나가 자생적인 것이 아니라는 점에 있음을 알
아차린다면, 다음의 홍영구가 행한 비판은 어느 정도 설득력을 지
닐 것이다.

> 서학은 활발하고 매력이 있는 종교임에 틀림이 없음네다. 그러
> 나 그것은 민정이 다르고 풍속이 판이한 서양의 종교올세다. 서
> 양문명의 찬란한 결정을 받아들이는 데 인색하여서는 아니되겠아
> 오나 서양인이 가지고 온 종교가 서양 사람의 것이라는 것도 잊
> 어서는 않이 되겠읍네다.28)

이에 덧붙여 홍영구는 기독교에서 말하는 하느님(여호와) 역시

---

27) 김남천, <개화풍경>, 《조광》(1941. 5), p.365.
28) 김남천, <동맥>, 《신조선》 4호(1947. 5), p.104.

유태인의 원시적 민족신이어서 하느님을 믿는 것 역시 또 하나의 새로운 귀신을 믿는 것과 다름없다고 비판한다. 그의 비판의 요체는 기독교의 민족적 성격에 놓여 있는데, 이를 달리 말한다면 기독교가 우리의 실정에 적합하지 못한 점을 가지고 있다는 것으로 정리될 수 있다. 즉 기독교가 근대성에 있어서는 철저하나 우리의 민족적 성격에 부합될 수 있을지는 의문이라는 것이다.

이상의 논의로 미루어 볼 때 개화기의 사상적 대립이란 기독교와 동학, 두 사상이 지닌 근대성과 민족성에 대한 논의였음이 드러난다. 곧 동학은 근대성보다 민족성에 투철하였고 기독교는 이와 반대의 형세를 이루었던 것이다.

이 사상적 대립과 더불어 중요한 요소로 꼽을 수 있는 것은 애국 계몽 운동의 일환으로서 교육 사상의 강조이다. 주인공 형걸에게 적서 차별이 폐지되어야 한다는 것을 가르쳐 준 것은 동명 학교 교사 문우상이다.

> 자상한 형걸이의 설명과, 그 설명 속에 얼키고 설킨, 형걸이와 형걸이 모친 윤씨의 고민을 낮낮이 듣고, 문교사는 신분의 차별이나, 적서의 구별 관념이나가, 모다 어떤 시대의 찍꺽인가를 소상하니 가르키고, 지금 문명하는 시대에는 그런 차별이 절대로 있어서는 않될 것을 말하였다. 이여서 그는 비복을 해방할 것과, 미신을 타파할 것과, 조혼 사상을 물리칠 것과, 생활습속을 개량할 것을 말하고, 이것을 위하야 몸을 받힘이 청년남아의 할 것이라 가르키었다. 형걸이는 문교사의 이야기를 알어들을 대목도 있고, 터무니 무슨 곡절인지 영문인지를 몰으고 넘기는 대목도 많었으나, 문교사의 하는 말은 모두 옳은 말이라고 생각하면서 잠잠히 듣고 있을 뿐이었다.[29]

---

29) 김남천, <대하>, 앞의 책, p.249.

미약한 정도나마 적서 차별에 대해 불만을 가지고 있던 형걸의 의식은 문우상의 지도로써 일층 분명한 것으로 되어간다. 제1부의 끝에 형걸이 가출하면서 문우상을 찾아가 상의할 것을 생각하는 대목은 형걸의 지향이 어렴풋하나마 문우상에 의해 영향받았음을 말해 준다. 이로써 우리는 형걸이 배움(교육)을 향해 길을 떠나감을 알 수 있게 되는 것이다.

한편 형선의 처 정보부는 남편이 감추어 놓은 편지를 몰래 뜯어보는 순간 그것이 서울에 있는 시동생 형걸에게서 온 것임을 알게 된다. 형걸의 편지를 읽고 그녀는 자신의 남편을 서울로 유학시킬 것을 결심하고 이를 실행에 옮기게 되는데, 봉건적 허위 의식의 소유자인 박성권마저도 교육의 필요성을 어느 정도 절감하고 있었던 터여서 그녀의 소망은 무난하게 성취된다. 즉 그도 "구학문만 가지고 장차를 살아갈 수 없다는 것은 벌써 그의 눈에는 불을 보는 것과 같이 환한 일이었"[30]음을 알아차리고 있었던 것이다. 이와 같은 배움의 강조는, 작가 김남천이 개화기의 사상적 조류의 중심인 애국 계몽 운동의 핵심이 다름아닌 교육 사상이라고 파악하고 있음을 반영하는 것이다.

---

30) 김남천, <동맥>, ≪신조선≫ 5호(1947.6), p.108.

Ⅳ. 개화 풍경과 진취성 묘사의 한계

지금까지 우리는 <대하> 제1부와 2부의 중요한 내용으로서 개화 풍경과 개화 사상을 살펴보았다. 풍부한 풍속의 제시와 함께 사상적인 측면에 이르기까지 폭넓음을 지닌 이 작품은 그러나 1장에서 말한 가족사 연대기 소설의 핵심적 성격 및 작가의 의식과 관련하여 몇 가지의 문제점을 지니고 있다. 먼저 지적할 수 있는 것은 작품의 중심에 위치한 신흥자본가 계급으로서 박성권의 성격에 대한 작가의 의식이다. 양반인 박리균 형제의 몰락과 박성권의 부상은 계급교체의 과도기로서 개화기를 일정 수준에서 보여 주고 있으나, 박성권의 성격은 Ⅱ장에서 밝힌 대로 근대적인 자본가 의식을 갖추고 있지 못하다. 이러한 그의 성격은 다음의 글에서도 뚜렷이 엿볼 수 있다.

> 그는 돈의 위력을 누구보다도 확신하는 날카로운 선견의 명을 갖고 있다. 그는 아직 문벌이나 가문이 행세를 하는 세상인 줄 알것만, 이런 것이 자기의 돈 앞에 궤배할 날이 멀지 않아 올 것을 확신한다. 무엇보다도 이십년 전에 사두었든 은전이 이지음 행세하게 되는 것을 은근히 믿는 때부터 그의 자신은 더욱 든든해졌다.[31]

치부 과정에서도 밝혀졌지만 그는 돈에만 연연하는 고리 대금업자이며 악덕 자본가에 지나지 못하는 것이다. 이런 그에게서 개화기의 본질인 자본주의로의 필연적 전화를 찾아본다는 것은 무리

---

31) 김남천, <대하>, 앞의 책, p.18.

가 아닐 수 없다. 이러한 천박한 자본가인 박성권을 중심에 놓고 개화기의 과도기를 바라보는 김남천은 우리 근대사의 왜곡된 방향을 파악하고는 있지만, 그 왜곡을 바로 잡으려 노력한 '주체적 개화파'의 민족주의적 성격을 간과하고 있는 것이다. 여기에서 그가 가족사 연대기 소설의 핵심으로 보았던 가족의 운명을 통한 사회의 모순 관계의 형상화를 제대로 이루지 못했음을 알 수 있다. 왜냐하면 그는 개화기의 본질인 근대화와 반외세 자주 독립의 두 측면 가운데 일면만을 묘사했기 때문이다. 이 점은 신흥 계급의 진취성을 그리고 있는 부분에서도 증명된다. 구체적으로 살펴보면, 박성권의 아들 형걸의 형상과 관련해서 문제가 되는 것은 그가 소설의 주인공으로서 신흥 계급의 진취성을 유감 없이 보여 주지 못한다는 점에 있다. 적서 차별에 대한 반항 등 그의 반봉건적 근대 의식은 한갓 기생이나 막서리에로 향함으로써 그 수준이 의심스러워지며, 가출하는 장면에 있어서도 막연히 배움의 길을 떠난다는 정도로 지향점이 드러날 뿐이다.

한편 작품의 상당한 부분을 차지하는 개화기 풍속의 묘사는 어떠한가. 형선의 결혼 장면처럼 형걸의 반봉건 의식을 고양시켜 주는 것도 있지만(그러나 실제로 반봉건 의식을 고양시켜 주는 것은 자신의 배필로 정해졌던 정보부가 형선의 처가 되었다는 사실이지 결혼 장면은 아니다)' 대부분 주체적인 이성 내지 비판 의식이 결여된 무방비 상태의 외래 문물에 대한 경도를 보여 준다. 그러므로 풍속의 묘사가 주인공의 성격과 밀접한 관련을 가진다고 보기는 힘든 것이다. 여기에 대해서는 작가 자신도 풍속의 공식적 배치를 결과했다고 시인한 바 있다. 이처럼 주인공의 성격과 풍속의 괴리라는 것을 고려할 때 작가가 의도했던 '개인과 사회의 모순의 문학적 표상'으로서 소설성의 회복은 제대로 이루어지지 못했다고 할 수 있다.

또 다른 작가의 한계로는 민중성 내지 민중의 생활 감정과의 괴리를 들 수 있다. 많은 풍속의 묘사 가운데서 두칠 부부의 생활에서 보여지는 부랑 노동자의 형성과 같은 의미 있는 부분이 극히 드물게 나타나는 점에서도 이 점은 확인된다. 이 작품에서는 박성권은 물론이거니와 박형걸의 형상에서조차 민중과의 관련을 맺지 못하고 있음을 쉽게 찾아볼 수 있는 것이다. 한편 사상 비판에서 두드러지는 것은 외세에 대한 자각이 거의 빠져 있다는 점이다. 기독교가 우리의 실정에 맞지 않다는 점은 표나게 내세우면서 동학의 중심적 측면의 하나인 반외세에 대해 언급도 하지 않음은 이 소설에 그려진 개화기의 사상 비판이 핵심을 건드리지 못하고 있음을 반증하는 것이라고 하겠다. 이 점은 작가가 애국 계몽 운동의 여러 측면 중 유독 교육 사상을 표나게 내세우면서 설정한 인물 문우상이나 정보부 등의 경우도 마찬가지이다. 그들의 경우 막연하게 추상적 계몽 운동을 부르짖은 <무정>의 주인공 이형식에서 얼마나 더 나아갔는가가 의심스러울 만큼 외세에 대한 주체적인 측면이 결여되어 있다. 개화기의 애국 계몽 운동가에 의해 씌어진 역사 전기 소설들이 한결같이 강한 민족주의적 색채를 띠고 있었다는 점을 감안한다면, 이러한 작가 김남천의 개화기에 대한 역사 의식은 일면성을 면할 수 없게 되는 것이다.

V. 결 론

 1930년대 후반 파시즘의 압력에 의한 소설의 위기를 극복하고자 김남천에 의해 제기된 가족사 연대기 소설론은 <대하>라고 하는 걸출한 작품을 산출한다. 이 작품은 그 소설적 성과는 차치하더라도 소설의 위기를 타개하려는 방법의 일환으로서, 창작과 비평을 일치시키려 했던 노력의 결과로서 일정한 의의를 가질 수 있을 것이다. 전작 장편 소설로 기획된 이 작품은 이후에 씌어지는 많은 가족사 연대기 소설, 예컨대 이기영의 <봄>, 한설야의 <탑>, 이태준의 <사상의 월야> 등에 많은 영향을 미치기도 한다. 그러나 이러한 많은 긍정적인 부분에도 불구하고 작품의 수준에 있어서는 자신의 주장을 뒷받침할 만한 성과를 내지 못한 것이 사실이다.
 먼저, 이 작품은 박성권을 통해 봉건 계급과 신흥 자본가 계급의 교체를 그리고 있다. 그러나 그는 봉건적 허위 의식의 소유자이면서 반민중적 성격을 지니고 있다는 점에서 개화기의 본질적 측면인 근대화와 반외세 자주 독립 가운데 일면만을 보여 주고 있을 뿐이다. 여기서 가족의 운명을 통해 사회의 본질을 파악한다는 가족사 연대기 소설의 목적이 불완전하게 이루어져 있음을 알 수 있다. 또한 김남천은 이런 박성권을 개화기를 대표하는 자본가로 설정함으로써 그가 가진 역사 의식의 한계를 드러낸다. 한편 박성권의 서자 형걸은 시대 정신의 구현자로서 설정되었지만, 적서 차별에 대한 항거로 대표되는 그의 의식이 불철저함으로 인해 또한 개화기의 풍경과 밀접한 관계를 맺지 못함으로 인해 작가가 계획한 본래의 의도를 관철시키지 못한다.

<대하> 제2부인 <동맥>에서는 기독교와 동학의 대립을 통한 사상 비판이 시도된다. 여기서는 두 사상이 지닌 한계, 즉 동학의 근대성에 대한 불철저함과 기독교의 민족적 성격의 불철저함의 비판을 통해 새로운 세대의 진취성이 어느 정도 드러난다. 그러나 이 역시 외세에 대한 자각이 거의 빠져 있기 때문에 기본적으로 한계를 지니고 있는 것이었다. 한편 작품이 완결되지는 않았지만 제2부가 박형걸이 아니라 홍영구라는 박성권의 가계 이외의 인물에 의해 이끌어지고 있는 점 역시 가족사 소설로서의 작품의 성격에 부합되지 않는 것이라 할 것이다.

  이상의 논의를 통해 <대하>의 작품적 성과가 김남천이 처음 의도했던 가족사 연대기 소설의 목적과는 다소 거리가 있다는 점과 그러한 괴리가 작가가 지닌 역사 의식의 한계에서 비롯되었음을 알 수 있다. 이로써 우리는 다시 한 번 작가 의식과 작품의 현실 형상화 수준의 관련성을 절감하게 된다. 또한 작가의 의식과 객관적 현실 파악의 통일이 작품의 성과를 좌우하는 것을 확인한다. 그러나 이런 한계에도 불구하고 식민지 시대 말기의 위기에 처한 문학계, 특히 소설계의 타개책으로서 가족사 연대기 소설론과 그 성과로서 <대하>가 가지는 의의는 결코 무시될 수 없을 것이다.

Ⅱ. 자료

1. 自作案內

　作家는 作品을 가지고 말하면 그만이지, 그 以上 제 작품에 對한 辯明이나 說明은 必要치 않다고 흔히들 말한다. 或은 그럴런지 알 수 없다. 그러므로 나처럼 作品 外에 作品 數와 거반 比等한 量의 評論으로, 自己를 내세우고, 제 文學的 態度를 主張하고, 探究過程을 明示하는 사람이, 다시 自作에 對한 特別한 案內書를 쓴다는 것도 우수운 일이라 안 할 수 없다.

　그러나 作家가 제 作品에 對하야 機會 있는 대로 여러 가지 創作上 實際를 이야기해 보는 것도 決코 無意味한 일은 아니라고 생각한다. 더구나 最近과 같이 創作方向이 混亂하고, 創作的 信條가 喪失되여 있는 時代에 있어서는, 批評精神의 宣揚을 도웁고, 우리의 文學的 性格을 잦어볼여는 努力에 便宜를 주는 意味로라도 作家는 一層 緊密한 態度를 取하야 批評家와 協働하지 안하면 않될 줄로 생각한다. 作家가 沈默를 직히는 것만이 決코 美德이 아닌 時代이다.

　그러므로 이 協働을 爲한 努力이 論爭이거나, 抗議거나, 또는 提唱이거나, 自作案內이거나를 莫論하고, 그곳에 거즛이 없고 恒常 우리 文學의 眞正한 길을 찾는 精神에만 依한 것이라면, 헛되히 排斥할 것이 못 될 줄로 생각한다. 이렇게 생각하면서 編輯者의

所請에 따라 나는 지금 내의 作品에 對한 簡單 한 案內圖를 그려 볼려고 한다.

내 作品에 對하야— 하고 제법 큰소리를 해 놓을 것 같으나 그 實은 作品이라고 몇 篇 되는 것도 아니고 또한 그것에 對하야 이러니 저러니 말할 것도 없는 것같다.

文學을 한다고 뜻을 세은 것이 中學 三年 때이니 十二年 前의 일이다. 作文 잘 짓는 한 班 아이들이 六七人 모이여 月域이라는 同人雜誌를 가지기로 했다. 이 月域의 同人으로써 지금까지 文學을 부뜰고 있는 者가 나 하나 뿐이니, 文學을 固執하기가 이지음 世上에서 얼마나 힘 든 것인지 推想할 스 있다 할 것이다.

月域을 갖기 始作할 때부터 굶을 것을 覺悟들을 하였건만, 亦是 貧窮 앞에서 뜻을 세워볼려는 努力이 얼마나 苦難에 찬 것인지, 다른 친구들은 各各 任意의 職業에서 生活의 安定을 求하고 나 혼자만이 文學 때문에 사사모사로 苦役을 겪어가며 지금까지 生道를 세워볼려고 애만 부득―태우고 있다. 이렇하면서도 어느 태평세월에 一家를 일우어 볼 날이 있을런지 앞길이 망막하니 내 일이면서도 딱하기 限量없다. 내처 걷는 길이니 가는 턱까지 가본다고 잔뜩 허리끈 조려매고 있으나……

作文에서 出發한 中學生의 文學修業이니 신통할 건 없다. 「和歌」니 「俳句」니를 치르고서 石川啄木으로 들어간 것만이 多幸이었다. 月妹, 幽峰 等의 雅號를 거처가며 우리가 처음 傾倒한 것은 粹樺派다. 武者小路實篤, 有島의 三兄弟의 것 等을 읽어가며 一方으론 톨스토이, 또 한편으로는 르노아―르 세잔누 等의 그림冊을 뒤적거렸다. 그 대음은 第四次 新思潮의 芥川龍之介 等이다. 이 派의 것으로 내가 읽은 것은 芥川 이것뿐이다. 菊池寬과 久米正雄은 그

때부터 輕蔑하야 前者의 것은 初期의 短篇과 戱曲을 읽었을 뿐이고 後者의 것은 夏目漱石의딸과의 失戀事件의 興味로「破船」을 읽어보았을 뿐이다. 芥川에게 활작 홀리워 도라갈 때 그가 自殺을 하얏다. 작가를 이휠게 純粹한 마음으로 崇拜해 보긴 前無後無다. 이때에 世界文學全集, 近代劇全集 等 圓本이나고 文庫가나고 하야 外國치를 이것저것 주서 보았으나 마즈막으로 빠진 것이 志賀直哉를 거쳐 橫光利一 等의 新感覺派다. 中學 卒業 臨時하야 東京서 文藝戰線을 얻어 보고 코론타이의 數 三 著書와 二三冊의 政治書籍의 影響으로 비로소 親與文學에 興味를 느끼기 비롯하야 東京으로!의 目標를 세우고 卒業을 하얏다.

中學 동안에 열 篇 넘는 短篇小說을 썻으나 勿論 보잘 것 없는 아이들 작난이다.「端午」「明節」「느진 봄」「弱者行」「어머니의 兒孩」等의 表題가 지금도 記憶에 있다.

特히「弱者行」은 피카러스크의 形式을 取하야 芥川의 某作을 模倣한 것이오,「어머니의 兒孩」는 스토린드베리-의「令孃 유피에」든가의 模倣이다.

東京 가서는 아무것도 못 썻다. 열아홉 살 나는 해 그러무로 東京 들어가는 해 가을에 캎프 支部에 들었으나, 演劇이니 영화니 廣汎하게 손을 대여 아무것도 이루지 못하얏다. 在東京 一年이 훨신 넘어서 二百字 原稿紙 四百枚에 가까운「産業豫備軍」이란 小說을 처음 썻는데, 韓載德, 金斗鎔, 林和, 安漠 等 한테 合評會 席上에서 뿌르조아的인 舊套를 버서나지 못하얏다는 酷評을 받고, 落望하야 혼자서 그 原稿를 불사려 버리었다. 그 대음은 붓을 땔 勇氣도 없어젔고, 딴일에 바뻐서 오랫동안 文學을 놓았다.

約 一年을 지내 昭和 五年(一九三0) 十二月 마그막 날 除夜의

소리를 들으면서 조그만 小說 한 篇과 戱曲 하나를 東京의 下宿에서 것다. 「共濟生産組合」이란 것과 「調停案」이란 것이다. 모두 平壤 고무罷業에서 取材한 것인데 前者는 파업 뒤 타락한 幹部들의 손으로 職工의 잔돈푼을 모아서 組合 形式의 고무工場을 만드는 形勢 밋에서 새로운 타입의 人物이 平壤에들어와 活動을 하며 뒷일을 取拾하는 것을 그린 것이고, 後者는 「朝鮮之光」에 發表되엿으니 說明할 必要도 없으나, 新幹會의 幹部 物産奬勵會의 支會長, 基靑幹部들이 고무工場 社長 社宅에 모히어 술상을 벌리고 調停案을 꾸며대는 것을 그린 戱曲이다. 後者는 實際 人物이 많이 나와서 이것 때문에 平壤 人事 中에 後日까지 誼가 상한 이가 많았다.

昭和 六年 봄에 서울로 와서 「工場新聞」(朝鮮日報)과 「工友會」(朝鮮之光)를 썻고 캎프에서 처음 組織的 生産을 한다고 「고무」 第一回를 맡어 썻다. 前記 作品은 當時 캎프文學部 小說班에서 合評通過 後에 發表된 것이다.

이 뒤 約 二年間 創作生活이 中斷되엿다. 다시 붓을 들려고 하니 政治主義의 潮流에 떠서 小說을 만드렀든 當時와는 달러, 實力이 비로서 말을 하려드는 時期다. 間島 中國軍隊에서 取材한 것으로 「라蘭溝」라는 걸 써서 朝鮮日報에 發表 中이었으나, 同報가 社長이 바꾸어지고 한참 분경이 많든 때라 中斷이 되이버렸다. 그 때에 내의 作品 傾向의 缺陷으로 自覺하기 비롯한 것이 生活描寫의 不足이었다. 上部人物의 活動만을 그려왔든 나로써 無理가 아니다. 가령 李箕永氏를 두고 말하면 氏는 처음부터 日常生活의 描寫에서 出發하는 作家인 때문에 當面의 課題니 뭐니를 바르 마추는 데는 若干 서투렀을런지 모르나, 그 뒤 小說이 제법 本軌道로 올라설 때엔 무서운 速力으로 自己 世界를 發見하였다. 나도 새

境地를 찾아보노라고「물」과「男便・그의 同志」를 썻으나 評判이 大端 나뺏다.

이것을 挽回할 野心으로 大力作「生의 苦憫」을 썻으나 一回分이 中央日報에 낫을 때, 다시「보통별」을 써 보았으나 發表되지 못하고「文藝俱樂部」라는 지저분한 小說이 中央日報에 揭載 되었을 뿐이었다.

平壤勞働者들간에 있는 文藝 愛好熱의 組織化 過程을 그린 것인데 林和君한테 톡톡히 욕을 먹은 作品이다.

그때 마즘 내의 先妻가 딸 둘을 남겨놓고 世上을 떠났다.「어린 두 딸에게」라는 걸 써서「우리들」의 發表하고 그 뒤 約 五篇의 小說을 시골서 썻으나 하나도 發表되지 못하엿다. 그 中 잊히지 않는 作品은「監督된 사나이」와「聲」이다. 이리하야 나는 드듸어 小說 쓰지 못하는 小說家가 되고 마렷다.

이때가 바로 唯物辨證法的 創作方法과 쏘샬레야리즘이 交替되는 時期엿다.

昭和 十年(一九三五) 五月 上京하자 곧 캎프 解散되고 나는 朝鮮中央日報에 記者로 들어갔으나 文學的으로 새 世界를 發見치 못하고, 他方 밭은 敎養을 가지고 評論이니 社說 짜박지니를 쓰노라고 小說에 붓을 대여볼 경황이 없었다. 同報 停刊 뒤 相當한 覺悟를 하고 小說을 섯보았으나 잘되지 않어 여러번 中斷했다가 昭和 十二年, 바로 昨年에「남매」(朝鮮文學) 하나를 얻었다.

이 作品처럼 힘들게 쓴 小說은 前無後無일 게다. 이럭 저럭 겨우 내 世界를 發見하면서 他方 告發의 에스프리를 提唱하엿다.「남매」에 勇氣를 얻어「少年行」(朝光)을 썻다.

短篇小說의 옛날 傳統을 쪼차 처음 構成에 留意하엿으나 꼭

細工品처럼 된 感이 없지 않었다. 좀 지나서 처음 自己告發의 文學的 實踐으로「妻를 때리고」(朝鮮文學)를 썻다. 이것을 쓰는 途中에 적은 것을 하나 쓰고 싶어 한 서너 時間 걸려서「춤추는 男便」(女性)을 썻다. 前者는 무척 힘드려「寒雨」라는 題目으로 八十枚를 쓰다가 찢저버리고 다시 고처서 쓴 것인데, 외려 작난처럼 쓴 後者만큼 評判이 좋이 못한 것은 나로서는 異常하엿다.

그 뒤「祭退繕」과「요池鏡」(모다 朝光)을 同 時期에 썻으나 自己告發의 文學論과 어울려서 많은 말성을 이르킨 듯싶다. 이곳에서 새로운 境地를 찾어보노라고「생일전날」(三千里文學)을 썻으나 그닥 씨원치 않었다.

이러는 동안 나는 숨어서 中篇 하나를 쓰다가 中止한 것이 있다.「巷民」이란 題로 邑 사람의 生活을 그리던 것이다.

이것에서 取材하야 이번에 短篇 두 개를 만드렸다.「누나의 事件」(靑邑紙)과「무자리」(朝光)다. 속으로 겨우 나는 日常生活의 描寫에 손을 부치기 始作했노라고 생각하고 있는데 어떨런지 모르겠다. 이것을 쓰는 前後, 나는「모랄」論을 評論으로 쓰기 시작하얏다.

이밖에 하로밤이나 또 몇 時間 컬려서 써내친 作品이 두 개나 있다.「可愛者」(鑛業朝鮮)과「美談」(批判)이다.

前者는 鑛山에 關한 小說을 써 달라는 注文이 있길래 大鑛業家의 秘書로써 지금 時代의 知識階級의 새 타입을 그린 것이고, 後者는 着實한 模範農을 그린 것이다. 風俗的 效果的 逆說을 意識하고 써 본 最初의 作品이다.

以上 更生 一年 동안에 大小, 短篇 열한 개를 썻다.「女性」에

連載 中인 「世紀의 花紋」은 編輯者의 모든 注文을 받어드리고 써 보는 最初의 通俗小說인데, 처음엔 四回를 쓰라기에 아무 事件도 없이 靑年 男女 數 三人을 대리고 이럭저럭 散步나 시키던 中 그 뒤에 길어저서 다시 想을 좀 느렸다.

  貧弱한 作家가 編輯者의 注文을 어느 程度까지 받어드릴 수 있는가를 實驗하는 데에는 好箇의 한 作品인가 한다. 通俗小說의 一步 前進을 恒常 念頭에 두기는 하나 잘되지 않는다.

  지금 崔載瑞군이 主宰하는 人文社의 全作 長篇小說 叢書의 依賴를 받어 처음으로 制約없는 長篇에 붓을 드는데 어떻게 나 될른지 무시무시하고도 또 한편 氣運이 나기도 한다.

  나 自身이나 또 다른 批評家들이나, 作家로서 金南天에 對하야 말할 날은 亦是 今後라고 생각한다.

(『四海公論』, 一九三八・七.)

2. 兩刀流의 道場
― 내 작품을 해부함

　批評家처놓고 내 作品처럼 批評하기 쉬운 것은 없을 것이다. 내가 쓰는 評論이라는 것을 읽은 이는 그 評論이란 것이 大部分 文學上 主張이나 創作上 告白인 때문에 작품을 보는 데 여러 가지로 參考가 될 것이라고 나는 생각하고 있다.
　主張하는 것과 떠나서 내가 作品을 制作한 적은 거의 한 번도 없었고 또 내의 主張이나 告白을 가지고 說明하지 못할 작품을 써본 적도 퍽 드물다. 그러므로 내의 主張하는 바가 어느 程度로 作品으로써 具象化되였는가 하는 部面을 檢討하는 것도 批評家로서는 하나의 일꺼리가 될 수 있을 것이오, 大體 그 主張하는 것 自體가 어느 程度로 現代文學의 中心 問題일 수 있는가 하는 것을 나의 實驗된 作品의 成果를 보면서 分析해보는 것도 批評家들이 할 수 있는 일일 것이다.
　나의 友人 批評家들이나 評論家들이 以上과 같은 觀點에서 나의 作品을 檢討하는 것을 나는 혼히 보아왔고 또 그렇게 해주는 것이 나 自身의 本意에도 適合한다는 것이 미상불 事實이었다.
　이러한 事情은 作者인 나에게는 반갑기도 한 일이나 섭섭키도 할 일이고 또 利롭기도 하나 害롭기도 한 結果를 낳는다는 것을 나는 잘 알고 있다.
　于先 무엇보다도 作者의 意圖를 바로 捕捉해 주는 것이 반가운

일이며 그러기 때문에 엉뚱한 解釋을 붙여서 作者의 생각을 딴 方面으로 啓蒙해 주는 일이 적은 것이 또한 섭섭한 일이다. 나의 作品을 보는 이나 이야기하는 이는 누구나 한 번은 그것을 告發文學論과 長篇小說 改造論에 비추어 생각할려고 한다. 大體로 以上과 같은 두 主張과 全然 無關한 入場에서 作品을 制作한 境遇가 드문 나로써는 評論家들이 그러한 態度를 取해 주는 것이 大端히 반가웁다. 그러나 大體로 氏等이 長點이나 短處나를 指摘할 때에, 너무도 내가 생각하고 있는 바와 類似한 것이 一方으론 몹시 섭섭하다. 딴 角度에서 解釋을 붙여 주고 判斷을 내려 주는 批評이야말로, 때로 엉뚱하게 誤評하는 수도 있지만, 그러나 賢明한 作家에겐 恒常 啓示와 啓蒙을 주는 법이라고 나는 생각하고 있기 때문에 좀처럼 이러한 待遇를 받어보기 困難한 나는 섭섭함을 禁할 수가 없다. 이것을 功利的으로 따지자면, 過大評價를 받을 一面의 두려움이 있고 또 作品을 餘地없이 蹂躪當할 損失도 있을 것이다.

評論이나 批評을 하는 한편, 作品도 쓰는, 이른바 『兩刀流』의 困難한 利害打算이 여기에 있다.

大體로 以上의 말한 바로서도 짐작하겠지만 나는 나의 作品을 一種의 兩刀流의 實驗的인 道場이라고 생각하기 때문에 한作品 한 작품으로서 完璧을 期한 것이 없고 그러므로 完成品이 하나도 없다. 才操도 力量도 없으면서 完璧을 期할려고 努力한댓자 공연한 受苦일 뿐 아니라 또 나와 같은 年少한 作家의 벌써부터 可히 取할 바 길이 아니라고 생각하고 있다. 그러니까 한번 發表한 것을 改作하는 境遇는 極히 드물다. 改作할 時間에 새로운 試驗을 하자는 것이 내의 持論이다. 그러므로 나의 創作集 같은 데 收錄된 短篇을 보면 지금 내 눈으로 보아도 챙피한 것이 수두룩하다. 그러나 冊으로 上梓하면서도 하나도 朱筆을 加하지 아니하였다. 或은 이것을 非良心的이라고 보는 이도 있는 모양이지만 나는 그렇게 할 必要를 認定치 않기 때문에 남이 웃어도 泰然할 수 있다. 恒常 나는 이미 쓴 것을 土臺로 새 世界에 나가고 싶고 그렇게 하는 데서만 進展이 있을 줄 생각한다. 인제 벌써 完成品을 바랠 年齒가 아닌 것을 나는 잘 알고 있다.

이렇게 되고 보니 지금 새삼스럽게 내의 作品을 自己 스스로 批評하고 앉었다는 것도 싱거운 일로 되여버렸다. 主張이나 評論을 보아 그 意圖를 짐작할 수 있을 것이오, 作品이 되어졌으매 그 意圖가 어느 程度로 文學이 될 수 있었는가를 알 수 있었을 것이며 同時에 두 方面의 成果가 이미 作者의 손을 떠나 客觀的 材料가 되어 있은즉 그것을 내가 다시 可타否타함이 한갓 쑥스럽기만 한 노릇이다.

오직 今後의 나의 作品이 언제나 이것들의 우에 설 것이라는 것만은 明言해 둘 수 있는 것으로 亦是 今後도 나의 文學하는 態度는 以上과 같으리라는 것을 밝혀둘 信念은 잃지 않고 있다.

그러나 編輯子의 要求가 作品을 列擧하야 各各 短評을 加해 달라는 것에 있었으니 寄稿家로 앉어 그 請을 拒逆할 수 없어서, 지금 대충 대충 所謂 短評이라는 것을 加해 보겠는데 評論家가 하지 않은 部面만을 重心으로 記錄할려고 한다.

短篇의 擧皆는 『少年行』이란 創作集에 收錄되어 있는데 이것을 나는 세 뭉치로 갈러서 생각하기를 즐긴다.

一, 『남매』 『少年行』 『누나의 事件』 『무자리』 『鐵嶺까지』
  以上의 作品은 主로 나의 『모랄』論과 關聯을 시키고 싶다. 이

創作集에 收錄된 것으론 比較的 創造的 文學이라고 불을 수 있는 것으로 『무자리』를 그中 缺陷이 적은 것으로 생각하고 있다. 少年을 主人公으로 삼고 妓生을 누이로 設定한 처음 세 作品은 리알리즘 文學이라고 하기에는 너무도 觀念的인 主觀이 섞인 것으로 妓生같은 人物은 픽숀이 너무 柔弱하다.

二, 『妻를 때리고』『춤추는 男便』『祭退膳』은 所謂 自己告發의 文學에 屬할 것이오.

三, 『美談』『可愛者』는 그냥 告發文學에 넣을 수 있는 것이다.
　(三)은 오히려 諷刺文學에 近似하나 이 (二)나 (三)은 지금으로 보면 創造的 限界가 明白히 들어난 告發文學의 正體다. 그 眞狀과 限界性이 이미 明白하야졌고 崔載瑞君이 『告發文學의 限界性』에 對해서 啓示에 찬 批評을 하겠노라는 말을 들은 적이 있어 君의 評論이 나오기를 苦待하고 있다. 이미 告發文學에서 발을 뽑은지 얼마 되는 나로서 崔君과 같은 論點에서 새로히 檢討되는 것은 作者에 있어 퍽 有益되는 일이라 생각하고 있다.

이밖에 長篇小說로 『大河』가 하나 있는데 이에 對하얀 本誌 前月號에 創作 노-트까지 發表하였음으로 나의 長篇改造論과 아울러 그것을 對比해 주면 그만이겠고 諸氏의 高評을 받아 그缺點같은 것도 이미 明白해졌는데, 새로히 缺點으로 내가 들고 싶은 것은,

一, 心理의 現代化
二, 性格創造의 柔弱性
三, 風俗現象의 公式的 配置
　等이다.

今後는 『大河』의 길다란 續篇이 나의 創作의 中心이 될 것이오 其他의 短篇 新聞小說, 中篇 等은 亦是 一種의 테-마나 材料나

技術의 實驗場所로 생각하고 일하려 한다. 傾向이나 技法이 全然 判異한 것들이 생겨날지도 모르겠으나 이러한 個別的인 實驗은 『大河』의 續篇에서 綜合되리라고 생각하고 있다. (了)

(『朝光』, 一九三九·七.)

3. 十年前
―작가생활의 회고

作家生活을 意識하고 해 온 지는 不過 二三年來의 일이니까, 이 이야기는 作家生活의 同題라고는 말할 수 없을런지 몰으겠다. 그러나 내가 藝術運動에 발을 들여놓은 最初의 일이고, 團體生活에 關係한 처음이고 보니, 그것이 내의 文學生活에 있던 아무래도 하나의 紀念할 만한 時期일 것같다. 열아홉살 때니까 昭和 四年이다. 中學時代「月城」同人인 韓載德氏가 (現在 朝鮮日報 特派員으로 平壤에 있다.) 東京市外 駒澤에 있던 나를 찾아와서, 早稻田 校內에서 安漠君 (崔承喜의 夫君이래야 알아볼 수 있게 되었다.)을 사괴어 가지고 함께「藝盟」東京支部에 加盟했는데, 이번 夏季 休暇에 東京支部 所屬의 劇團이 朝鮮公演을 나가는데 同行하면 어떤가고 물었다.

나는 한참 동안 덤덤이 앉아서 생각하였다. 이것은 單純한 一劇團에의 加盟뿐만을 意味하는 것이 아니라 安穩한 學窓生活을 뒤흔들어 새로운 社會的 圈內에 나서게 하는 하나의 轉換點을 지을 것을 直感的으로 깨달았기 때문이다. 이 한 가지의 적은 組織의 關係가 將次 나의 生涯에 어떠한 結果를 가져오리라는 것은, 當時의 情勢를 漠然히 推測하면서 武藏野의 寂寞한 旅舍에서 焦燥한 날을 보내고 있던 나에게는 너무나 똑똑한 일이 아닐 수 없었다. 오리라고 생각한 것이 너무 突然스럽게 찾아 온 것도 같고, 또 漠然히 苦待하던 것이 너무 쉽사리 찾아온 것도 같고, 어쨋든 갈피를 잡을 수 없었다.

내가 아무 대답도 없이 앉아 있는 것을 어떻게 解釋하였던지, 窓밖에 대숲을 지내가는 驟雨의 소리에 잠시 귀를 기우리고 있던 韓氏는,

『자네 愛人도 서울 있고 한데, 이왕 서울 들릴 바엔 겸사 겸사 해서 좀 좋은가.』

하고 나의 意見을 재촉하였다. 韓氏의 말에는, 愛人에게 뻐길만도 하다는 뜻이 은연中에 나타나 있는 것을 나는 느끼지 않을 수 없었다. 氏는 다시 安漠氏에 對한 이야기를 하였다. 그리고는,

『이런 機會에 文壇 사람을 알아두면 이모 저모로 害롭진 않을껄세.』

하고 다른 方面으로 나의 決心을 促하고 있었다. 나는 實인則, 이러한 利害打算보다도 좀 더 根本的인 岐點 우에서 躊躇하고 있던 것이나, 어쨋든 나는 氏에게 곧 承諾의 回答을 주었고, 氏와 同行하여 高圓寺로 同劇團을 訪問하고 돌아온 뒤엔, 서울 있는 女學生(韓氏의 이른바 「愛人」이요, 後日 나의 先妻로 된 분이다)에게 放學 뒤에도 歸省하지 말라고 기별의 편지를 띠웠다. 그 편지 속에 「今番 在東京 留學生을 中心으로 하여 組織된 劇團에 關係하여 全朝鮮을 巡廻케 되올 것인 바, 京城 滯留는 約 十日間으로 豫想된다, 云云.」의 사연이 씨었던 것을 記憶하고 있다.

安漠氏와 韓氏와 함께 나는 서울에 내려서 八判洞에 있던 安氏네 집에 묵었다. 安氏의 말로는 「藝盟」本部에는 林和氏가 演劇을 主로 맡아보는데 그와 京城驛에서 時間을 작정하여 만나기로 되었다 한다.

어느날 午後 세 사람은 林和氏를 만나려 時間을 맞후어 驛으로

나갔다. 나는 서울이 생소할 뿐더러 「藝盟」의 人員이나 事情에 對해서도 판無識이였고, 또 그때에 내가 차지한 地位도 그저 한 개의 學生에 不過하였음으로 나는 每事에 追從이 있었을 뿐이였다. 그때에는 學生들이 「바-바리」의 레인코-트를 입는 것이 流行해서, 나도 그 더운 때에 高普卒業紀念으로 얻어 입은 「후라노」의 藍色校服에 치렁치렁한 코-트를 입고 나섰다. 安氏는 서울 오더니 곧 黑세루 紳士洋服을 내어입었다.

驛으로 나가면서 安氏는 林和氏에 對한 이야기를 하였다. 人事는 없지만 본 적이 있다 한다. 映畵俳優로 두 번이나 主演을 하였는데, 생긴 것이 아이노꼬 같다고 말하였다. 나는 林和氏에게 對해선 아무것도 몰랐으므로 그의 말에 傾聽하였다.

「아이쩍엔 面刀만 밴들밴들하게 하고 휘파람만 불고 다니더니 俳優 노릇을 하고 따따美術論을 쓰고, 지금은 詩를 쓴다」고 하였다. 뒤에 알았지만 그때 林氏는 「우리 오빠와 火爐」라는 詩를 「朝鮮文藝」에 發表하였다.

그날 林氏는 붉으레한 한팅을 쓰고 「비르-도」 저고리에 灰色 바지를 입고 앞이 뾰족한 구두를 신었었다. 펀뜻 보아 모양은 낼려는 편인데, 요즘의 林和氏처럼 洗鍊된 紳士風보다도 俳優式인 데가 많았던 것같다. 그는 安漠氏하고 몇마디 수작하고, 나 하고는 通姓만을 나누었을 뿐이였다.

며칠 뒤에 劇團의 後行部隊와 함께 「藝盟」 사람들을 만났는데, 朴英熙, 尹基鼎, 金幽影, 宋影 等 諸氏와 一個의 少年學生인 筆者와는 겨우 이름만을 나누었을 뿐이였다. 朴英熙氏는 그때도 短杖을 들고 다녔고, 尹基鼎氏는 모시 두루마기를 입고 있었섰다. 尹氏가 요즘은 하이칼라 洋服紳士지만 氏가 洋服을 입은 지는 二年 뒤의 일이였다.

李箕永氏를 안 것은 그 이듬해였고, 金基鎭氏를 안 것은 다시 一年이 지난 뒤였다. 「朝鮮之光」社에서 李氏를 만났는데, 샤츠 우에 넌넬 洋服을 기운없이 걸치고 앉았던 李氏와 비가 내리는 날 나는 백알을 마셨다.

爾來 十數年의 年歲의 差異에도 不拘하고 나는 氏의 酒朋의 한 사람이 되었다.

昭和 五年에 나는 「金孝植」이라는 本名으로 中外日報에 「映畵運動의 出發點 再吟味」라는 最初의 글을 發表하였다. 昭和 六年 一月 一日에 南天이란 펜넴을 지어 붙였는데, 그때에 비로소 나는 小說과 戱曲에 붓을 대어 보았다. 그리고 그 해 八月에는 벌서 第一期의 나의 作家生活은 終焉를 告하고 있었다.

그동안에 내가 쓴 것은 論文이 二三篇이였다. 내가 없을 때에 發表된 「工友會」라는 作品을 兪鎭午氏가 칭찬하였다는 말을 들은 것도, 그리고 「工場新聞」「調停案」 등이 「캅프」文學部에서 推獎되었다는 것을 안 것도, 모두 二年 뒤의 일이였다. 이때부터 나의 作家生活의 第二期가 시작되는 것이나, 그것은 가장 不幸한 時期였다. 이것이 昭和 十二年 告發精神 提唱으로부터 시작되는 第三期까지 支離하게 繼續되었다.

(『博文』, 一九三九・十.)

Ⅲ. 연구서지

1. 단행본

구인환 외,『韓國現代長篇小說硏究』, 三知院, 1989.
권영민 編著,『越北文人硏究』, 文學思想社, 1989.
──,『한국 민족문학론 연구』, 민음사, 1988.
김시태,『한국프로문학비평연구』, 아세아문화사, 1978.
김윤식,『韓國近代文學思想史』, 한길사, 1984.
──,『한국 현대 현실주의 소설 연구』, 文學과 知性社, 1990.
──,『韓國近代文藝批評史硏究』, 一志社, 1976.
──,『해방공간의 문학사론』, 서울대학교출판부, 1989.
──,『韓國近代文學思想批判』, 一志社, 1984.
──,『韓國近代小說史硏究』, 乙酉文化社, 1987.
──,『林和硏究』, 文學思想社, 1989.
김윤식·정호웅 공저,『韓國小說史』, 예하, 1993.
김윤식·정호웅 編,『한국 근대리얼리즘 작가 연구』, 文學과 知性社, 1988.
──,『한국 리얼리즘 소설연구』, 탑출판사, 1987.
김윤식 편,『原本 한국현대현실주의 비평선집』, 나남, 1989.
──,『해방공간의 민족문학 연구』, 열음사, 1989.
김윤식 외,『해방공간의 문학운동과 문학의 현실인식』, 한울, 1989.
김재남,『김남천 문학론』, 태학사, 1991.
김재용·이상경·오성호·하정일 지음,『한국근대민족문학사』, 한길사, 1993.
백 철,『朝鮮新文學思潮史-現代篇』, 白楊堂, 1949.
서종택/정덕준 엮음,『한국 현대소설연구』, 새문社, 1990.
신동욱,『한국현대비평사』, 시인사, 1988.
신상성,『한국 가족사 소설 연구』, 慶雲出版社, 1992.
────── 편,『金南天 硏究』, 慶雲出版社, 1990.
역사문제연구소 문학사연구모임,『카프문학운동연구』, 역사비평사, 1989.
이덕화,『김남천 연구』, 청.하, 1991.
이선영 편,『회강이선영교수화갑기념논총:1930년대 민족문학의 인식』, 한길사, 1990.9.
임 화,『文學의 論理』, 學藝社, 1940.
임헌영,『한국현대문학사상사』, 한길사, 1988.
장사선,『한국리얼리즘문학론』, 새문사, 1988.
정호웅 외,『장편소설로 보는 새로운 민족문학사』, 열음사,1993.
──────, 한국현대문학연구회 편, 한국의 현대문학.1,『한국 근대 장편소설 연구』, 1992.
조남현,『韓國 知識人小說 硏究』, 一志社, 1984.
조동일,『한국문학통사』, 지식산업사, 1988.
조선문학가동맹 엮음,『건설기의 조선문학』, 온누리, 1988.
조정환,『민주주의 민족문학론과 자기비판』, 연구사, 1989.
한국문학연구회 편, 현대문학의 연구.4,『1930년대 문학연구』, 평민사, 1993.
──────────────, 현대문학의 연구.3,『1950년대 남북한 문학』, 평민사, 1991.

2. 논문

1) 해방 전

김석종,「金南天氏의 臆說을 읽고―엇지하야 朝鮮의『루넷산스』를『나치스』의 色彩로 彩色하려는가」,『朝鮮中央日報』, 1935.11.1~11.5.

김용제,「『少年行』의 迷路와 湖畔作者의 飛躍」,『東亞日報』, 1937.8.11.

김팔봉,「푸로文學의 現在 水準」,『新東亞』, 1934.2.

冬水生,「『大河』를 읽고」,『批判』, 1939.3.

박승극,「푸로作家의 動向―金南天의 過誤에 對하야」,『朝鮮日報』, 1933.9.3.

백 철,「金南天氏著『大河』를 讀함」,『東亞日報』, 1939.2.8.

안함광,「作家.南天論―文學의 主張과 實驗의 世界―『大河』의 作者의 거러온 길―」,『批判』, 1939.7.

유진오,「文藝時評―『大河』의 歷史性」,『批判』, 1939.3.

─── ,「沈痛한 文學, 其他」,『東方評論』, 1932.4.

윤기정,「創作家로서의 金南天君의 印象」,『文學建設』, 1932.12.

이원조,「新刊月評―『少年行』」,『文章』, 1939.6.

임 화,「一九三一年間의 캅프 藝術運動의 情況」,『中央日報』, 1931.12.7~12.13.

─── ,「六月中의 創作」,『朝鮮日報』, 1933.7.12~7.19.

─── ,「批評의 客觀性의 問題」,『東亞日報』, 1933.11.9~11.10.

─── ,「批評에 있어 作家와 그 實踐의 問題―N에게 주는 片紙를 代身하야」,『東亞日報』, 1933.12.19~12.21.

―――, 「作家의 『눈』과 文學의 世界-「남매」의 作者에게 보내는 便紙를 대신하야-」, 『朝鮮文學』, 1937.6.
―――, 「소설의 인상」, 『春秋』, 1943.1.
정인택, 「新刊評-金南天著『사랑의 水族館』」, 『人文評論』, 1941.1.
채만식, 「金南天 著『사랑의 水族館』評」, 『每日新報』, 1940.11.19.
―――, 「素材와 構成-民村의 「苗木」과 南天의 「綠星堂」」, 『東亞日報』, 1939.3.10.
―――, 「新刊評-『大河』를 읽고서」, 『朝鮮日報』, 1939.1.29.
현 민, 「文學의 永遠性과 歷史性-『大河』가 보여준 우리 文學의 新世紀」, 『東亞日報』, 1939.2.2.
―――, 「새 礎石 하나-金南天氏의 新著『少年行』」, 『東亞日報』, 1939.4.6.

2) 해방 후

강영주, 「1930年代 小說論攷」, 서울대 석사학위 논문, 1976.
권보드래, 「1930년대 후반의 프롤레타리아작가 소설 연구」, 서울대 석사학위 논문, 1994.
권영민, 「소설창작의 이론가 김남천」, 『월간경향』, 1989.2.
―――, 「김남천과 계급의식의 창작적 실천」(『소설과 운명의 언어』, 현대소설사, 1992.)
김동환, 「1930年代 韓國轉向小說研究」, 서울대 석사학위 논문, 1987. 2.
―――, 「1930년대 후기 장편소설에 나타나는 '풍속'의 의미」, 『관악어문연구』 제15집, 1990.
김미란, 「김효식 문학 연구」, 고려대 석사학위 논문, 1987.
김승환, 「해방 직후 문학연구의 경향과 문제점」, 『문학과논리』 제2호, 태학사, 1992.
김외곤, 「<대하>와 <동맥>에 나타난 개화 사상과 개화 풍경」, 한국

현대문학연구회 편, 한국의 현대 문학 1, 『한국 근대 장편 소설 연구』, 모음사, 1992.
──, 「1930년대 한국 현실주의 소설 연구」, 서울대 석사학위 논문, 1990.
──, 「'물'논쟁의 미학적 연구」, 『외국문학』, 1990, 가을.
──, 「사상(思想) 없는 시대의 왜곡된 인간 군상 - 김남천의 『사랑의 수족관』論」(정호웅 외, 『장편소설로 보는 새로운 민족문학사』, 열음사, 1993.
──, 「새나라 건설을 위한 노력과 좌절 - 김남천의 『一九四五年 八.十五』」, 『외국문학』, 1992, 여름.
──, 「김남천 문학에 나타난 주체 개념의 변모과정 연구」, 서울대 박사학위 논문, 1995.
김윤식, 「해방후 남북한의 문화운동 - 두개의 민족문학론의 전개와 그 비판」(김윤식 편, 『原本 한국현대현실주의 비평선집』, 나남, 1989.)
──, 「신분상승의 문학사적 성격」, 『동서문학』, 1989.6.
──, 「자기 고발과 주체성 재건에 대하여 - 김남천론」, 『한국현대문학사론』, 한샘, 1988.
──, 「1930년대 후반기 카프문인들의 전향유형 분석」, 『한국현대문학사상사론』, 一志社, 1992.
김재용, 「카프 해소 - 비해소파의 대립과 해방 후의 문학운동」, 『역사비평』, 1988.8.
──, 「중일 전쟁과 카프 해소. 비해소파 - 임화. 김남천에 대한 안함광의 비판을 중심으로」, 한국문학연구회 편, 현대문학의 연구.3, 『1950 년대 남북한 문학』, 평민사, 1991.
──, 「일제하 프로소설사론 연구」, 연세대 박사학위 논문, 1992.
──, 「1930년대 도시소설의 변모양상 연구」, 연세대 석사학위 논문, 1987.

김주일, 「1930년대 後半期 長篇小說의 史的 考察」, 연세대 석사학위 논문, 1985.

김혜영, 「김남천문학의 현실인식에 관한 연구」, 서울대 석사학위 논문, 1990.

김춘섭, 「김남천의 관찰문학론」, 『한국학연구』2, 고려대 한국학연구소, 1989.

나병철, 「김남천의 창작방법론 연구」, 이선영 편, 『회강이선영교수 화갑기념논총:1930년대 민족문학의 인식』, 한길사, 1990.

─────, 「1930년대 후반기 도시소설 연구」, 연세대 박사학위 논문, 1989.12.

─────, 「김남천의 소년 주인공소설 연구」, 『비평문학』, 1989 .8.

남민영, 「김남천과 한설야의 1930년대 소설연구」, 연세대 석사학위 논문, 1991.

류보선, 「1920~30년대 예술대중화론 연구」, 서울대 석사학위 논문, 1987.

류종렬, 「1930년대말 한국 가족사. 연대기소설 연구」, 부산대 박사학위 논문, 1991.2.

문영진, 「金南天의 解放前 小說硏究」, 서울대 석사학위 논문, 1989.

박성구, 「일제하(1920년대 중반-1930년대 초반) 프롤레타리아 예술운동에 관한 연구」, 서울대 석사학위 논문, 1988.

박영순, 「1930년대 세태소설 연구」, 이화여대 박사학위 논문, 1990.

박용규, 「조선문학가동맹의 민족문학론 연구」, 서울대 석사학위 논문, 1989.

박헌호, 「30년대 후반 '가족사연대기' 소설의 의미와 구조」, 『민족문학사연구』 제4호, 민족문학사연구소, 1993.

서경석, 「1920~30年代 韓國傾向小說硏究」, 서울대 석사학위 논문, 1987.

─────, 「金南天論-정치적 실천과 문학적 실천」, 『文學思想』, 1989.1.

서종택. 정덕준. 김춘섭, 「납월북 작가 작품 연구:이태준, 박태원, 김 남천을 중심으로」, 고려대 인문대, 『인문대논집』7, 1989.
송하춘, 「1930년대 후기 소설 논의와 실제에 관한 연구-김남천의 『大河』를 중심으로」, 『세계의 문학』, 1990, 여름.
신동욱, 「김남천 소설에 나타난 지식인의 자아확립과 전향자의 적응문제」, 『동양학』21, 단국대 동양학연구소, 1991.10.
신상성, 「한국 가족사소설의 형성과 리얼리즘 연구-김남천의 『대하』를 중심으로」, 『국어국문학』, 1989.5.
──, 「1930년대 한국가족사소설 연구」, 동국대 박사학위 논문, 1986.
──, 「김남천론-<대하>를 중심으로」, 『운당 구인환선생 화갑기념 논문집』, 한샘, 1989.
──, 「김남천론」, 『문학예술』, 1990.3~7.
신재기, 「韓國近代文學批評論 硏究」, 고려대 박사학위 논문, 1992.
신형기, 「1930년대 장편소설 논의」, 『정통문학』, 1985.4.
──, 「해방직후의 문학운동 연구」, 연세대 박사학위 논문, 1987.
──, 「역사의 방향-김남천의 <1945년 8.15>」, 『해방기 소설 연구』, 태학사, 1992.
양윤모, 「金南天의 <大河> 硏究」, 고려대 석사학위 논문, 1991.12.
연세 대학교 대학원 국문과, 중문과, 독문과 공동연구, 「1930년대 통일전선과 리얼리즘의 제 문제」, 제1회 공동 학술 심포지움, 1990. 9.27.
오양호, 「김남천의 <대하>론」, 『동서문학』, 1990.5.
우한용, 「소설과 풍속의 의미」, 『한국현대소설구조연구』, 三知院, 1990.
유문선, 「1930년대 창작방법 논쟁연구」, 서울대 석사학위 논문, 1988.
윤석달, 「韓國現代家族史小說의 敍事形式과 人物類型硏究」, 고려대

박사학위 논문, 1991.12.
윤여탁, 「풍속의 묘사와 역사의 서술」(구인환 외, 『韓國現代長篇小說硏究』, 三知院, 1989.)
이공순, 「1930년대 창작방법론 소고」, 연세대 석사학위 논문, 1988.
이덕화, 「1930년대 후반기 장편소설 비교연구」, 『문학과 의식』13, 1991, 가을.
이동하, 「김남천의 「경영」-「맥」 연작에 대한 재고찰」(<雲堂 丘仁煥先生 華甲記念論文集>, 한샘, 1989.)
───, 「1940년 전후의 소설에 나타난 지식인상」, 『국어국문학』94, 1985.12.
───, 「일제말 지식인의 고뇌와 갈등」, 『현대문학』, 1989.9.
이병호, 「김남천 소설의 서술방법 연구」, 서울대 석사학위 논문, 1994.
이상갑, 「1930年代 後半期 創作方法論 硏究」, 고려대 박사학위 논문, 1994.
이양숙, 「해방직후의 진보적 리얼리즘론 연구」, 서울대 석사학위 논문, 1990.
이재선, 「金南天소설의 양상」, 『現代文學』, 1989.6.
───, 「한국 가족사소설의 전망」, 『소설문학의 해석』, 새문사, 1981.
이정윤, 「김남천 소설 연구」, 건국대 석사학위 논문, 1989.
이주형, 「1930年代 韓國 長篇小說 硏究-現實認識과 作品展開方式의 變貌 樣相을 中心으로」, 서울대 박사학위 논문, 1983.
이현식, 「1930년대 후반의 비평사 연구동향에 대한 검토-최근 연구를 중심으로」, 『문학과논리』 창간호, 1991.
임규찬, 「카프 해산 문제에 대하여」, 김학성. 최원식 외, 『韓國 近代文學史의 爭點』, 창작과비평사, 1990.
───, 「카프 해소-비해소파를 분리하는 김재용에 반박한다.」,

『역사비평』, 1988.11.
장성수, 「1930년대 경향소설 연구」, 고려대 박사학위 논문,1989.
전경희, 「김남천소설의 저항성 연구」, 부산대 석사학위 논문, 1990.
정구향, 「<대하>의 인물유형 분석을 통해 본 작가의식」,『야천 이병호박사 회갑기념논문집』, 1989.
정호웅, 「30년대 리얼리즘 문학의 한 樣相-김남천론」,『韓國學報』, 1986, 겨울.
———, 「새로운 세계에 대한 열망과 그 한계-김남천의『大河』론」, 정호웅 외,『장편소설로 보는 새로운 민족문학사』, 열음사, 1993.)
———, 「金南天論:주체의 정립과 리얼리즘」(김윤식.정호웅 編, 『한국 근대리얼리즘 작가 연구』, 文學과 知性社, 1988.
정희모, 「1930년대 후반 김남천의 장편 소설론 연구」(한국문학연구회 편, 현대문학의 연구.4,『1930년대 문학연구』, 평민사, 1993.)
정홍섭, 「1920~30년대 예술운동에 있어서의 방향전환론 연구」, 서울대 석사학위 논문, 1989.
조계숙, 「1930년대 후반기의 장편소설론 연구」, 고려대 석사학위 논문, 1983.
조남현, 「『대하』1.2부 재해석」,『소설과 사상』, 1993, 봄.
조정환, 「1930년대 현실주의논쟁과 프로레타리아문학의 독자성 문제-'미적 주체성' 개념을 중심으로」中에서 「실천주의 미학의 운명-김남천」(『민주주의 민족문학론과 자기비판』, 연구사, 1989.)
조현일, 「1920~30년대 노동소설 연구」, 서울대 석사학위 논문, 1987.
차원현, 「리얼리즘 문학의 대하」(『한국소설문학대계』 13, 동아출판사, 1995.)
채호석, 「김남천 창작방법론 연구」, 서울대 석사학위 논문,1987.

최유찬, 「1930년대 한국 리얼리즘론 연구」, 연세대 박사학위 논문, 1986.
하정일, 「해방기 민족문학론 연구」, 연세대 박사학위 논문, 1992.
―――, 「소설사 연구방법론에 대한 문제제기적 검토」, 『민족문학사연구』 창간호, 민족문학사연구소, 1991.
―――, 「프리체의 리얼리즘관과 30년대 후반의 리얼리즘론」, 한국문학연구회 편, 현대문학의 연구.4, 『1930년대 문학연구』, 평민사, 1993.
한금윤, 「김남천의 『대하』 연구」, 연세대 석사학위 논문, 1992.
한승옥, 「1930年代 家族史 年代記小說 硏究」(『韓國 現代長篇小說硏究』, 民音社, 1989.)
현길언, 「닫힌 시대와 역사에 대한 소설적 전망―김남천의 소설 세계」(서종택/정덕준 엮음, 『한국 현대소설연구』, 새문社, 1990.)
홍문표, 「한국 현대 문학 논쟁의 비평사적 연구」, 고려대 박사학위 논문, 1979.2.
홍성암, 「김남천 연구」, 『한양어문연구』7, 한양대 한양어문연구회, 1989.

Ⅳ. 작가 연보

1911년 평안남도 성천군 성천면 성원읍 하부리에서 중농이며 군청 공무원인 김영전의 맏아들로 출생. 본명은 효식(孝植).
1926년 평양고보 재학시 한재덕과 동인지 『月域』을 발간. 신흥문학에 관심을 둠.
1929년 평양고보 졸업. 일본 법정대학 예과에 입학. 재학 중 한재덕의 주선으로 카프 가입. 카프 동경 지부가 발행한 기관지 『無産者』에 임화, 안막, 이북만 등과 함께 참가.
1930년 봄에 임화, 안막과 함께 조선에 들어와 국내의 카프 개혁과 신간해 해소를 주창. 여름방학 때 귀향하여 9월에 성천 청년동맹을 조직하고 집행위원이 됨. 한재덕과 함께 평양 고무공장 노동자 총파업에 관여하여 격문을 작성하는 등 선전 선동 활동을 수행함.
1931년 법정 대학에서 좌익 단체인 '독서회 및 적색 스포츠단'과 좌익 신문·잡지의 배포망인 '무산자사 신문법정반과 무산청년 법정반 및 전기법정반'에 가입했다가 제적된 후 KAPF 제2차 방향전환기에 귀국. 임화 등과 함께 소설, 평론으로 프로문학 운동 시작. 10월 카프 제1차 검거 때 소위 조선공산주의자협의회 사건에 연루되어 공산당원 고경흠과 함께, 카프 문인 중 유일하게 기소되어 2년의 실형을 받음.
1933년 병보석으로 출옥 후 『朝鮮中央日報』 기자로 재직하다가 신

　　　　문의 정간으로 그만 둠. 자신의 옥중 체험기인 단편소설
　　　　『물』로 인해 임화와 논쟁을 벌임.
1935년　임화, 김기진과 협의하여 5월에 카프 해산계를 경기도 경
　　　　찰국에 제출.
1939년　『인문평론』의 편집장을 맡음.
1945년　8월 16일 임화와 함께 '조선문학건설본부'를 설립함.
1946년　'조선문학건설본부'와 '조선프롤레타리아문학동맹'이 박헌
　　　　영의 지시로 발전적으로 통합된 '조선문학가동맹'의 중앙
　　　　집행위원회 서기국 서기장이 됨.
1947년　공산주의자들에 대한 미군정청의 탄압이 심해지자, 이태
　　　　준, 임화, 안회남 등의 남로당 계열 문인들과 함께 월북.
　　　　해주 제일 인쇄소를 근거지로 삼음.
1948년　북한 최고인민회의 제1기 대의원이 됨.
1950년　6.25 동란 때 서울에 옴. 낙동강 전투에 종군.
1953년　북한의 문학 예술 단체인 '문학예술총동맹'의 서기장까지
　　　　올랐으나 박헌영 중심의 남로당 계열로 주목받아 15년형
　　　　을 선고받고 임화 등과 함께 숙청됨(8월). 그 후 소식은
　　　　불명.

V. 작품 목록

1. 소설

「工場新聞」,『朝鮮日報』, 1931.7.5~7.15.(9회)

「工友會」,『朝鮮之光』, 1932.2.

「蘿蘭溝」,『朝鮮日報』, 1933.3.2~ (연재 중단)

「男便 그의 同志(긴 手記의 一節)」,『新女性』, 1933.4.

「물」,『大衆』, 1933.6.

「生의 苦悶」,『朝鮮中央日報』, 1933.11.1.(1회로 중단)

「文藝俱樂部」,『朝鮮中央日報』, 1934.1.25~2.2.(8회)

「남매」,『朝鮮文學』속간9, 1937.3.

「어린 두 딸에게」,『우리들』, 1934.

「妻를 때리고」,『朝鮮文學』속간11, 1937.6.

「少年行」,『朝光』, 1937.7.

「춤추는 男便」,『女性』, 1937.10.

「祭退膳」,『朝光』, 1937.10.

「瑤池鏡」,『朝光』, 1938.2.

『世紀의 花紋』,『女性』, 1938.3~1938.10.

「可愛者」,『鑛業朝鮮』, 1938.3.

「생일전날」,『三千里文學』2, 1938.4.

「누나의 事件」,『青色紙』1, 1938.6.

「美談」,『批判』46, 1938.6.

「무자리」,『朝光』, 1938.9.

「鐵嶺까지」, 『朝光』, 1938.10.
「泡花」, 『鑛業朝鮮』, 1938.10.19.
『大河』, 人文社, 1939.1.(全作 長篇小說)
「週末旅行」, 『野談』39, 1939.3.
「綠星堂」, 『文章』, 1939.3.
「이런 안해(或은 「이런 남편」)」, 『農業朝鮮』16, 1939.4.
「바다로 간다」, 『朝鮮日報』, 1939.5.2~6.5.
「五月」, 『鑛業朝鮮』, 1939.5.
「이리」, 『朝光』, 1939.6.
「장날」, 『文章』, 1939.6.
「港民」, 『朝鮮文學』19, 1939.6.(「五月」의 2부)
「길 우에서」, 『文章』 임시 증간7, 1939.7.
「어머니」, 『農業朝鮮』21, 1939.9.(「五月」의 3부)
『사랑의 水族館』, 『朝鮮日報』, 1939.8.1~1940.3.3.
「端午」, 『鑛業朝鮮』, 1939.10.(「五月」의 4부)
「T日報社」, 『人文評論』2, 1939.11.
「俗謠」, 『鑛業朝鮮』, 1940.1~5.
『浪費』, 『人文評論』5~15, 1940.2~1941.2.(미완)
「노고지리 우지진다」, 『文章』, 1940.6~7.
「經營」, 『文章』, 1940.10.
「어머니 三題」, 『朝光』, 1940.11.
「紀行」, 『鑛業朝鮮』, 1941.1.
「麥」, 『春秋』1, 1941.2.
「그림」, 『文章』, 1941.2.
「오디」, 『文章』, 1941.4.
「開化風景」(『大河』의 제2부 『動脈』 중의 일절로, 『動脈』의 4,
    5회분에 해당함), 『朝光』, 1941.5.
「등불」, 『國民文學』5, 1942.3.

「구름이 말하기를」, 『朝光』, 1942.6~11.
「或の朝」, 『國民文學』13, 1943.1.
「信義에 對하여」, 『朝光』, 1943.9.1.
「꼬마소설-정거장」, 『兒童文學』, 1945.12.1.
「木花」, 『漢城時報』2~3, 1945.10.
『一九四五年 八.十五』, 『自由新聞』, 1945.10.15~1946.6.28.(연재중단)
「遠雷」, 『人民評論』, 1946.7.
「動脈」(『大河』의 續編-미완)
    『新文藝』2호-1회분(1946.4.7), 3호-2회분(1946.10)
    『新朝鮮』(『新文藝』가 개제된 것) 1호-3회분(1947.2), 2호-4회분(1947.3), 4호-5회분(1947.5), 5호-6회분(1947.6)에 4회분, 합하여 모두 6회로 연재됨.(*.『新朝鮮』은 5호로 종간-「動脈」은 해방 이전에 창작되었지만, 해방 후 발표된 작품임)
「꿀」, 『문학예술』, 1951.4.

2. 희곡

「調整案」, 『朝鮮之光』, 1931.1.(『캅프作家 七人集』, 集團社, 1933.에 수록)
「三一運動」, 『新天地』, 1946.3~5.

3. 소설집

『大河』, 人文社, 1939.1.(全作 長篇小說)
『少年行』, 學藝社, 1939.(창작집)
『사랑의 水族館』, 人文社, 1940.(장편소설)
『三一運動』, 雅文閣, 1947.(창작집)

『大河』, 白楊堂, 1947.(장편소설)
『麥』, 乙酉文化社, 1947.(창작집)
『사랑의 水族館』, 平凡社, 1949.

*. 창작집 『少年行』 수록 작품
「남매」, 「少年行」, 「누나의 事件」, 「무자리」, 「鐵嶺까지」, 「妻를 때리고」, 「춤추는 男便」, 「祭退膳」, 「美談」, 「可愛者」
*. 창작집 『麥』 수록 작품
「생일전날」, 「오디」, 「노고지리 우지진다」, 「그림」, 「經營」, 「麥」
*. 창작집 『三一運動』 수록 작품
「어머니 三題」, 「綠星堂」, 「이리」, 「장날」, 「紀行」, 「정거장」, 「三一運動」

*. 기타 희곡, 소설 작품 목록

1) 반카프 사건 때 행방불명된 작품
「공제생산조합」, 1930.12.(또는 1931.1. ?)
<기타 행방불명된 작품:「정보 NO 4」, 1931. 「정급(定給)직공」(희곡), 1931.>

2) 미확인 작품
「단오」, 『월역』, 1928년 전후로 추정.
(기타, 중학 시절 한재덕과 함께 꾸민 잡지 『월역』 소재작품:「명절」, 「느진 봄」, 「약자행」, 「어머니 아해」)
「고무」, 『해방』, 1931.(또는 1932. ?) *.카프 문학부 소설 반 작가의 조직적 생산작으로 제1회분 上半만 발표된

「小說의 運命」, 『人文評論』, 1940.11.
「文化一年의 總決算:創作界-動態와 業績」, 『朝光』, 1940.12.
「一年間 總評:散文文學의 一年間」, 『人文評論』, 1941.1.
「選後感」, 『人文評論』, 1941.1.
「文壇과 新體制-轉換期와 作家」, 『朝光』, 1941.1.
「小說의 將來와 人間性 問題」, 『春秋』, 1941.3.
『閑話數題』, 『每日申報』, 1941.4.17~23

  「持續意識」, 4.17.

  「小說다운 것」, 4.18.

  「如實한 것」, 4.19.

  「饒舌.多辯性」, 4.20.

  「龍澤 溫泉 상말」(上)(下), 4.22~23.

「孝石과 나」, 『春秋』, 1942.6.
「두 醫師의 小說-『아니린』『醫師 기온』 讀後記」, 『每日申報』, 1942.4.16~20(5회)
「建國과 文化提言-解放과 文化建設」, 『中央新聞』, 1945.11. 2~5.
「文學의 敎育的 任務」, 『文化戰線』, 1945.11.15.
「本格小說의 完成-內外面 分裂 超克」, 『朝鮮日報』, 1945.11.25~26.
「좌담: 碧初 洪命憙先生을 둘러싼 文學談議」, 『大潮』1, 1946.1.1.
「文學者의 誠實性 問題」, 『서울신문』, 1946.1.1.
「民族文化建設의 基本任務」, 『中央新聞』, 1946.2.
「文學者 大會의 意義」, 『서울신문』, 1946.2.9.
「새로운 創作方法에 關하여」, 『中央新聞』, 1946.2.13~16.
「女性解放運動管見-婦總의 結成과 그 方向-」, 『赤星』, 1946.3.
「좌담:政府樹立과 文人의 목소리」, 『現代日報』, 1946.4.
「看板과 文化政策」, 『現代日報』, 1946.4.2.
「朝鮮文學의 再建」, 『民聲』6, 1946.5.

『白南雲氏 「朝鮮民族의 進路」 批判』, 『朝鮮人民報』, 1946.5.10
    ~14.
   「革命段階 特殊論의 欺瞞性」(二)(三), 5.10~11.
   「機械主義的인 聯合性論」(四), 5.12.
   「合作原則은 土地改革」(五), 5.13.
   「『덮어놓고 뭉치자!』의 理論的 衣裳」(完)」, 5.14.
「創作合評會-解放後 發表된 創作 總評會」, 『新文學』2, 1946. 6.
「꼴키의 世界文學的 地位」, 『現代日報』, 1946.6.
「論爭有感」, 『現代日報』, 1946.6.3.
「純粹文學의 諸態」, 『서울新聞』, 1946.6.30.
「創造的 事業의 前進을 爲하여-解放後의 創作界-」, 『文學』,
    1946.7.
「解放後 文化運動의 方向-民族文化建設의 態勢整備」, 『新天
    地』, 1946.8.
「自由 提言-文化의 大衆化」, 『自由新聞』, 1946.9.16.
「書評:變革하는 哲學-朴致祐著 『思想과 現實』」, 『獨立新報』,
    1946.12.10.
「大計의 初一步」, 『京鄕新聞』, 1946.12.24.
「文學一年의 足蹟-文學評論의 諸課題」, 『서울新聞』, 1946.12.3.
「新段階에 處한 文化運動-大衆化 工作의 具體的 展開를 爲
    하야」, 『自由新聞』, 1947.1.4~16(5회)
「綜合藝術祭를 앞두고」, 『獨立新報』, 1947.1.7.
「文化政策의 動向-興行問題에 關한 告示를 보고」, 『民報』,
    1947.2.15~21(4회)
「文化擁護 南朝鮮 文化藝術家 總蹶起大會特輯-南朝鮮의 現
    情勢와 文化藝術의 危機」, 『文學評論』, 1947.4.
「大衆鬪爭과 創造의 實踐의 問題」, 『文學』, 1947.4.

「第一次 文化工作團-地方派遣-意義」,『노력인민』, 1947.7.2.

5. 수필 및 기타 잡문

「얼마나 자랏슬가 내 故鄕의 『라이락』」,『朝鮮日報』, 1935.5.15.
「미네르바의 소총-사(死)와 시(詩)-」,『朝鮮中央日報』, 1935.7.4.
「뻐스」,『朝鮮中央日報』, 1935.7.10.
「歸路-내 마음의 가을-」,『朝鮮中央日報』, 1935.9.23.
「그 뒤의 어린 두 딸」,『中央』, 1936.3.
「敎育. 아이」,『女性』, 1938.2.
「珖江南을 그리는 鄕愁-夢想의 純潔性」,『朝光』, 1938.3.1.
「都市와 農村의 春情諸態-봄이면 생각나는 이」,『朝光』,1938.4.1.
「가로」,『朝鮮日報』, 1938.5.
「山에서 바다에서 얻은 이야기-山이 깨트린 로맨스」,『朝光』,
　　1938.7.
「여행을 권하며」,『女性』, 1938.7.
「當代 朝鮮女性의 氣質」,『四海公論』, 1938.8.
「나는 파리입니다」,『朝光』, 1938.8.
「讀書」,『博文』, 1938.9.12.
「落業日記-어느 해 가을의 回想」,『四海公論』, 1938.10.
「안(雁)」,『朝光』, 1938.11.
「사랑방 없는 고을」,『靑色紙』, 1939.2.
「家庭奉仕」,『批判』, 1939.4.
「逃避行」,『朝光』, 1939.8.
「스승무용기」,『朝光』, 1939.10.

「陽德 溫泉의 回想」,『朝光』, 1939.12.
「現代 女性美」,『人文評論』, 1940.1.
「新春頌」,『朝鮮日報』, 1940.1.12.
「無錢旅行」,『博文』, 1940.2.
「가배」,『博文』, 1940.7.1.
「望鄕隨筆-黃栗. 煙草. 蠶蘭」,『農業朝鮮』, 1940.2.
「내가 만일 詩人이라면-戀愛詩集 한 卷쯤」,『人文評論』, 1940.3.
    (앙케이드)
『風俗隨感』
「中-流行」,『朝鮮日報』, 1940.5.28~5.29.
「下-骨董」,『朝鮮日報』, 1940.5.30.
「日支事變三週年記念-殉職」,『人文評論』, 1940.7.
「歸省」,『農業朝鮮』, 1940.6.6.
「作中 人物誌-職業과 年齡」,『朝光』, 1940.11.
「女性時評-女性의 職業問題」,『女性』, 1940.12.
「大理石」,『文章』, 1941.4.
「人物素描-呂運亨」,『新天地』, 1946.1.15.
「風俗時感-하와이 사투리」,『協同』, 1946.8.

6. 해제

「黨의 組織과 黨의 文學」(레-닌),『文學』, 1947.3.

● 필자소개

김윤식 서울대 국문과 교수
『한국근대문예비평사연구』, 『한국근대문학사상사』, 『소설과 현장비평』 외 다수.

강진호 고려대 국문과 박사과정 졸업
고려대 강사
『박태원 소설연구』(공저), 「1930년대 후반기 신세대작가 연구」 외 다수.

김외곤 서울대 국문과 박사과정 졸업
서울대 강사
「김남천 문학에 나타난 주체 개념의 변모과정 연구」, 「'물' 논쟁의 미학적 연구」 외 다수.

문영진 서울대 국어과 박사과정 수료
아주대 강사
「개별성과 사적 영역의 부차화-《설봉산》론, 「<숭어>에 대한 일 고찰」 외 다수.

이상갑 고려대 국문과 박사과정 졸업
고려대 강사
『한국근대문학과 전향문학』
「'단층파'소설 연구-'전향지식인'의 문제를 중심으로」, 「1930년대 후반기 창작방법론 연구」 외 다수.

정호웅 홍익대 국어과 교수
「우리 소설이 걸어온 길」, 「반영과 지향」 외 다수.

채호석 서울대 국문과 박사과정 수료
강원대 강사
「리얼리즘에의 도정-최명익론」, 「《황혼》론」 외 다수.

새미작가론 총서3 **김남천**

인쇄일 초판 1쇄 1995년 08월 16일
　　　　2쇄 2015년 06월 10일
발행일 초판 1쇄 1995년 09월 14일
　　　　2쇄 2015년 06월 24일

편저자 이 상 갑
발행인 정 진 이
발행처 **새미**
등록일 1994.03.10, 제17-271호

서울시 강동구 성내동 447-11 현영빌딩 2층
Tel : 442-4623~4 Fax : 442-4625
www.kookhak.co.kr
E-mail : kookhak2001@hanmail.net
ISBN 978-89-85465-77-9
가 격 6,000원

* **새미**는 국학자료원 의 자매회사입니다.
*저자와의 협의 하에 인지는 생략합니다.